PROBLÉMATIQUE DES MARGES OU ACTUALITÉ DU DÉCENTREMENT DANS LA PRODUCTION DES SAVOIRS SCIENTIFIQUES

Mélanges offerts au Professeur titulaire Ousseynou Faye

Tome 4

Productions et échanges en Afrique

PROBLÉMATIQUE DES MARGES OU ACTUALITÉ DU DÉCENTREMENT DANS LA PRODUCTION DES SAVOIRS SCIENTIFIQUES

Mélanges offerts au Professeur titulaire Ousseynou Faye

Tome 4

Productions et échanges en Afrique

Textes réunis et présentés par

Saliou Dione

Mamadou Yéro Baldé

El Hadji Amadou Ba Ndiaye

Djibril Seck

PROBLÉMATIQUE DES MARGES OU ACTUALITÉ DU DÉCENTREMENT DANS LA PRODUCTION DES SAVOIRS SCIENTIFIQUES

Mélanges offerts au Professeur titulaire Ousseynou Faye

Tome 4

Productions et échanges en Afrique

L'Harmattan Sénégal

10 VDN, Sicap Amitié 3, Lotissement Cité Police, DAKAR

senharmattan@gmail.com
senlibrairie@gmail.com

ISBN : 978-2-336-51916-6
EAN : 9782336519166

CEMOF

CERCLE MULTINATIONAL/OUSSEYNOU FAYE
APPEL À CONTRIBUTIONS POUR UN OUVRAGE COLLECTIF SUR

« PROBLÉMATIQUE DES MARGES OU ACTUALITÉ DU DÉCENTREMENT DANS LA PRODUCTION DES SAVOIRS SCIENTIFIQUES »

Mélanges offerts au Professeur Titulaire Ousseynou Faye

ARGUMENTAIRE

Après avoir exercé pendant une dizaine d'années les fonctions de professeur d'enseignement secondaire aux lycées Djignabo de Ziguinchor et Seydina Limamou Laye de Pikine, Ousseynou Faye, professeur titulaire des universités de classe exceptionnelle, a consacré une trentaine d'années de sa vie active à l'enseignement supérieur et à la recherche avant de faire valoir ses droits à la retraite en fin décembre 2020. Au Département d'Histoire de la Faculté des Lettres et Sciences Humaines (FLSH) de l'université Cheikh Anta Diop (UCAD) de Dakar où il a servi, il a laissé un remarquable héritage scientifique composé de comptes-rendus de lecture pour le compte de revues scientifiques internationales, d'articles, de chapitres d'ouvrages collectifs, d'ouvrages personnels, d'introductions d'ouvrages et de préfaces de livres produits par des historiens officiant dans des universités ouest-africaines. Son passage à l'UCAD est également marqué par son dynamisme dans l'encadrement de nombreux mémoires (de maîtrise, DEA et master), de plusieurs thèses de doctorat d'histoire (de troisième cycle, d'État et du nouveau régime) et d'une thèse de géographie.

Ce travail d'encadrement d'étudiants inscrits en master ou en doctorat s'est étendu à des universités françaises et africaines. S'y ajoute le fait que Faye a en partie supervisé la préparation des thèses de doctorants d'universités françaises, américaines, néerlandaises, allemandes, britanniques et italiennes. Cet investissement dans la guidance scientifique a comme prolongements son implication dans l'évaluation de nombreuses thèses produites à l'étranger et sa participation en qualité d'examinateur ou de président dans des jurys de thèse composés dans des universités de l'espace CAMES, de France ou du Canada. Fondateur du laboratoire « Études historiques des Inventions culturelles » (ETHIC) et de la formation doctorale « Histoire des Inventions culturelles » (HISTIC), il a mobilisé le laboratoire « Groupe d'Études et de Recherches sur la Marginalité et l'Exclusion sociale » (GERMES), dont il est un des co-fondateurs, pour organiser des séminaires, des « doctoriales » et assurer le travail administratif nécessaire en amont pour la programmation et le déroulement des soutenances de thèses de doctorat d'histoire moderne et contemporaine.

Outre la production de maquettes de masters d'histoire portées par les départements d'histoire de l'UCAD, de l'université du Sine-Saloum El Hadj Ibrahima Niass (USSEIN) et de l'université Assane Seck de Ziguinchor (UAS), Faye s'est également signalé par son engagement dans la collaboration avec les géographes, les sociologues et les philosophes de sa faculté et dans l'accompagnement de nombreux collègues d'universités africaines porteurs de projets d'organisation de séminaires, de rédaction d'articles scientifiques, d'ouvrages et/ou de montage de laboratoires, de conception de maquettes d'enseignement.

Faye laisse un riche et lourd héritage qui constitue une invitation au surpassement. Sa volonté de trouver ce qui fait toujours sens dans l'écriture de l'histoire l'a conduit à explorer à partir de 1978 des chantiers de recherche et sujets comme le crime, la délinquance, la prostitution, la prison, la police, le rêve, etc. Conscient que les hommes ont un constant besoin de l'histoire, que cette demande incompressible est inhérente à leur vécu et à l'évolution de leur destin collectif, qu'elle est la source de vivification de l'humanité, Faye a fait de la rigueur dans la collecte, l'exploitation, l'analyse et l'interprétation des documents une ineffaçable empreinte d'heuristique. Il se distingue aussi par la mise à contribution des vertus de l'interdisciplinarité en ciblant, entre autres disciplines, la sémiotique, la sociologie, la criminologie, le droit pénal, les sciences pénitentiaires. Il a inspiré de nombreux historiens soucieux de participer au renouvellement de tout ce qui relève de l'ordre du paradigme, du savoir et de la méthode. Et ces derniers sont attentifs à la diversité de ses chantiers et sujets de recherche. Font ainsi figure d'exemples les déviances, les identités, les imaginaires, la corporéité, l'ordre urbain, les cultures matérielles, le vocabulaire de la ville, le cimetière, etc. Ces pairs ne manquent pas d'ailleurs d'accorder un intérêt particulier à ses façons de questionner les faits sociaux, la colonie et la post-colonie à travers le vécu au quotidien des hommes, etc.

À y regarder de plus près, le lecteur des textes de Faye finit par remarquer que son territoire d'historien dévoile des objets de recherche méconnus ou négligés pendant longtemps dans nombre de discours historiens. En situant ses récits de recomposition du passé et ses contributions analytiques sur les marges de cet ensemble discursif assimilable à un centre, Faye nous invite, sur le mode du pointillé, à déconstruire ce lieu et à dessiner en conséquence un procès de décentrement. Ce faisant, il nous incite à nous inspirer, tout en le questionnant en cas de nécessité, de Norbert Élias, un des grands penseurs des sociologies de la modernité.

Par la pluralité des dimensions historiques dont il fait montre dans ses recherches, Faye nous enseigne qu'il est important de ne pas réduire l'histoire au spectacle d'une exposition archéologique, à un panthéon ou à une chronique, qu'il importe d'assembler, d'ajuster et d'infuser la vie ancienne à des fragments d'histoire, de garder le cap dans la reconstitution et le questionnement du passé sur ce que Groulx (2006) assimile à la psychologie des époques, l'âme des générations successives, la poussière humaine qui demande à revivre.

En somme, l'attachement de Faye pour l'enseignement et la formation (continue) de nombreux historiens ainsi que la nécessité de s'inspirer de son œuvre et de lire intelligemment ses postures et ses gestes altruistes ont donné lieu, au-delà de la création du Cercle multinational/ Ousseynou Faye (CEMOF) qui regroupe des universitaires et autres chercheurs d'Afrique, d'Europe et d'Amérique, au lancement du présent appel à contributions en vue de la production de **mélanges** à offrir à un homme de savoir au parcours exceptionnel marqué par le partage avec des universitaires d'ici et d'ailleurs.

THÉMATIQUES

Cet appel s'adresse aux enseignants-chercheurs et chercheurs des universités, des instituts de recherche, aux doctorants et à tous les spécialistes qui s'intéressent aux thématiques retenues :

Axe 1 : Culture : Cultures matérielles ; imaginaires ; écritures littéraires, filmiques et scéniques ; patrimoines en danger, biographies du religieux ;

Axe 2 : Questions militaires : Guerres, arts de la guerre et du maintien de l'ordre, paix, sociétés de chasseurs, tirailleurs, seigneurs de guerre ou satrapes ;

Axe 3 : Le politique et la politique : crise de l'État africain, bureaucraties et bureaucratisation, représentations, géographie des espaces publics, discours publics et ordre de discours, colonisation, décolonisation et recolonisation **;**

Axe 4 : Société **:** Formations sociales d'hier et du temps présent, circulation des hommes et des avoirs, histoire urbaine ou rurbaine, ordres et désordres sociaux, crimes, banditisme social, exclus et marginaux des sociétés africaines, maladies et santé publique ;

Axe 5 : Économie : Systèmes de production, de recyclage, d'échanges et de consommation ; modes d'exploitation, techniques et métiers, mondes et régimes du travail, travail salarié et auto-emploi, Business History, « mondialisations » et rapports de domination ;

Axe 6 : Questions épistémiques : Historiographies subsahariennes, débats archéologiques et ethnoarchéologiques, didactiques et épistémologies des sciences sociales, savoirs sociologiques et anthropologiques du Sud, philosophie de l'histoire et des sciences, pensées sur le postcolonial, le décolonial, l'intersectionnalité et le genre.

NB : Toute autre thématique liée, entre autres, à l'histoire ou à la géographie de l'Afrique ou à l'histoire globale est acceptée.

COMITÉ SCIENTIFIQUE

COMITÉ SCIENTIFIQUE

SOMMAIRE

Contrebande transfrontalière, faux laissez-passer, géographie de contournement : les ruses jula avec l'ordre colonial français (XIXe-XXe siècles)

Chikouna Cissé
Université Félix Houphouët-Boigny-Abidjan
cissechikouna@gmail.com

Résumé

Le but de cet article est de reprendre à nouveaux frais la question des dominations coloniales en Afrique noire francophone dans le cadre du renouveau des études impériales. Il s'agit précisément en termes d'*agency* de dévoiler une autre facette des répertoires socio-culturels mobilisés par lcs dominés pour contourner l'ordre oppressif colonial français à défaut d'en venir à bout par une opposition frontale. L'entrée par les *Jula*[1], une vieille diaspora marchande ouest-africaine se prête bien à un tel exercice. Au terme de cette étude et sur la base du matériau exploité à savoir les sources d'archives coloniales et des travaux académiques, il apparaît que la circulation dans un champ historique transnational au fondement de la *julaya* (exercer le métier de *jula*) offrait les moyens aux *Jula*, d'échapper au dispositif de contrôle douanier français. Cette étude tient également pour acquise, au regard de ce qui précède, l'idée que les rapports de pouvoir en contexte colonial sont loin d'être univoques.

Mots-clés : Contrebande – faux-laissez-passer – *Jula* – colonial.

Abstract

The aim of this articlc is to take up a new the question of colonial dominations in French-speaking Black Africa within the framework of the revival of imperial studies. It is precisely in terms of agency to unveil another facet of the socio-cultural repertoires mobilized by the dominated to circumvent the French colonial oppressive order, failing to overcome it by frontal opposition. The entry by the *Jula*, an old West

[1] Qui s'écrit également Dioula, Dyula, Juula en fonction des auteurs.

African merchant diaspora, lends itself well to such an exercise. In the end, this study shows that the circulation in a transnational historical field at the basis of the julaya (practicing the *jula* profession) offered the *Jula* the means to escape the French customs control system, based on the material exploited, i.e., colonial archive sources and academic works. This study also takes for granted, in light of the above, the idea that power relations in a colonial context are far from being univocal.

Keys-words: Contraband-false-pass-*Jula*-colonial.

Introduction

Ce qui est en jeu dans cet article, c'est le problème des structures profondes d'une société qui tente de survivre en contexte de domination étrangère, en opposant ses réalités culturelles et sociales séculaires au déploiement d'une culture politique et économique d'empire. Le potentat colonial, notion qu'Achille Mbembe (2007 : 39) emprunté à Frantz Fanon fut loin d'être une structure omnipotente. Analysant l'action de résistance armée du nationaliste camerounais Ruben Um Nyobé contre la France, Achille Mbembe montre par exemple que dans ce processus d'affrontement politique et militaire à l'ordre colonial, l'univers de la nuit constitua un des grands horizons du sujet africain insurgé sur lequel le pouvoir colonial ne régnait pas (Mbembe 1991 : 39). La trame globale de notre analyse sous ce rapport est de nous approprier la notion d'*agency*[2] que nous empruntons à Anthony Giddens (1984) et à Edward Palmer Thompson (2012) pour caractériser cette capacité de résilience, ce pouvoir d'invention d'une société « indigène » face à un ordre colonial, sans tomber dans le piège de la négation de la domination contre lequel met en garde Jérôme Vidal (2011 : 62). Il s'agit en d'autres termes du point de vue du projet subalterniste indien d'une histoire par le bas, inspirée par le travail de Ranajit Guha, principal promoteur de cette historiographie, à propos des résistances des paysans indiens à l'ordre colonial anglais (Guha 1983).

Dans le même registre, on lira avec fruit l'étude de Kimba Idrissa à propos des révoltes paysannes et anticoloniales nigériennes afin de sortir de ce que l'auteur qualifie d'histoire « au sommet » (Kimba 1994 : 173-213), une histoire « institutionnalisante » selon le mot d'Isabelle Ohayon heureusement secondée par un courant qui envisage le pouvoir

[2] Pour une critique de cette notion, lire l'analyse intéressante de Romain Bertrand, « Politiques du moment colonial. Historicités indigènes et rapports vernaculaires au politique en « situation coloniale » », in *Questions de recherche*, n° 26, 2008 : 1-49.

impérial par le prisme des acteurs. Ce qui permet de mettre en lumière les logiques vernaculaires (Ohayon 2015 : 618). Mais les résistances à l'ordre colonial français ne furent pas que des projets armés et les *Jula* dont il est question ici, permettent cette lecture à rebours. Avant-garde économique du progrès selon Dieudonné Français Reste de Rocca[3], gouverneur de la colonie de Côte d'Ivoire (1930-1935) pour leur contribution à la percée économique française en Basse Côte d'Ivoire, ils ont été tout aussi capables de donner du fil à retordre à la culture économique d'empire française. Quels sont les ressorts de cette contre-culture développée par les acteurs *Jula* ? Pour répondre à ce questionnement au cœur de notre dispositif de monstration, notre méthode d'approche consiste à lire l'archive coloniale *against the grain*[4] comme suggérée par l'anthropologue américaine Ann Laura Stoler (2019). Il s'agit d'une lecture à rebrousse-poil de l'archive coloniale qu'elle qualifie d'« espace ethnographique qui permet de saisir le décalage entre ce qui est écrit dans les archives et les pratiques locales des agents. Les sujets coloniaux sont ainsi redéfinis en agents auteurs de leurs propres choix et leur propre critique (Stoler 2019 : 81).

Les grandes articulations de notre étude se présentent ainsi qu'il suit : un premier axe restitue les fondements économiques et politiques de la fiscalité coloniale dont le caractère prédateur mit en danger la survie du commerce *jula*. Le second axe de notre raisonnement montre comment face à une telle éventualité, les *Jula* ripostèrent en mobilisant des ressources endogènes afin de sauvegarder leurs intérêts de classe. Le dernier axe enfin est une esquisse de portrait d'un intermédiaire, le Soudanais Noubougari Soumaourou, sorte de modèle de Wangrin, le célèbre personnage du livre éponyme d'Amadou Hampâté Ba (1973). On verra alors comment Noubougari grâce à un réseau de contrebande transfrontalier bien rodé fut en mesure de ruser avec le dispositif de contrôle économique et administratif français à Bougouni (au sud de l'actuel Mali).

---

[3] ANS 2G34/7. Colonie de la Côte d'Ivoire. Rapport politique 1934. Le gouverneur Dieudonné Reste au chef de la Fédération.

[4] Contre le fil.

1. Une pression fiscale oppressante

Les fondements de la fiscalité coloniale nécessitent pour être compris, le détour par la loi de finances française du 13 avril 1900. L'article 33 de cette loi dispose que « Toutes les dépenses civiles et de la gendarmerie sont supportées en principe par les budgets des colonies » (Anoma 2005 : 67). Elle accorde, pour ainsi dire, l'autonomie financière aux colonies. L'institution de ce principe connu sous l'appellation de « Self supporting principle » dans le domaine anglais est devenue aux yeux du législateur français, d'autant plus nécessaire que : « l'entretien et le développement du domaine colonial de la France faisaient directement peser sur son budget qui était passé de 42 652 000 francs en 1885 à 79 millions près de dix ans plus tard, en 1895 pour atteindre huit années après, en 1902, près de 116 millions de francs » (Anoma 2005 : 68). La volonté de faire supporter leurs charges par les colonies elles-mêmes au travers de cette loi fournit ainsi une première explication à l'exercice de la violence, qui a caractérisé le modèle français de mise en valeur. Le rétrécissement des interventions financières de l'État colonial sous-tendu par cette loi s'accompagne en effet d'une politique de coercition afin de dégager les ressources additionnelles nécessaires au fonctionnement des colonies. L'impôt de capitation fut à ce titre une bonne illustration de la pressuration des populations africaines en vue d'atteindre l'objectif de l'autonomie financière, comme on peut le voir avec l'ouvrage d'Albert Duchêne (1938). Et la colonie de Côte d'Ivoire offrait dans les années 1900, l'exemple abouti des retombées attendues par l'institution de la loi de 1900. Louis le Barbier fait par exemple remarquer que « La colonie a dû payer elle-même les frais de sa propre conquête, et elle s'est imposée de gros sacrifices financiers pour son outillage économique et le développement de ses œuvres sociales » (Barbier 1916 : 6). Mais ceci n'est qu'un aspect du répertoire des mesures de coercition mobilisées par l'administration coloniale.

La fiscalité commerciale fut un autre levier dont usa le pouvoir colonial pour atteindre l'autonomie financière au fondement de la loi précitée. Elle fut appliquée au commerce autochtone dans les territoires français de l'Afrique de l'Ouest depuis au moins l'année 1897 sous forme de laissez-passer aux formalités longues et ennuyeuses[5], auquel

---

[5] « Notice agricole, industrielle et commerciale sur le Soudan français par le Capitaine Ballieu, de l'artillerie de marine », in *Renseignements coloniaux et documents publiés par le Comité de l'Afrique française. Supplément au Bulletin du Comité de l'Afrique française,* janvier 1898, p. 3.

fut substituée par la suite la patente des *Jula* entre autres. Notre regretté collègue Ouattara Brahima (2010 : 234) qui a étudié avec minutie la fiscalité coloniale appliquée au commerce *jula* décline la longue liste des taxes appliquées au commerce *jula*. Celles-ci vont de la patente de colportage, la fameuse patente des *Jula*, aux taxes sur les caravanes (*oussourou*), aux droits de place sur les marchés, en passant par les patentes et licences, les droits de circulation et de consommation sur la kola, les cartes de circulation, etc.

Les chiffres fournis par Brahima Ouattara sur la base des sources compilées dans les archives de l'AOF à Dakar montrent une progression constante des recettes fiscales colligées à partir du commerce *jula*. Ainsi, en 1909, il est réalisé au Haut-Sénégal et Niger des recettes de l'ordre de 416 705 francs pour les patentes de *Jula*, 491 575 francs pour les *oussourou* et 489. 230 francs pour les droits de place sur les marchés. Au cours de la même année, les recettes des patentes de colportage et des droits de place sur les marchés confondus s'élevaient dans les territoires du Sénégal et de la Côte d'Ivoire, respectivement à 90 420 et 127 510 francs. La Guinée française pour sa part, recouvrait au titre des patentes de *Juula*, 29 130 francs en 1910 tandis que le Haut-Sénégal-Niger enregistrait 503 200 francs contre une prévision de 275 000 francs pour les taxes de cette nature ; 285 700 francs recouvrés pour une prévision de 220 000 francs au titre des *oussourou* et 456 730 francs contre une prévision de 350 000 francs pour les droits de place sur les marchés (Ouattara 2010 : 236).

Nous sommes d'accord avec ce collègue que la grande part prise par l'axe Haut-Sénégal et Niger-Côte d'Ivoire dans la mobilisation de ces ressources fiscales s'explique par le fait qu'il (cet axe) fut la nervure principale du commerce colonial autochtone. Ce bilan financier certes partiel montre que si la pression fiscale permettait de renflouer les caisses de l'administration française au-delà des prévisions initiales, elle entravait nettement le commerce autochtone, en particulier celui des *Jula*. Leur réaction à cette pression fiscale, grosse de danger pour la survie de leur commerce, rend compte en termes d'*agency*, de la relativité de la toute-puissance qu'on prête habituellement au dominateur.

2. Ruser et circuler pour contourner l'ordre de prédation coloniale

Dans son ouvrage *Fraudes, frontières et territoires* (2020 : 3), Touchelay montre comment chaque frontière délimite avant tout une géographie des contournements. Le champ historique transnational dans lequel évoluent les *Jula* se prêtait bien à une telle entreprise sous la forme d'un jeu continu avec la frontière entre la Côte d'Ivoire, la Guinée et le Soudan français (actuel Mali). La pesanteur coloniale n'a pas totalement innervé la capacité de réaction des peuples des contrées confisquées par la violence inhérente à tout système de domination. Pour en rendre compte, la notion d'*agency* est devenue centrale dans le cadre du renouveau des études impériales. Edward Thompson qui en est à l'origine précise que « Les êtres humains sont des agents, mêmes limites, et même s'ils sont souvent vaincus par les déterminations [...] ce sont des agents qui façonnent leur propre histoire (Gallot 2021 : 2).

Il s'agit donc d'une capacité, ou puissance d'agir (Vidal 2011 : 61), en tant que sujet de sa propre histoire. L'invention de formes de refus, d'évitement par les *Jula*, des lieux symboliques du dispositif de contrôle économique colonial, s'explique aisément à la lumière de cet extrait d'un rapport paru dans le *Bulletin du Comité de l'Afrique Française* de l'année 1899 : « Il est perçu sur les marchandises un droit d'un dixième une fois payé ; le *Dioula* doit être muni d'une patente, qui lui tient lieu d'autorisation de commercer ; s'il n'a pas cette pièce avec lui, il est considéré comme fraudeur et ses marchandises sont confisquées »[6]. Des patrouilles de rabat et de contre-rabat sont alors faites de poste-à-poste pour réprimer la fraude[7]. Le défaut de patente considéré comme une fraude ressort clairement à l'un des fondements de la politique économique coloniale, à savoir un meilleur contrôle des circulations des commerçants autochtones africains pour une imposition fiscale efficace qui laisse peu de place aux déperditions des ressources financières attendues.

Cet autre extrait du rapport cité supra montre que la politique répressive allait s'intensifier, nourrie par une avidité et une âpreté au gain, qui expliquent la brutalité de la colonisation française. Les bénéfices faits par les *Jula*, souligne le rapport, sont tellement élevés que la taxe du dixième n'a rien d'exagéré et les statistiques montrent que le commerce indigène s'accroît de jour en jour très rapidement. Certains postes, comme celui de Beyla, donnent 2000 fr par mois ; d'autres comme Koro, atteignent 9000 fr mensuellement. Il n'y a rien d'exagéré à prévoir que les droits de douane perçus par ces différents postes se montent à environ 100 000 fr par an[8]. Il est clair que ces

---

[6] « La région sud du Soudan français », *Bulletin du Comité de l'Afrique française*, 9e année, 11 novembre 1899, p. 380.
[7] *Ibidem.*
[8] *Ibidem.*

projections fiscales allaient s'accompagner d'une plus grande répression à l'effet de tenir ces promesses de rentrée d'argent.

À défaut de se défaire de cette sujétion économique, les commerçants *jula* au cœur de notre étude choisissent la ruse pour contourner ou atténuer les rigueurs du contrôle douanier, en déployant ce que Guy Rocher (1968 : 236) appelle « les phénomènes de repliement. ». Cela se traduisit par diverses formes implicites de refus du système colonial, « soit par un retour à des valeurs ou à des institutions traditionnelles, soit par la fuite hors des réalités immédiates ». Ici, les stratégies de contournement ont consisté pour les *Julas* à éviter les postes de douane en changeant d'itinéraires comme le mentionne Auguste Chevalier dans une correspondance en date du 21 avril 1909 qu'il adressa au Gouverneur général de l'AOF : « Découragés par le paiement d'un droit de 100 pour 100 ad valorem, les *Julas* abandonnèrent la route séculaire Boola-Beyla et se rendirent de Lola et Nzô à Beyla en passant par Ouaninou, village situé dans la Côte d'Ivoire, ce qui leur permettait de se soustraire aux visites de la douane »[9].

Ouattara Brahima (2010 : 242) nous apprend qu'une autre stratégie de contournement du dispositif fiscal colonial a été qu'à l'arrivée à un poste de contrôle où il était impossible de passer inaperçu, toutes les marchandises étaient confiées à un membre de la caravane possédant une carte de circulation, les autres se déguisant pour la circonstance en porteurs à son service. Dans une note en date du 4 décembre 1916, le directeur des finances et de la comptabilité de l'AOF attirait l'attention du chef du service des affaires civiles et musulmanes sur le fait que :

> La fraude qui s'exerce à la faveur de cette dernière réglementation [la carte de circulation]non seulement met en échec la surveillance politique de toute catégorie d'indigènes dont nous avons le plus grand intérêt à contrôler les actes, mais porte préjudice aux finances locales, ce qui ne saurait nous laisser indifférents[10].

Ce qui est perçu comme une fraude sous le poids des codes culturels européens sur les représentations (Horta 1996 : 83) apparaît à nos yeux comme une forme d'agentivité que nous pourrons encore qualifier d'ingénierie *jula* qui témoigne de la capacité de cette classe marchande à survivre en contexte de domination coloniale, en parfaite connaissance des enjeux économiques et politiques de son temps.

---

[9] A.N.S., 1G 276, *Rapport de Mission Auguste Chevalier*, 1904-1910.

[10] ANS Q53. *Régime commercial de l'AOF. Nouvelle réglementation des cartes de circulation,* 1917.

L'histoire de longue durée de cette classe marchande ouest-africaine permet de déceler des continuités dans leurs pratiques commerciales frappées au coin du bon sens. Du point de vue du commerce à longue distance par exemple, les *Jula* ont aménagé dès le XVIe siècle au plus tard, un espace économique unifié dans la boucle du Niger. Ce réseau marchand fut bien étudié par divers auteurs (Person 1963, 1968, 1971, 1974, 1981 ; Launay 1979 ; Lovejoy 1980 ; Roberts 1981 ; Chauveau 1981 ; Curtin 1984 ; Wondji 1985 ; Bathily 1985, Brooks 1993 ; Terray 1995, Traoré 1996 ; Niane 2000, Cissé 2015, 2016). Dans la continuité de notre raisonnement, il faut souligner qu'en 1542, Jorge Vaz, commis de la factorerie portugaise du Cap-Vert, écrit au roi, son maître, pour se plaindre des agissements du négociant Afonso de Torres ; celui-ci a introduit dans la rivière de Cantor-Gambie - des marchandises semblables à celles qu'écoule le comptoir d'Elmina, et il les a proposées en quantités telles que les commerçants mandingues habitués à fréquenter « la Mine » s'en sont détournés et ont apporté leur or à Cantor. Si l'on accepte avec Emmanuel Terray (1995 : 71) les indications données par ce texte, exhumé par Texeira da Mota, il s'ensuit que, dès le milieu du XVIe siècle, ces commerçants sont en mesure de comparer les conditions qui leur sont offertes sur la Gambie et à la Mine et de prendre leurs décisions en conséquence.

Pour en revenir à notre temporalité sous revue, on peut observer ce phénomène de renouvellement des circulations de la part de leurs émules des XIXe et XXe siècles, en fonction de leurs intérêts commerciaux. Lorsque les cercles du Kissi et de Beyla furent rattachés à la Guinée en 1899[11], le gouvernement fédéral à Dakar n'a pas voulu modifier trop brusquement le régime établi par les autorités soudanaises, et au lieu de taxer les bœufs à la sortie à 21 francs par tête, soit 7 % sur 300 francs de valeur à la mercuriale, il a été admis pour ces animaux une valeur de 100 francs par tête, ce qui les taxait à 7 francs. De cette façon, il arrivait qu'un bœuf qui passait la frontière dans la Basse-Guinée devait payer 26 francs de droit, alors que celui qui sortait de la zone libérienne ne payait que 12 francs. Les *Jula* ne tardèrent pas à s'apercevoir de cette différence, et malgré les affirmations contraires, l'administration française en Guinée dut constater qu'un courant d'exportation s'était établi par

[11] Décret du 17 octobre 1899 portant réorganisation du gouvernement général de l'Afrique occidentale française. *Journal officiel* de l'Afrique occidentale française du jeudi 9 novembre 1899, n° 212, p. 474.

Boola, à l'extrémité orientale de cette colonie[12]. Le même phénomène de contournement s'observa également en Côte d'Ivoire, notamment dans le District d'Odienné entraînant une perturbation du dispositif fiscal colonial. Alors que le nombre total des habitants du canton, d'après le recensement de l'année 1900 était de 2000, le recensement du mois de novembre 1902 n'accusait que 1220 contribuables. Cette diminution de 780 habitants provient selon le commandant du District, de la moindre importance du marché de Maninian depuis la création du poste douanier de cette localité. Les gros *jula* qui fréquentaient jadis le marché, poursuit l'administrateur français, ont acquitté une fois, les droits de consommation, mais ne sont plus revenus. Ils ont abandonné Maninian pour les marchés de la Guinée, de même que nombre d'habitants de Maninian qui se livraient exclusivement au commerce[13].

Moins que les mouvements de population, c'est la réduction du nombre d'imposables qui inquiétait l'administration française en raison de la chute des recettes fiscales. Encore en 1925, M. Barthe, Président de la chambre de commerce de la Côte d'Ivoire signalait que les *Jula* passent à travers les mailles de la douane qui ne peut assurer une surveillance efficace dans cette immense frontière et vont s'approvisionner là où la marchandise est le meilleur marché[14]. Cette géographie des contournements ne fut possible qu'en raison de la porosité des frontières. Elle constitua à la fin du XIXe siècle, une aubaine pour la contrebande transfrontalière initiée en 1897 par le Soudanais Noubougari Soumaourou par exemple, entre les colonies du Soudan français, de la Guinée et de la Côte d'Ivoire.

3. Le tentaculaire réseau frauduleux de Noubougari

« L'affaire Noubougari » informe la façon dont les Africains, proches de l'administration coloniale pouvaient faire usage de ce positionnement pour faire valoir leurs propres intérêts à coups de ruse et de manipulation sur fond d'affairisme. Ce sont les fameux intermédiaires, dont l'utilité dans les rouages de l'administration coloniale a été mise en exergue par de nombreux auteurs dont Henri Brunschwig (1983 : 135), qui parle à

[12] *Rapport sur la situation générale de la Guinée française en 1901*, Imprimerie nationale de la République française, p. 28-29.

[13] ANM FA 1^{E}83. *Côte d'Ivoire. Cercle de Kong. District d'Odienné. Rapport politique du Lieutenant Philippe, commandant le District, novembre 1902.*

[14] Afrique occidentale. *Rapport sur le régime douanier de la Côte d'Ivoire présenté par M. Barthe, Président de la chambre de commerce de la Côte d'Ivoire*. Congrès du régime douanier colonial, Marseille 29 juin-1er juillet 1925, p. 358.

leur propos de « collaborants », de Joël Glasmann (2010 : 69) optant quant à lui pour la formule d'« intercesseur de la colonisation ». Benjamin Lawrance, Emily Osborn et Richard Roberts dans un ouvrage collectif, invitent ainsi à étudier les conflits, les négociations, opportunités et contraintes nées des positions d'intermédiaires occupées par les employés de l'administration coloniale (Labrune et Smith 2018 : 17). Le dernier ouvrage de Richard Roberts (2021) consacré à Mademba Sèye, le fameux fama de Sansanding (Soudan français) est une traduction concrète de ce positionnement théorique. Dans son dernier ouvrage, *La revanche des contextes* Jean-Pierre Olivier de Sardan (2021 : 247) fait remarquer qu'ils sont indispensables au fonctionnement de la bureaucratie coloniale, dans la mesure où celle-ci a été caractérisée à la fois par une sous-administration chronique et par un décalage maximal entre les normes et usages locaux, et les normes et règles officielles. Faute de ressources humaines, et faute de maîtrise des codes et usages locaux, les bureaucrates coloniaux ont non seulement toléré, mais aussi utilisé systématiquement diverses formes de sous-traitance, là encore loin des règles métropolitaines, faisant la part belle aux auxiliaires, supplétifs, chefs administratifs, courtiers et autres hommes de main ou de confiance. La carrière de Wangrin restituée avec brio par Amadou Hampaté Bah (1973) montre comment ces auxiliaires de l'administration ont été capables par des moyens détournés, voire viciés de détourner à leur profit, les parcelles de pouvoir qui leur était concédé. Il n'y a donc pas eu de passivité des sociétés africaines écrasées par la colonisation ; au contraire, les acteurs africains en fonction du type de domination coloniale qui s'était implanté n'ont cessé de « réinventer » le colonisateur et son administration, de se les réapproprier (Darbon 2002 : 17). « L'affaire Noubougari » en est un exemple. Elle nous est connue grâce au rapport établi à cet effet par le capitaine Benedetti, commandant le cercle de Bougouni au sud du Soudan français (actuel Mali). « En venant de Bamako à Bougouni [écrit Benedetti], j'eus plusieurs fois l'occasion de constater que les laissez-passer ne portaient pas exactement le nombre de porteurs de chaque *dioula*, ni les quantités exactes de marchandises »[15].

Très rapidement les soupçons se portent sur le nommé Noubougari Soumaourou l'un des deux agents politiques du cercle de Bougouni. L'origine de la fortune de cet ancien habitant de Bolo dans le

[15] ANS 15G171. *Bougouni. Rapport de M. Le capitaine Benedetti sur les faits imputés au nommé Nougoubari Soumaourou agent politique du cercle de Bougouni.*

Ouassoulou, ruiné par Samory parut pour le moins douteuse aux yeux de l'administrateur d'autant que ce dernier n'avait pas de salaire à l'exception des sommes perçues lors de ses missions. On peut imaginer que dans ces conditions de rémunération à minima, Noubougari ait choisi de se "nourrir sur la bête". Il mit en place à cet effet, un réseau de complices, dont l'interprète auxiliaire Boubou Diakité, Diali Moussa, Noubougari Bilé et Finamari Kamara impliqués dans le trafic de captifs dans les pays de Tiendougou et du Yorobadougou. Ils allaient ensuite les vendre à Bamako au profit de Noubougari Soumaourou le cerveau de ce dispositif de fraude, qui leur versait leur quote-part du trafic.

La réticence française n'est pas liée au commerce des captifs, mais bien à l'identité des vendeurs. En d'autres circonstances, l'administration utilisait elle-même les captifs (Cissé 2015 : 107) : ainsi les réfugiés djamala et djimini du nord de la Côte d'Ivoire fuyant l'avancée de Samory Touré furent installés autour des postes et requis par eux comme travailleurs forcés (Chauveau 1981 : 27-28). Michal Tymowski (2000 : 2) rend compte de la même duplicité française au Soudan français où Quinquandon, un officier français possédait un grand nombre d'esclaves attachés à la terre et s'occupant d'agriculture et d'élevage dans son domaine de Koulikoro.

Nous revenons à notre propos pour signaler que les laissez-passer falsifiés permettaient pour leur part aux *Jula* de traverser sans encombre le poste de Bougouni. L'opération de contrebande rondement menée par Noubougari et ses hommes liges, consistait pour ce faire, à introduire des kolas qui ne payaient jamais l'*oussourou* (la taxe sur les caravanes). Ils recrutaient pendant la route des *Jula* qui, arrivés à Bougouni se reposaient dans la case de Noubougari Soumaourou. Les tractations commerciales pouvaient ainsi commencer. Contre indemnité, les *Dioulas* étaient autorisés à porter au poste les plus vilains produits[16]. Le laissez-passer ainsi délivré par le percepteur de l'oussourou pour la quantité déclarée et constatée servait aussi à transporter les kolas de bonne qualité laissés au village, ce qui réduisait le coût sur la taxe sur les caravanes. Les *Julas* fréquentant le poste versaient à Noubougari en retour de l'argent et des cadeaux. Ce dernier de son côté ne s'en priva guère d'en réclamer pour le commandant de cercle. C'est ainsi qu'il se fit remettre à Dinga, village alentour une captive pour ce dernier, disant que l'autorité locale française serait contente d'un tel cadeau.

[16] *Ibidem.*

Complice de cette pratique frauduleuse, le second agent politique prélevait sa part du butin avant de le remettre à Noubougari. Une fois la supercherie découverte, sur la base de quelques soupçons, certains *Julas* voyageant munis de faux laissez-passer sont traduits devant la juridiction de Bougouni. Aussitôt les *Julas* venant de Samatiguila (nord-ouest de la Côte d'Ivoire) cessèrent brusquement de venir dans cette localité. L'enquête menée par le capitaine Benedetti révéla que Noubougari leur avait conseillé de se trouver un autre itinéraire dès lors qu'il fut licencié de son poste d'agent politique. Démasqués, Noubougari et ses complices furent arrêtés et le commandant de cercle n'y alla pas de main morte dans son réquisitoire. Il requit en effet, la peine de mort contre Noubougari Soumaourou pour l'exemple ou à tout le moins la confiscation de ses biens mal acquis, une peine de dix ans de prison à subir aussi loin que possible du cercle. Quant aux nommés Noubougari Bilé, Diali Moussa et Finamari Kamara, il proposa à leur encontre des peines de prison ferme respectivement d'un an, deux ans et un an[17].

La figure de Noubougari Soumaourou est loin d'être exceptionnelle pour l'époque. Le parallèle est saisissant entre les cas du Sénégalais Ousmane Fall et le Soudanais. Ousmane Fall, un riche traitant de Medine vient saluer Gallieni au départ de la colonne de Nango et est, par la suite, couvert de décorations : Médailles d'honneur en 1878 et chevalier du Cambodge en 1887 de la Légion d'Honneur en 1888, du Nicham Iftikar en 1890. En 1889, il cumule les fonctions d'interprète à Médine et de chef du canton de Sanié. Cependant le capitaine Quiquandon, envoyé en mission pour faire rentrer l'impôt en décembre 1889 recueille de nombreuses plaintes contre un nommé Demba Alarba. Ce dernier, ancien employé d'un commerçant de Saint-Louis (1880), infirmier à Médine (1883), se livre, en cheville avec Ousmane Fall, au commerce des bœufs. Ousmane lui délègue, d'accord, selon lui, avec le lieutenant Baudot, commandant du Cercle de Médine, le droit de rendre la justice. Il en abuse en exigeant des cadeaux, en imposant des amendes, en trafiquant sur des captifs libérés. Au cours d'une enquête rapide, Quiquandon découvre d'autres agents d'Ousmane. Tout un réseau surgit dont les affiliés exploitent le Bambouk. Une enquête approfondie délie les langues de nombreux témoins.

L'acte dressé à Kayes le 30 mai 1890 retient cinq chefs d'accusation : Ousmane s'est substitué à l'autorité régulière pour rendre la justice. Il a exploité pour en tirer bénéfice le droit qu'il s'est ainsi arrogé. Il a

[17] *Ibidem.*

levé des impôts à son profit. Il a fait des détournements au préjudice de l'État. Il a pris comme captifs et vendu des individus libres domiciliés à Médine (Brunschwig 1977 : 12). Contrairement à Noubougari, Ousmane Fall ne sera pas condamné pour des raisons de politique interne française, ce qui montre une flexibilité du colonialisme à géométrie variable comme l'a fort bien souligné Richard Roberts (2021) à propos du procès de Mademba Sèye, le roi de Sansanding au Soudan français à la fin du XIX e siècle.

Conclusion

La colonisation française n'a pas saturé la capacité d'initiative des sociétés africaines qui ont donc dû se « réinventer » pour y faire face. De ce point de vue, le choix de braquer le projecteur sur le réseau marchand *Jula* n'est pas fortuit. Il incite à sortir d'une lecture par trop militaire de la confrontation entre colonisateurs et colonisés qui, à la fin du XIXe siècle et au début du XXe, s'est d'ailleurs soldée partout en Afrique de l'Ouest par la victoire de l'impérialisme français. Dans le cadre du renouveau des études impériales, il est donc crucial d'élargir le spectre de l'analyse des expériences de résistance aux dominations coloniales. Sous ce rapport, Frederick Cooper (2010 : 311-312) a raison de souligner que

> La manière dont on décrit le colonialisme influe sur la perception que l'on se fait des politiques qui ont contesté les pouvoirs coloniaux. La fiction d'un État colonial manichéen [poursuit cet historien]a pu présenter un intérêt, même si elle simplifiait la manière dont s'exerçait l'autorité coloniale et celle dont les populations colonisées tentaient de se sortir de la situation à laquelle elles étaient confrontées.

C'est ce qu'enseigne finalement la mobilisation par les *Jula* de répertoires autres que militaires pour se soustraire ou à tout le moins pour contourner la logique de prédation économique française.

Sources et références bibliographiques

Sources imprimées

« Notice agricole, industrielle et commerciale sur le Soudan français par le Capitaine Ballieu, de l'artillerie de marine », in *Renseignements coloniaux et documents publiés par le Comité de l'Afrique française. Supplément au Bulletin du Comité de l'Afrique française de janvier 1898*,

« La région sud du Soudan français », in *Bulletin du Comité de l'Afrique française*, 9e année, 11 Novembre 1899 : 380.

Afrique occidentale. *Rapport sur le régime douanier de la Côte d'Ivoire présenté par M. Barthe, Président de la chambre de commerce de la Côte d'Ivoire*. Congrès du régime douanier colonial, Marseille 29 juin-1er juillet 1925, p. 358.

Rapport sur la situation générale de la Guinée française en 1901. Imprimerie nationale de la République française, p. 28-29.

Décret du 17 octobre 1899 portant réorganisation du gouvernement général de l'Afrique occidentale française. *Journal officiel* de l'Afrique occidentale française du jeudi 9 novembre 1899, n° 212, p. 474.

Archives nationales du Sénégal (ANS)

2G34/7. Colonie de la Côte d'Ivoire. Rapport politique 1934. Le gouverneur Dieudonné Reste au chef de la Fédération.

15G171. *Bougouni. Rapport de M. Le capitaine Benedetti sur les faits imputés au nommé Nougoubari Soumaourou agent politique du cercle de Bougouni.*

1G 276, *Rapport de Mission Auguste Chevalier*, 1904-1910.

Q53. *Régime commercial de l'AOF. Nouvelle réglementation des cartes de circulation 1917.*

Archives nationales du Mali (ANM)

FA 1E83. *Côte d'Ivoire. Cercle de Kong. District d'Odienné. Rapport politique du Lieutenant Philippe, commandant le District,* novembre 1902.

Références bibliographiques

ANOUMA René-Pierre, 2005, *Aux origines de la nation ivoirienne 1893-1946. Vol.1. Conquêtes coloniales et aménagements territoriaux (1893-1920),* Paris, L'Harmattan.

BÂ Amadou Hampaté, 1973, *L'étrange destin de Wangrin ou les roueries d'un interprète africain*, Paris, Éditions 10/18.

BATHILY Abdoulaye, 1985, « Guerriers, tributaires et marchands. Le Gajaaga (ou Galam) le "pays de l'or". Le développement et la régression d'une formation économique et sociale sénégalaise (8e -19e siècle) », Dakar, Université de Dakar [Thèse de Doctorat d'État d'Histoire].

BERTRAND Romain, 2008, « Politiques du moment colonial. Historicités indigènes et rapports vernaculaires au politique en « situation coloniale » », *Questions de recherche*, 6, p. 1-49.

BRUNSCHWIG Henri, 1977, « Interprètes indigènes pendant la période d'expansion française en Afrique noire (1871-1914) », *Proceedings of the Meeting of the French Colonial Historical Society*, Vol. 2 : 1-15.

BRUNSCHWIG Henri, 1983, *Noirs et Blancs dans l'Afrique Française ou comment le colonisé devient le colonisateur (1870-1914)*, Paris, Flammarion.

BROOKS George, 1993, *Landlords and Strangers. Ecology, Society and Trade in West Africa, 1000-1630*, Westview Press.

CHAUVEAU Jean-Pierre, 1981, « Spécialisations écologiques, État et réalisation de la valeur par les échanges à longue distance », *Cahiers d'études africaines*, 77-78, Vol. XX, Cahiers 1-2 : 161-167.

CHAUVEAU Jean-Pierre, 1981, « Baoulé et Européens au moment du passage de l'administrateur Pobéguin en Côte d'Ivoire », *ORSTOM. Fonds documentaire*, 440 : 19-32.

CISSÉ Chikouna, 2016, « La diaspora marchande des *Jula* en Afrique de l'ouest. Connecteurs d'espaces, passeurs de civilisation », *Revue du CAMES. Nouvelle série, Sciences humaines*, 006, 1er trimestre : 153-162.

CISSÉ Chikouna, 2015, « *Jula* et *Julaya* en Côte d'Ivoire (XIXe-XXe siècles », Romain Bertrand, Hélène Blais et Emmanuelle Sibeud (dir.), *Cultures d'empires. Échanges et affrontements culturels en situation coloniale*, Paris, Karthala : 99-120.

COOPER Frederick, 2010, *Le colonialisme en question. Théorie, connaissance, histoire*, Paris, Payot.

CURTIN Philip, 1984, *Cross-cultural trade in world history*, Cambridge, Cambridge University Press.

DARBON Dominique, 2002, « La Culture administrative en Afriques : la construction historique des significations du « phénomène bureaucratique », *Cadernos de Estudos Africanos*, 1 : 1-26.

DUCHÊNE Albert, 1938, *Histoire des finances coloniales de la France,* Paris, Payot.

GALLOT Fanny, 2021, « L'agency : un concept heuristique pour penser le genre et les classes populaires », *Écrire l'histoire*, 20-21, p. 1-10.

GIDDENS Anthony, 1984, *The constitution of society: an outline of the theory of structuration*, Polity Press.

GLASMAN Joel, 2010, « Penser les intermédiaires coloniaux : note sur les dossiers de carrière de la police du Togo », *History in Africa*, vol. 37 : 51-81.

GUHA Rnajit, 1983, *Elementary Aspects of Peasant Insurgency*, Delhi: Oxford University Press.

HORTA José da Sylva, 1996, « La perception du Mandé et de l'identité mandingue dans les textes européens », *History in Africa*, Vol. 23, 1996 : 75-86.

KIMBA Idrissa, 1994, « Les révoltes paysannes et anticoloniales dans l'ouest du Niger, 1905-1906 », *Paideuma : Mittleilungen Zur KulturKunde* : 173-213.

LABRUNE-BADIANE Céline et SMITH Etienne, 2018, *Les Hussards noirs de la colonie. Instituteurs africains et « petites patries » en AOF (1913-1960)*, Paris, Karthala.

LAUNAY Robert, 1979, « Landlords, Hosts, and Strangers among the Dyula », *Ethnology*, vol. 18,1, janvier : 71-83.

LOVEJOY Paul, 1980, « Kola in The History of West Africa », *Cahiers d'études africaines*, vol.20, Cahier 77/78: 97-134.

MBEMBE Achille, 1991, « Domaine de la nuit et autorité onirique dans le Maquis du sud-Cameroun (1955-1958) », *The Journal of African History*, vol. 32, 1, pp. 89-121.

MBEMBE Achille, 2007, « De la scène coloniale chez Frantz Fanon », *Réflexions sur la postcolonie*, 58 : 37-55.

NIANE Djibril Tamsir, 2000, « Le Mali et la deuxième expansion manden », Djibril Tamsir Niane (dir.), *Histoire générale de l'Afrique, Vol. IV. L'Afrique du XIIe au XVIe siècle*, Paris, Éditions UNESCO : 141-196.

OHAYON Isabelle, 2015, « Introduction. Médiateurs d'empire en Asie centrale (1820-1928), *Cahiers du monde russe*, vol. 56, 4 : 617-624.

OUATTARA Brahima, 2010, « Le commerce de la kola dans les territoires de l'AOF : 1881-1960 », Dakar, Université Cheikh Anta

Diop de Dakar/Université de Cocody [Thèse de doctorat d'Histoire en co-tutelle].

PERSON Yves,1968, *Samori. Une révolution dyula. T.1*, Mémoires de l'IFAN, Dakar-IFAN.

PERSON Yves, « Les ancêtres de Samori », *Cahiers d'études africaines*, IV, 13 : 125-156.

PERSON Yves, 1971, « Du Soudan nigérien à la côte Atlantique », Hubert Deschamps (éd.), *Histoire générale de l'Afrique noire, II. De 1800 à nos jours*, Paris, P.U.F: 85-121.

PERSON Yves, 1974, «The Atlantic Coast and the Southern Savannahs, 1800-1880 », J. F. Ade. Ajayi and Michael Crowder (eds.), *History of West Africa*, vol. II, Londres, Longman 1974: 262-307.

PERSON Yves, 1981, « Le commerce à longue distance dans l'ouest africain précolonial comme facteur de diversification sociale », *Cahiers d'études africaines*, 77-78, vol. XX, Cahiers 1-2 : 169-171.

ROBERTS Richard, 1979, « Linkages and Multiplier Effects in the Ecologically Specialized Trade of Precolonial West Africa », *Cahiers d'études africaines*, 77-78, vol. XX, Cahiers 1-2,1981 : 135-148.

ROBERTS Richard, 2021, *Mademba Sèye. Fama de Sansanding, Soudan français, Mali. Conflits coloniaux, État de droit et collaboration négociée*, Paris, Karthala.

ROCHER Guy, 1968, *Introduction à la sociologie générale*. Tome 3. *Le changement social*, Paris, Éditions HMH.

SARDAN (de) Jean-Pierre Olivier, 2021, *La revanche des contextes. Des mésaventures de l'ingénierie sociale, en Afrique et au-delà*, Paris, Karthala.

STOLER A. Laura, 2019, *Au cœur de l'archive coloniale. Question de méthode*, Paris, Éditions EHESS.

TERRAY Emmanuel, 1995, *Une histoire du royaume abron du Gyaman. Des origines à la conquête coloniale*, Paris, Karthala.

TOUCHELAY Béatrice, 2020, *Fraudes, frontières et territoires XIIIe-XXe siècle*, Paris, Institut de la gestion publique et du développement économique. Comité pour l'histoire économique et financière de la France.

THOMPSON Edward Palmer, 2012, *La Formation de la classe ouvrière anglaise*, Paris, Seuil.

TRAORÉ Bakary, 1996, « Histoire sociale d'un groupe marchand : les Jula du Burkina Faso », Paris, Université Paris I, [Thèse de doctorat d'Histoire, 2 tomes].

TYMOWSKI Michal, 2000, « Les esclaves du commandant Quinquandon », *Cahiers d'Études africaines*, 158, XL-2 : 351-361.

VIDAL Jérôme, « Agency et Empowerment », *Les mots de la critique*. RDL, n° 1, sept-àct : 61-63.

WONDJI Christophe, 1985, *La Côte ouest-africaine du Sénégal à la Côte d'Ivoire. Géographie, sociétés, histoire*. 1500-1800, Paris, L'Harmattan.

La mécanisation de la culture de l'arachide dans la Subdivision du Saloum oriental par l'autorité coloniale

Valy Faye
Université Cheikh Anta Diop de Dakar
valifaye@yahoo.fr

Résumé

La baisse des rendements arachidiers notée dans les premières régions mises en valeur menace le Saloum oriental, dernièrement gagné par l'arachide. Pour faire face, l'autorité coloniale introduit la mécanisation dans les pratiques culturales. La mécanisation permet de réduire le temps de travail, de diminuer les ressources humaines très coûteuses, de respecter le calendrier agricole et de pallier les incertitudes de la pluviométrie. En d'autres termes, elle vise à augmenter aussi bien les rendements que la production et comprend deux variantes. La première porte sur du matériel léger avec la culture attelée et l'autre sur du matériel lourd. Si la première est laissée entre les mains des paysans, la seconde est, quant à elle, sous la direction de l'administration coloniale qui emploie des techniciens et collabore avec des communautés paysannes vivant dans l'espace des anciennes « Terres Neuves ». À la veille de l'indépendance, les populations de la Subdivision ont intégré la mécanisation dans leurs pratiques culturales.

Mots-clés : arachide ; rendement ; mécanisation ; Saloum oriental ; paysans.

Abstract

A decline in groundnut yields is noted in the first regions developed in the colony of Senegal from the beginning of the 20th century. This threat awaits the eastern Saloum, recently won over by groundnuts. To cope, the colonial authority introduced mechanization into farming practices. Mechanization makes it possible to reduce working time, to reduce very expensive human resources, to respect the agricultural calendar and to overcome the uncertainties of rainfall. In other words, it aims to increase both yields and production and includes two variants. The first relates to light equipment with animal traction and the other to heavy equipment. If the first is left in the hands of independent peasants, the second is, for its part, under the direction of the colonial administration which employs technicians and collaborates with peasant communities living in the space of the former "New Lands". On the eve of independence, the populations of the Subdivision integrated mechanization into their farming practices.

Keywords: groundnut; yield; mechanization; eastern Saloum; peasants.

Introduction

Les pratiques culturales des paysans wolofs de la colonie du Sénégal fondées sur l'énergie humaine et l'extension des surfaces ont très vite montré leurs limites. En moins d'un demi-siècle, les sols ont perdu leur productivité et la végétation détruite au profit des champs. En conséquence, les rendements baissent et la production n'a dû son salut qu'à de nouveaux défrichements au centre de la colonie, au Saloum oriental en particulier. Pour faire face au désastre, l'administration coloniale, après avoir tenté la chimisation du sol et la sélection des espèces, introduit la mécanisation. L'objectif assigné à la présente contribution est d'examiner les différentes stratégies déployées par l'autorité coloniale dans la mise en œuvre de la mécanisation afin d'augmenter les rendements et la production agricoles dans le Saloum oriental. La méthodologie s'appuie sur des sources d'archives et des travaux de spécialistes de l'agriculture, économistes, agronomes, géographes, entre autres. Pour atteindre notre objectif, nous avons articulé notre démarche autour de trois grands axes. Si le premier axe vise à analyser l'utilisation du matériel léger avec la culture attelée, le second tente d'éclairer l'utilisation du matériel lourd dans le Bloc expérimental de l'arachide entre 1947 et 1955 tandis que le dernier s'intéresse aux mutations notées dans le Secteur expérimental et de modernisation agricole de Boulel de 1955 à 1959.

1. Le matériel léger tracté : la culture attelée destinée aux exploitations familiales

Le matériel est composé du semoir, de la houe (avec ses différents modèles), la charrue et la charrette. Il est destiné aux exploitations familiales. L'autorité coloniale s'est très vite préoccupée de l'avenir de la culture de l'arachide dans la colonie du Sénégal. Celle-ci dispose ainsi d'un service de l'agriculture dès 1912, bien avant même l'AOF dont le service date de 1920. Le service de l'agriculture du Sénégal est doté d'un personnel important en 1921 avant d'être divisé en cinq régions agricoles en 1923, dont celle du Sine-Saloum. La station expérimentale de l'arachide est créée en 1921 afin d'améliorer la production grâce à la mécanisation, la sélection des variétés arachidières et la mise au point d'engrais chimique (Tourte 1974 : 1-2).

L'expérience de la culture attelée au Saloum Oriental dans l'entre-deux-guerres a échoué à cause de l'hostilité du milieu (végétation dense, rejets de souche dans les parcelles, etc.), de la rareté des animaux de trait, de la pauvreté des paysans (prix du matériel élevé) et du manque de techniciens de l'agriculture. Cette expérience est également compromise par la Seconde Guerre mondiale (difficultés des industries françaises, problèmes de transport, entre autres entraves).

Au lendemain de la Seconde Guerre, l'administration coloniale reprend systématiquement le projet en adoptant une nouvelle démarche. La reprise du projet est favorisée par la suppression des champs de démonstration tant décriés par les indigènes et les défenseurs des droits de l'homme. En fait, les champs de démonstration servaient à expérimenter ou à vulgariser les produits de la recherche (nouvelles variétés de semences, matériel agricole et engrais chimique) et étaient confiés à des notables (chefs de cantons, marabouts, grands producteurs d'arachides) ; le travail y était obligatoire pour les paysans régis par le code de l'indigénat. La relance est également favorisée par l'importation de chevaux et d'ânes (tableau 1) du Djolof et du Soudan français (le commerce des ânes est surtout l'activité des *Laobé*) ; le tableau montre une augmentation sensible du nombre de chevaux même s'il y a une baisse de 237 unités en 1953 avant d'augmenter de 532 têtes en 1954. Par contre, les effectifs des ânes ont baissé, mais cela se comprend aisément ; les ânes sont des animaux de bât, ils servaient à transporter la récolte et les marchandises avant l'avènement de la charrette. Ainsi les ânes et leurs propriétaires se dirigent vers les régions où ils pourront assurer le transport des produits. Mais les effectifs restants peuvent renforcer les chevaux. La plupart des chameliers ont également quitté pour offrir leurs services ailleurs.

La relance du projet de mécanisation est aussi favorisée par les mutations des terres du Saloum Oriental. Par ce dernier facteur, on sous-entend la mise en culture des terres autrefois inaptes à l'agriculture (sols latéritiques notamment) et celles qui étaient abandonnées à la suite d'une intense exploitation (grâce à l'utilisation des engrais minéraux) ainsi que la disparition progressive des rejets de souche en raison d'activités culturales anciennes et intenses. Les commandes de matériels agricoles neufs ne reprennent qu'en 1946, mais timidement, car " les 5800 semoirs commandés en 1948 ne sont pas arrivés à temps pour être utilisés cette campagne ; 3000 seulement ont pu être mis en service s'ajoutant aux 7500 existants remis en état"[1].

Tableau 1. : Des éléments du cheptel du Saloum oriental : 1949-1954

Cheptel	**1949**	**1952**	**1953**	**1954**
Chameaux	80	21	8	3
Chevaux	1464	1956	1719	2301
Vaches	6599	17 777	16 799	19 039
Ânes	3 164	1 180	893	1012

Source : ANS 11D1 1100, Subdivision de Kaffrine, correspondances et circulaires

La culture attelée favorise l'association de l'élevage avec l'agriculture et, par conséquent, l'amélioration de la fertilité des terres avec l'utilisation de la fumure animale. Les machines entrent désormais dans les techniques culturales de l'indigène, mais "la demande des agriculteurs porte surtout sur les semoirs qui procurent les avantages les plus considérables étant donné les exigences des semis"[2]. Le semoir augmente les surfaces emblavées et permet de semer très rapidement dès les premières pluies et avant l'évaporation ; or les graines semées tout juste après la pluie donnent des plants vigoureux résistant mieux à la sécheresse et aux maladies que celles qui sont enfouies une journée après ; le décalage entre les semis entraîne des inégalités dans les rendements. Les premiers semis permettent aux variétés d'arachides cultivées de boucler leurs cycles végétatifs respectifs compris entre 90 jours et 120 jours. Le semoir permet donc de gagner du temps et de l'espace.

La charrue et la houe sont, néanmoins, d'une grande importance, car des labours légers favorisent le développement de l'arachide en ce sens qu'ils ameublissent la terre et accélèrent la nitrification, et des binages rapides et successifs sont indispensables à la modernisation de la culture de l'arachide en raison de la prolifération des mauvaises herbes due à l'engrais. Autrement dit, ces deux outils permettent au paysan de

[1] ANS 2G49 53 : Sénégal, service de l'agriculture, rapport annuel, p. 70.
[2] *Id.*, p.8.

travailler mieux et plus vite. Cependant la houe occupe, pendant un certain temps, la deuxième place après le semoir avant d'être remplacée par la charrette.

Le semoir Eco de la maison Beauvais (Angers) et la houe Alouette des établissements Ulysse Fabre, introduits au Sénégal en 1930, sont ainsi rapidement vulgarisés. Leur gestion est confiée à la Société Indigène de Prévoyance (SP ou SIP). Mais la vulgarisation a connu des difficultés, à ses débuts, parce que le matériel agricole était vendu au comptant. Dès lors son acquisition dépendait du pouvoir d'achat du paysan, c'est-à-dire d'une bonne campagne agricole pour le producteur. Ainsi, à la suite de la mauvaise campagne de 1950, la Société de prévoyance s'est retrouvée avec 5800 semoirs invendus[3].

Pour pallier les difficultés, la Société de prévoyance décide de vendre le matériel à crédit aux cultivateurs, à partir de 1951. Un crédit remboursable en nature, par annuités. Les semoirs sont vendus comme de petits pains, car, en dehors de leur cession à crédit, chaque paysan détenteur d'une unité reçoit 200 kilos de graines supplémentaires (sous forme de prêt). Ces avantages suscitent des déclarations frauduleuses, car, selon Fouquet (1958 : 87), "Dans la subdivision de Kaffrine par exemple, sur 515 semoirs inscrits, 135 seulement ont pu être présentés lors d'un contrôle effectué en 1950". De 1946 à 1950, la vente de semoirs par la SP de Kaolack a ainsi plus que quintuplé : 100 en 1946, 118 en 1947, 500 en 1949 et 545 en 1950 ; au total, plus de 2 000 semoirs sont en circulation dans le cercle en 1950 contre 600 houes seulement. D'ailleurs, face à l'augmentation des demandes, Fouquet (1958 : 87) écrit :

> Les autorités administratives ont même dû faire appel à l'étranger pour assurer dans des conditions convenables la mécanisation du matériel agricole (lettre du 24 mai 1948) du Gouverneur du Sénégal au Gouverneur Général, sollicitant 1 million de dollars pour l'achat à l'extérieur de matériel agricole, l'industrie métropolitaine ne pouvant le fournir.

Ainsi, 12 506 semoirs et 909 houes sont utilisés dans le cercle du Sine-Saloum en 1959[4]. Ce déséquilibre entre le nombre de semoirs et celui de houes a des inconvénients, car selon Kaling (2012 : 142) « les possibilités offertes par cet instrument (le semoir) poussent la plupart

[3] ANS 2G51 43 : Sénégal/Service de l'agriculture, rapport annuel, 1950-1951, p. 70.
[4] ANS 2G58 13.

de ses détenteurs à ensemencer davantage qu'ils ne peuvent sarcler manuellement. Ainsi, le gain obtenu grâce au semoir s'annule dans une certaine mesure puisqu'une partie du champ est envahie par les herbes adventices ». Face à cette situation, le paysan est souvent obligé de faire appel à une main-d'œuvre d'appoint (ouvriers agricoles ou associations d'entre-aide) qui demande des frais supplémentaires. Le peu d'importance accordé à la houe s'explique par deux raisons ; les cultivateurs lui reprochent de fatiguer les animaux et de les rendre inaptes aux autres activités (déterrage, transport des produits par charrette) ; ensuite les lignes de semis mal faites rendent très difficile l'utilisation de la houe, car l'interligne (l'écart entre les lignes) doit être constante (40 cm ou 60 cm). Cette difficulté résulte de la non-maîtrise du matériel par le cultivateur ou du mauvais comportement de l'animal qui tire le matériel. Dès lors, l'utilisation du matériel doit être précédée d'une formation du cultivateur par les agents de l'agriculture et du dressage des animaux.

Ainsi, la houe est rapidement reléguée à la troisième place par la charrette. La charrette est très utile pour le paysan parce qu'elle permet de transporter le personnel et tout le matériel agricole du village aux champs ; elle permet aussi d'évacuer la récolte (graines et paille d'arachide) et d'offrir à son propriétaire des ressources additionnelles par le système de location. Globalement, la culture attelée permet une augmentation de rendement de près 40 %. La plupart des chercheurs s'accordent sur la vertu de cette réforme technique. Ainsi Vanhaeverbeke (1970 : 74) « estime que l'utilisation d'un semoir et d'une houe tractée permet d'étendre la capacité de travail par tête de 1 ha en culture manuelle à 5 ha en culture attelée ». Founou-Tchuigoua (1981 : 121) évalue l'opération en ces termes. « Pratiquement, c'est seulement dans le Sine Saloum que la culture attelée a une certaine importance : 3,6 % des superficies contre 0,06 % au Sénégal Oriental, 0,1 % dans la région de Diourbel, 0,4 et 0,2 % dans les régions de Thiès et de Casamance » ; il parle toutefois de la situation à la fin des années 1940.

Enfin, à la veille de l'indépendance, le semoir et la houe ont connu une large diffusion au Saloum Oriental et occupent, en conséquence, une place prépondérante dans le système cultural indigène, comme nous le montre Fouquet (1958 : 87) : « Grâce à la mécanisation, de nouvelles terres ont pu être mises en culture, notamment dans le Saloum Oriental, canton de Colobane et Birkélane jusqu'à Ségré, dans les cantons de Ndoucoumane et Birkélane, au nord de la voie ferrée du Dakar Niger ». Mais, de tous les facteurs de modernisation de la culture de l'arachide, la culture attelée a le plus affecté la croissance démographique de la région en ce sens que les machines ont, dans une large mesure, remplacé la main-d'œuvre agricole migrante dont la place dans son peuplement et dans son développement économique est d'une grande importance.

En d'autres termes, l'utilisation du matériel agricole est entrée dans les pratiques culturales parce que les cultivateurs et les autorités coloniales ne comptent plus sur l'énergie humaine, l'immigration de saisonniers notamment, pour augmenter la production. Et la baisse progressive des effectifs des saisonniers appelés navétanes, dans la décade précédant l'indépendance, en est une illustration parfaite. À part les années 1954 et 1957, la baisse est constante d'une année à l'autre et dépasse souvent le quart des effectifs de 1949. Pire, en 1959, le nombre de navétanes recensés est inférieur à la moitié des effectifs de 1949. Et les cantons de Ndoucoumane, Birkélane et Koungheul, principales destinations de cette main-d'œuvre migrante ont suivi cette même tendance de baisse générale (**tableau 2**).

Tableau 2 : Évolution du mouvement navétane dans le Saloum oriental 1949-1960

Cantons	Ndoucoumane	Pakala-Mandakh	Nguer-Birkélane	Koungheul	Total
1949	5680		4525	1822	12 027
1950					9 454
1951	3 399		2250	4363	10 012
1952	1793	297	3341	3503	8 934
1953	2602	447	3272	2799	9 120
1954	5789		4443	4741	14 973
1955	3081	1601	3084	5614	13 380
1956	3514	1486	2920	4920	12 840
1957	3747	1027	4066	6954	15 794
1959	1558		1137	2134	4 829
1960	4291		973	3324	8 588

Source : ANS 11D1 1100

À côté de la culture attelée utilisant du matériel léger, les autorités coloniales ont initié une nouvelle forme d'agriculture mécanisée, dans les « Terres Neuves » à partir de 1947 ; cette expérience est fondée sur l'utilisation d'engins très lourds et dirigée par des ingénieurs et des techniciens français ; ceux-ci travaillent avec des chauffeurs et des mécaniciens indigènes.

2. L'utilisation du matériel lourd : l'expérience du Bloc expérimental de l'arachide de Boulel

Face à l'exploitation abusive des terres et la baisse de la production subséquente, l'administration préconise, à partir de 1946, des essais mécaniques de la culture de l'arachide afin de retrouver le niveau moyen de production d'avant-guerre. Le bloc expérimental de l'arachide de Boulel est ainsi créé en 1947 en rapport avec le premier plan de production d'Outremer qui « prévoyait pour un certain nombre de cultures tropicales, des « exploitations pilotes" ayant pour but de "faire des essais en vraie grandeur de ces cultures, dans les régions mêmes et dans les conditions où leur extension est envisagée » (Bouchet 1955 : 183).

Sous ce rapport, les objectifs à Boulel sont déclinés comme suit : expérimenter du matériel moderne de défrichement et de culture mécanisée d'origines française et américaine, vérifier les résultats obtenus à Bambey dans le domaine de l'assolement et des engrais verts, créer un centre de formation pour les cadres, mettre sur pied une nouvelle organisation sociale (coopérative, kolkhoze) en rapport avec la modernisation, éduquer les Mourides et les populations locales. Concernant le deuxième objectif, le bloc de Boulel devait servir de centre d'expérimentation et de vulgarisations des résultats de la Station expérimentale de l'arachide de Bambey à la place des champs de démonstration tant décriés. Et pour le dernier objectif, il fallait départir ces populations de leurs méthodes culturales anarchiques, consommatrices de terres et destructrices de l'environnement.

Le Bloc est ainsi créé après l'échec de l'opération des Terres Neuves de Kaffrine initiée en 1933 et qui consistait à installer des communautés sérères du Sine dans le nord de ladite Subdivision. Les Sérères, connus pour leurs méthodes culturales ingénieuses, fondées sur l'assolement et l'association agriculture-élevage, devaient pallier l'exploitation anarchique des terres, facteur de la baisse des rendements. Mais l'opération a échoué pour diverses raisons et la plupart des immigrés sont rentrés dans le Sine. Le bloc expérimental de l'arachide occupe ainsi les terres abandonnées par les Sérères.

Le choix de Boulel au détriment de Keur Yoro Mbarou (situé à 18 km au Nord-Est de Malem-Hodar), premier terrain choisi puis abandonné en raison de la mauvaise qualité de son sol, s'explique par la disponibilité des terres (plus de 100 000 hectares des terres abandonnées en grande partie par les Sérères), le souci de freiner la progression des Mourides, le désir de lutter contre la déforestation provoquée par les pasteurs et les agriculteurs ainsi que par le désenclavement : la route des « Terres Neuves » et la proximité de la voie ferrée dont on ne voulait pas s'éloigner de plus de 25 kilomètres afin de faciliter le ravitaillement et l'écoulement de la production du "bloc" (Pélissier 1951 : 217). Le site du bloc est ainsi délimité par les villages de Dambol, Boulel, Diakhao-Saloum, Galoulé, Horé, Lanel, Bodé et Dianké-Kao. Mais, d'après Fouquet, des inconvénients n'y manquent pas : l'absence de points d'eau en plus des sols latéritiques. C'est pourquoi un forage de 278 m de profondeur et un pipe-line de 4250 m y ont été installés. Ledit forage est équipé d'un moteur de marque Vandeuvre et d'une pompe Layne d'un débit de 50 m^3. Une piste de 20 kilomètres de long relie les différentes localités du Bloc.

L'expérience de Boulel est par conséquent une initiative publique/ privée liant l'État colonial à un exploitant agricole mouride, Serigne Bassirou Mbacké. Celui-ci est un fils de Cheikh Ahmadou Bamba Mbacké (1895-1966), fondateur de la confrérie des Mourides. Au lendemain de la disparition de son père en 1927 et le chemin de fer aidant, Serigne Bassirou s'installe dans le secteur Birkélane-Kaffrine et investit la haute vallée du Saloum où il crée des exploitations agricoles entre la forêt classée de Mbégué et les réserves sylvo-pastorales de Doli et du Sine-Saloum.

Le bloc a démarré ses activités en 1948, de manière progressive, suivant le renforcement des équipements agricoles et l'extension des défrichements. Ainsi en 1948, 253 ha d'arachide sont mis en valeur ; tous les travaux agricoles sont exécutés par les machines sauf le sarclage et la mise en meule, confiés à 60 colons mourides[5]. Puis en 1949, les surfaces emblavées en arachide passent à 530 ha et celles en mil, concédées aux colons mourides, s'étendent sur 200 ha. Les colons mourides se chargent du décorticage de l'arachide, du sarclage et de la mise en meule et cultivent le mil selon les méthodes traditionnelles. Après déduction des

[5] ANS 2G48-42 : Sénégal, service de l'agriculture, rapport annuel, 1948, 154 p.

frais de production, les bénéfices sont partagés avec les colons auxquels revient également l'intégralité de la récolte du mil[6].

Cependant la collaboration effective entre le bloc et le marabout serigne Bassirou démarre en 1950, vu que les résultats des deux premières années sont concluants. Serigne Bassirou reçoit ainsi une concession de 50 ha et loue le matériel du bloc à 300 F la journée de huit heures, soit en gros 4400 F l'hectare ; les opérations manuelles sont effectuées par les disciples du marabout qui interviennent également dans les exploitations du bloc. La même clé de répartition des bénéfices est reconduite. L'expérience avec le marabout ayant réussi, le bloc signe avec lui un contrat d'exploitation en bonne et due forme.

Le Bloc dispose de 72 machines (bulldozers, semoir, bineuses, charrues arracheuses, râteau-faneur, batteuses, etc.) et de tracteurs à chenilles manipulés par 165 spécialistes et 360 manœuvres. À côté de ces techniciens, se trouvent les colons mourides, tous disciples du marabout Bassirou Mbacké signataire du contrat avec l'administration du bloc. Selon C. T. Sy (1969 : 166) :

> Aux termes de ce contrat, le Bloc s'engageait à mettre à la disposition des mourides des parcelles, des semences, des engrais et à réaliser toutes les opérations culturales (défrichements, préparation de parcelles, semis, binage mécanique, etc.). En retour les mourides devaient décortiquer les semences et faire des binages manuels pour parfaire les binages mécaniques.

Les bénéfices de la récolte sont toutefois versés au marabout, une fois déduites les prestations faites par l'administration du Bloc. D'après les termes du contrat de 1951, les 1500 ha de terres affectés à Serigne Bassirou sont ainsi répartis : 706 ha d'arachide en culture semi-mécanisée, 355 ha en mil en culture manuelle, 285 ha pour l'expérimentation de variétés d'arachides et de mil ainsi que de l'engrais vert. En plus, 150 ha sont confiés à des colons du village de Diakhao-Saloum (Wolofs, de la confrérie des Tidjanes en majorité, indépendants du marabout), situé à 5 km de Boulel[7].

En ce qui concerne les méthodes culturales, les défrichements sont effectués pendant l'hivernage pour faciliter l'arrachage des arbres à l'aide de Caterpillar ; les labours sont faits avec des charrues tractées

[6] ANS 2G49- 53 : Sénégal, service de l'agriculture, rapport annuel 1949, 215p.
[7] ANS 2G51-43 : Sénégal, service de l'agriculture, rapport annuel, campagne 1950-1951.

mécaniquement ; des engrais minéraux sont enfouis pendant les semis à raison de 400 kg de phosphate, 100 kg de potasse et 100 kg de sulfate d'ammoniaque à l'hectare ; la conservation de sols est assurée aussi bien par l'assolement que par l'enfouissement d'engrais verts qui doit être fait dans les premiers jours de septembre, c'est-à-dire bien avant la maturité du mil ; sur le champ labouré, d'importantes repousses se développent avec les dernières pluies ; elles assurent au sol une protection satisfaisante contre l'érosion éolienne durant la saison sèche (Pélissier 1969 : 220). Les champs sont des parcelles rectangulaires de 1 km sur 250 mètres séparées entre elles par des espaces de végétation naturelle servant de brise-vent ; certains de ces espaces sont renforcés par des plantations d'anacardiers ; le bloc ressemble ainsi à un véritable bocage ; les surfaces cultivées ont vite augmenté, car de 250 hectares en 1948, elles avoisinent deux mille hectares en 1951.

L'opération est certes rentable au plan financier, mais elle n'a pas totalement répondu aux attentes des promoteurs. Cela, d'abord parce que sur le plan technique, il y a eu un échec dans la mesure où le matériel lui-même était inadapté ; il était d'origine américaine et nécessitait un lot de pièces détachées, donc une immobilisation de capitaux. De l'avis des techniciens, ce matériel exigeait un personnel spécialisé, donc coûteux, d'après C. T. Sy (1969 : 167) ; ensuite parce que l'arrachement des arbres (le défrichement intégral notamment) expose le sol desséché à l'érosion éolienne. Enfin, parce que l'objectif social visé a été raté dans la mesure où le seul bénéficiaire de l'opération a été le marabout recruteur.

Les Mourides sont de nouveau décriés par certains chercheurs comme J. Fouquet (1958 : 238) qui soutient que rien de constructif ne peut être fait sans la participation volontaire et la confiance des intéressés : or, par essence, le mouridisme s'oppose à l'organisation d'un paysannat libre. Celui-ci implique l'indépendance, l'amour du travail, l'attachement à la terre sentiments qui ne trouvent pas de place dans la conscience des « talibés ». Les chefs religieux mourides ont, dans une large mesure, contribué à l'échec de la promotion de leurs disciples, mais celle-ci ne peut être réalisée que si les indigènes associés au bloc sont éduqués et formés en vue de pouvoir manipuler et entretenir le matériel mécanique afin de remplacer, par conséquent, les techniciens étrangers.

La plus grave erreur de l'administration du bloc a été ainsi la réduction des activités des indigènes uniquement à la culture du mil et au dernier binage manuel. Par ailleurs, on note une tentative de violation du contrat par les mourides à la fin de l'hivernage de1952 comme nous le montre cet extrait d'une correspondance du chef de subdivision au commandant de cercle datée du 25 janvier 1953 :

> J'ai l'honneur de vous transmettre un compte rendu de Mr le directeur du Bloc Expérimental de l'Arachide, relatif à l'enlèvement clandestin d'arachides sur la parcelle du Serigne Bassirou Mbacké (…). Il est à craindre que sous le prétexte de vol, une partie de la récolte ne soit soustraite. Ou bien le Serigne est de bonne foi et livre sa récolte, ou bien il ne respecte pas ses engagements et l'administration intervient par des mesures efficaces[8].

Le Bloc a toutefois fait des progrès dans le domaine des rendements à en croire le chef de subdivision, Orcel : « les expériences faites par le Bloc Expérimental de Boulel ont déjà donné des résultats satisfaisants. Et les parcelles mises à la disposition des paysans, dans des conditions avantageuses, doivent permettre une meilleure exploitation du sol »[9].

Il s'avère important de souligner que le Bloc n'a pas favorisé l'apport d'immigrants externes à la subdivision ; le village créé à cet effet, Touba-Saloum, a été peuplé grâce à un redéploiement de colons originaires de Kouyané ; d'ailleurs ils n'ont jamais dépassé cinq cents durant toute la période 1947-1954.

Après la rupture du contrat d'exploitation avec Serigne Bassirou Mbacké, l'autorité du Bloc observe une période de transition entre 1953 et 1954. Elle consiste à engager d'autres colons sur de nouvelles bases : les opérations manuelles (sarclage, binage, battage, vannage et récolte du mil) sont effectuées par les colons ; le Bloc fournit les semences, les engrais et les vivres et s'occupe des opérations mécaniques (déchaumage des terres, épandage d'engrais, binages mécaniques). À la fin de la campagne agricole, les colons paient les services au Bloc à hauteur de 350 kg d'arachide par hectare cultivé en 1953 (500 kg en 1954) 2220 hectares sont aménagés en 1954.

L'autorité coloniale finit par changer l'orientation du Bloc. Le Bloc est ainsi remplacé par le Secteur d'expérimentation et de Modernisation Agricole (SEMA) des Terres Neuves de Kaffrine en 1955.

---

[8] A.N.S. 1101-1104. Lettre de Sibet, chef de la subd. au Cdt de Cercle, 25.01.53.
[9] A.N.S. 1D1-1100, rap. politique de la subdivision en 1953, 15.02.54.

3. Le Secteur d'expérimentation et de Modernisation Agricole (SEMA) de Kaffrine : de la culture semi-motorisée à la culture attelée

Le Bloc n'a pas survécu aux difficultés signalées plus haut. Il disparait ainsi, faisant place à une nouvelle structure, le Secteur d'Expérimentation et de Modernisation Agricole (SEMA) qui hérite des réalisations déjà effectuées, mais il emprunte une nouvelle démarche. Le SEMA de Kaffrine est créé par arrêté général n° 213 du 13 janvier 1955[10].

La nouvelle structure est composée de trois sections avec des objectifs clairement définis. La section expérimentale qui a pour mission d'élaborer les méthodes et les techniques culturales les mieux adaptées au milieu ; la section d'exploitation qui doit mettre en œuvre les résultats de la section expérimentale, de préférence en association avec les colons ; la section d'aménagement dont la mission est d'étendre les superficies du SEMA.

Il opte pour une agriculture semi-mécanisée en associant d'autres agriculteurs non mourides. Ceux-ci ont à leur charge les semis et le binage grâce à la traction bovine ou chevaline, les opérations de décorticage, d'arrachage, de battage, etc., tandis que les gros engins s'occupent de la préparation des parcelles (défrichement) et des labours. La nouveauté est alors l'introduction d'unités de cultures attelées. Nous avons donc un système mixte associant les gros engins et le matériel léger tracté (semoir, houe) par des chevaux et des bœufs. Le SEMA collabore ainsi, dès 1955, avec environ 206 carrés pour la mise en exploitation de 2877 ha dont 120 ha en culture expérimentale[11]. Le rapport est à 2897 ha pour 208 carrés en 1956[12]. Et les superficies exploitées et le nombre de collaborateurs augmentent sensiblement entre 1957 et 1959 (tableau 3).

Cependant, le défrichage mécanique est abandonné dès 1956 et la culture attelée généralisée à toutes les unités. Ensuite, le SEMA sort de son terroir originel pour intégrer d'autres villages des Terres Neuves (Bitnguel, Kouyané, Alloucky, Diakhao Saloum, Boulel) et des localités qui jouxtent le Bloc (Goulokoum, Torodo, Thione-Mouride, Fass-Goulokoum, Tagoum).

---

[10] *Journal officiel* de l'AOF, 22 janvier 1955.

[11] ANS 2G55-52 : Sénégal, service de l'agriculture, rapports annuels-rapports d'ensemble, 1955, p. 130.

[12] ANS 2G56-49 : Sénégal, service de l'agriculture, rapports annuels-rapports d'ensemble, 1956.

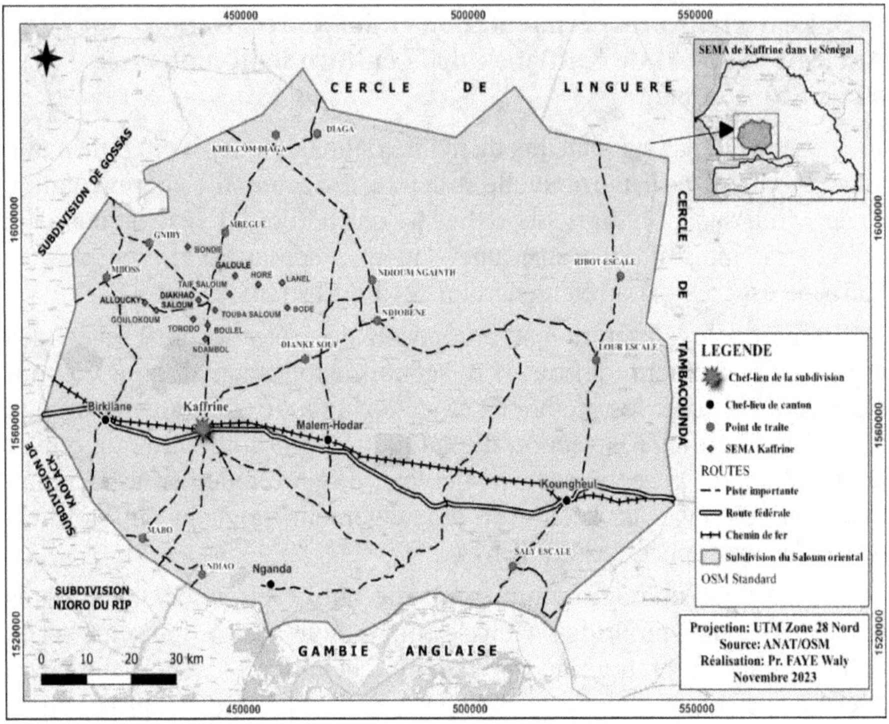

Source : conception Valy Faye, 2024

Tableau 3 : Situation du SEMA pour les années 1957, 1958, 1959.

	Population totale	**Chef de carré**	**Navétane**	**Superficie Toutes cultures**	**Revenu Moyen/habitant**
1957	2 446	282	181	3.086 ha	21 640 f
1958	2 723	375	303	3.336 ha	21 345 f
1959	2 605	384	287	–	24 256 f

Sources : DAVID Ph, *op. cit.*, p. 437

D'après C. T. Sy (1969 :168), les zones mises en valeur sont réparties en bandes affectées à l'assolement quadriennal : arachide/mil, arachide/jachère ou engrais vert. Dans ces bandes, chaque carré familial "possède" un champ dont la surface varie suivant la taille du carré et le niveau d'équipement.

Quid du bilan du Secteur de Modernisation Agricole ?

D'après les techniciens de l'agriculture, des objectifs du projet ont été atteints. L'arachide a fait des progrès du point de vue de la qualité variétale et des techniques culturales. Autrement dit, l'expérimentation et la multiplication des semences ainsi que l'utilisation de l'engrais chimique et la pratique de la culture attelée ont été réussies. Ensuite les activités du SEMA ont été rentables pour les paysans parce que d'après le rapport du Service de l'agriculture de 1953, le revenu du cultivateur associé au SEMA est estimé à 18 250 francs et s'il paie ses 7725 francs de redevances, il gagne 10 525 francs, un bénéfice nettement supérieur à celui du paysan travaillant pour son propre compte. Et les chiffres fournis par David (tableau 3) quant aux revenus du paysan collaborateur du SEMA sont encore meilleures. Ensuite le paysan du SEMA, après avoir payé ses redevances en mil et prélevé ses réserves de semences, se retrouve avec une quantité suffisante pour nourrir une famille de cinq personnes pendant une année.[13]

Les limites du Bloc et du SEMA portent sur le matériel lourd utilisé. Le matériel s'est essoufflé au bout de cinq ans d'utilisation seulement, à partir de 1953. Les recettes tirées des différentes campagnes agricoles ne parviennent pas à amortir le matériel (le prix des engins). En plus, la plupart des engins sont hors d'usage à cause des pannes. Celles-ci sont imputées à une formation insuffisante du personnel technique africain et à la difficulté d'acquisition de pièces de rechange.

Conclusion

La culture attelée, première variante de la mécanisation agricole au Saloum oriental, pratiquée tant dans les exploitations familiales que dans le Secteur expérimental et de modernisation de l'arachide ont données des résultats probants. Autrement dit, les rendements de l'arachide et du mil ainsi que les revenus des paysans ont été boostés en dépit des difficultés de la mise en œuvre. L'autre variante portant sur l'utilisation des engins lourds a également enregistré des résultats positifs avec l'augmentation des rendements et des revenus des colons associés au Bloc expérimental de l'arachide. Ensuite l'expérimentation et la vulgarisation des résultats de la recherche du Centre de recherche agricole de Bambey dans le Bloc et dans le SEMA ont été concluants. En plus, la baisse des effectifs de la main-d'œuvre agricole migrante, principale force de travail de cette agriculture, corrobore dans une

[13] ANS 2G53-79 : Sénégal, service de l'agriculture, rapports annuels, 1953, p. 87-88.

certaine mesure la réussite de la mécanisation de l'agriculture dans la Subdivision. Mais c'est au niveau de la collaboration avec le marabout Bassirou Mbacké et de l'amortissement du matériel lourd et très coûteux que le Bloc a échoué. Tout compte fait, à la veille de l'indépendance, les populations du Saloum oriental ont fini par intégrer la mécanisation dans leurs pratiques culturales, du semoir à la charrette en passant par la houe.

Le processus de mécanisation se poursuit avec l'indépendance. Sous ce rapport, l'État du Sénégal confie cette mission à de nouvelles structures. Le CRAD, créé en 1960, remplace la SIP dans certaines de ses missions en distribuant les semences et le matériel agricole aux paysans ; la SATEC (Société d'assistance technique et de coopération) s'occupe de la formation et de l'encadrement des paysans dans de nouvelles techniques culturales, notamment à la traction bovine entre 1964 et 1968. Une autre structure, la SODEVA (Société pour le développement de la vulgarisation agricole) prend le relai en 1972. Cependant, la mécanisation prend un sacré coup avec les politiques d'ajustement structurel des années 1980 du fait du désengagement de l'État.

Sources et références bibliographiques

Archives nationales du Sénégal

ANS 11D1-1100, rapport politique de la subdivision de Kaffrine, 1953, 15.02.54.

ANS 11D1-1104. Lettre de Sibet, chef de la subdivision de Kaffrine au Commandant de Cercle de Kaolack, 25.01.53.

ANS 2G48-42 : Sénégal, Service de l'agriculture, rapport annuel, 1948, 154 p.

ANS 2G49 53 : Sénégal, Service de l'agriculture, rapport annuel, 1949, p. 70.

ANS 2G51 43 : Sénégal/Service de l'agriculture, rapport annuel, campagne 1950-1951.

ANS 2G53-79 : Sénégal, Service de l'agriculture, rapports annuels, 1953.

ANS 2G55-52 : Sénégal, Service de l'agriculture, rapports annuels-rapports d'ensemble, 1955, P. 130.

ANS 2G56-49 : Sénégal, Service de l'agriculture, rapports annuels-rapports d'ensemble, 1956.

ANS 2G58 14 : Sénégal, Ministère de l'Économie Rurale et de la Coopération, Service de l'Agriculture, Rapport de synthèse, 1958, 102 p.

Références bibliographiques

BOUCHET Pierre, 1955, « Le Secteur expérimental de modernisation agricole des Terres-Neuves-Boulel (Sénégal) », *Agronomie Tropicale*, vol, 2 : 174-216.

DAVID Philippe, 1980, *Les navétanes, histoire des migrants saisonniers de l'arachide en Sénégambie des origines à nos jours*, Dakar, NEA.

FOUNOU-TCHUIGOUA Bernard, 1981, *Fondements de l'économie de traite au Sénégal (La surexploitation d'une colonie de 1880 à 1960)*, Paris, Silex.

FOUQUET Joseph, 1958, *La traite des arachides dans le pays de Kaolack et ses conséquences économiques, sociales et juridiques*, Saint-Louis, IFAN, Études sénégalaises 8.

JO AOF, arrêté général n° 213, du 13 janvier 1955.

KALING Cheikh, 2011, « La modernisation de la culture arachidière de 1930 à 1973 : enjeux économiques, sociaux et politiques », Dakar, UCAD [Thèse de Doctorat 3e cycle d'Histoire].

PELISSIER Paul, 1951, « L'arachide au Sénégal, rationalisation et modernisation de sa culture », *Cahiers d'Outremer,* 15, Bordeaux : 204-236.

SY Cheikh Tidiane, 1969, *La confrérie sénégalaise des Mourides, un essai sur l'Islam au Sénégal*, Paris, Présence Africaine.

TOURTE René, Recherche agronomique et développement agricole au Sénégal, flash rétrospectif sur cinquante années de recherche en Afrique sahélo-soudanienne, IRAT/Sénégal, Bambey-CNRA, 1974 : 1-2.

VANHAEVERBEKE André, 1970, *Rémunération du travail et commerce extérieur, essor d'une économie paysanne exportatrice et termes de l'échange des producteurs d'arachides au Sénégal*, thèse de doctorat, UCL.

Le Boundou dans le réformisme oumarien : histoire du déclin brutal d'une puissance politique et économique régionale (1853-1857)

Abdou Karim Tandjigora
Université Cheikh Anta Diop, Sénégal
aktandjigora@gmail.com

Résumé

Le Boundou est à la fin de la première moitié du XIXe siècle un des États les plus prospères et les plus puissants de l'espace compris entre le bassin des fleuves Sénégal et Gambie. Sa participation remarquable au mouvement d'El Hadj Oumar – dont les motifs ne sont guère totalement élucidés – l'a soudainement ruiné, au point qu'André Rançon qui visitait le pays au tournant du XIXe en releva les conséquences sociales et matérielles les plus persistantes. Ce que ce texte tente de mettre en évidence, ce sont, tout à la fois, les raisons politiques de l'adhésion des Boundounkobé (gens du Boundou) au mouvement oumarien, le poids de la contribution du Boundou à cet événement politique et les conséquences diverses du choix de s'engager contre la « toute puissance » coloniale.

Mots-clés : El Hadji Oumar, jihad, Boundou, haut-Sénégal, colonisation, déclin.

Abstract

At the end of the first half of the 19th century, Boundou was one of the most prosperous and powerful states in the area between the basin of the Senegal and Gambia rivers. His remarkable participation in the movement of El Hadj Oumar – whose motives are hardly fully understood – suddenly ruined him, to the point that André Rançon, who visited the country at the turn of the 19th century, noted the most persistent social and material consequences. What the text tries to highlight are, at the same time, the political reasons for the adhesion of the Boundounkobe (people of Boundou) to the Oumarien movement, the weight of the contribution of Boundou to this political event and the various consequences of the choice to engage against the colonial "all power ».

Keywords: El Hadji Oumar, jihad, Boundou, upper Senegal, colonization, decline.

Introduction

L'on croyait tari certaines questions tant elles ont été énergiquement investies depuis des décennies et surtout largement éclaircies sous la férule de chercheurs chevronnés. C'est le cas de l'étude de l'islam, mais aussi des acteurs religieux – dont la figure est associée à tort ou à raison à la résistance – en Afrique de l'Ouest. Sur l'islam de manière générale, je songe aux travaux pionniers d'Yves Saint-Martin (Saint-Martin 1967), de Joseph-Roger de Benoist (de Benoist 1980) et aux nombreuses publications, beaucoup moins anciennes, de Jean-Louis Triaud (Triaud 2010, 2021), auxquelles il faut ajouter toute la production anglo-saxonne, dont celles de Rosander et de Westerlund (Rosander et Westerlund 1997) ou de Soares et Otayek (Soares et Otayek 2007). Les acteurs religieux ont également fait l'objet de plusieurs d'études, et l'intérêt pour la figure et le mouvement d'El Hadji Oumar est considérable. Rien que la thèse de Samba Ba, « Substrat historique et conséquences du mouvement oumarien » (Ba 1970), les ouvrages monumentaux de David Robinson (1988) et de Madina Ly-Tall (Ly-Tall 1991) suffisent à traduire la curiosité de la recherche historique pour cette thématique.

Le mouvement d'El Hadji Oumar est donc aujourd'hui connu dans ces grandes lignes à la lumière les travaux relativement nombreux qui lui ont été consacrés depuis un demi-siècle. Il s'agit même d'un des faits historiques les mieux connus, si l'on tient compte de la rareté des documents sur l'historiographie de la région. Je pense toutefois qu'un des paradigmes qui peut susciter le renouvellement historique dans l'étude du mouvement oumarien peut se situer dans l'analyse des relations particulières que chaque État (ou chaque souverain) aurait entretenues avec le marabout. Ces relations sont probablement différentes d'un État ou d'un souverain à un autre ; or l'analyse macroscopique qui a jusqu'ici pignon sur rue ne rend pas compte de la spécificité, voire de complexité de cette approche.

Par ailleurs, le versant politique – le pendant du versant religieux – des mouvements dans le contexte colonial reste encore à investir. Le passage d'El Hadji Oumar au Boundou se situe au tournant dès 1850 ; de ses relations spécifiques avec ce pays on n'en sait très peu de choses. La mémoire de son passage dans la région se circonscrit autour de la représentation que l'on se fait de sa personne : homme d'une sublime sainteté, largement cultivé et juste, etc. Or, cela n'est qu'une vue étriquée de sa connexion avec ce pays. Le soutien énergique des Boundounkobé (habitant du Boundou) à son mouvement par le fergo (migration), au nom, semble-t-il de la religion, il n'est pas moins un acte hautement politique.

Le présent travail cherche à questionner les raisons qui connectent le Boundou au mouvement oumarien, les manifestations et les conséquences diverses de cette connexion pour le pays. En clair, il vise à montrer que le Boundou est un des piliers du succès populaire et militaire d'El Hadj Oumar dans le haut-fleuve et dans le Haut-Sénégal-Niger ; mais, à rebours, ce mouvement pour lequel le Boundou s'est investi à corps perdu a été la cause de sa chute libre, provoquée par une crise de nature démographique, politique et économique.

L'adhésion du Boundou au mouvement oumarien n'est pas indissociable du contexte politique de la colonie du milieu du XIXe siècle, marqué par la détérioration des rapports entre l'aristocratie traditionnelle et les Français autour des « coutumes »[1]. La baisse de la taxation, initiée par Faidherbe, s'est opérée au préjudice des chefs locaux dont les ressources chutent considérablement. En 1854, Faidherbe mit fin à toute forme d'attribution matérielle à but politique.

À l'affaiblissement financier s'ajoute un projet d'affaiblissement politique : la marge de manœuvre des chefs a été réduite par l'annulation de leur mission de « protecteur du commerce ». L'Almamy Saada Sy, s'adressant à Paul Holle, commandant de Bakel, écrit : « J'avais permis l'établissement d'un comptoir et non d'un fort armé. » En définitive, à la veille du mouvement, l'Almamy assistait à une remise en cause de son autorité politique et les avantages économiques qui en résultaient. La participation intense au jihad oumarien, au-delà des conséquences démographiques pernicieuses, est caractérisée par des évolutions politique et économique qui altèrent le statut du Boundou dans la région.

[1] Dénomination des taxes versées aux autorités locales, par les commerçants ou par les autorités de Saint-Louis, en contrepartie du droit de commercer et de la sécurisation des caravanes de commerce.

La réalisation du présent article a nécessité la mobilisation de plusieurs types de documents, sources orales, sources d'archives coloniales, sources imprimées et travaux d'autorités. La méthodologie retenue consiste en une exploitation croisée des différents travaux et des sources recueillies.

1. Situation sociopolitique du Boundou avant l'arrivée d'El Hadj Oumar

1.1. La guerre civile et la fragilisation des fondements de l'État

L'État fondé par Malick Sy vers 1690 atteint son apogée au XIXe siècle. Le Haut-Sénégal, espace géographique et géopolitique dans lequel il est circonscrit, a été pendant des siècles un champ de rivalités et de conflits à la faveur des enjeux économiques (trafic d'esclaves) et géopolitiques (construction d'États définitifs et viables). Dans cette phase très trouble allant du début XVIIe siècle (coïncidant avec la fondation du fort Saint-Joseph de Galam, essentiellement conçu pour le trafic des esclaves) jusqu'au commencement de la deuxième moitié du XIXe siècle (début de l'expansionnisme colonial) le Boundou s'est forgé une réputation d'État redoutable dans la région. Si les Bambaras de Kaarta et de Ségou règnent en maître dans la partie orientale du haut-fleuve, ce royaume est une puissance incontestée de la partie occidentale, voire dans l'ensemble de l'espace. Les nombreux succès obtenus au préjudice du grand Fouta, dont celui marqué par la liquidation de l'Almamy Abdoul Kader Kane, en sont la preuve. En sus, vers la fin de la première moitié du XIXe siècle, les grandes armées bambaras de l'Est ne sont plus que l'ombre d'elles-mêmes, elles se livrent plus à du mercenariat ou à la poursuite du butin qu'à autre chose.

Organisé autour d'un souverain puissant, le Boundou réussit aussi à dominer, au moins un moment, le commerce du haut-fleuve aux dépens du Gadiaga ; à contrôler Koughany, village du Goye supérieur et principal centre commercial de la région, et à y capter du même coup, notamment entre la fin du XVIIIe et le début du XIXe siècle, les redevances (« coutumes ») dues par le négoce européen. L'Almamy Saada (1837-1852) est un des artisans de cet épisode, et sous son règne le pays connut son apogée et sa plus grande extension. Le Boundou obtient même, au milieu du XIXe siècle, un accès au fleuve Sénégal en récupérant au Gadiaga une bonne partie du Goye supérieur.

Le Boundou sous l'Almamy Saada remporte aussi plusieurs guerres contre les voisins, voire contre des pays lointains, comme le Saloum. Son règne est marqué par l'installation des Français à travers la mise sur pied d'un fort armé censé « sécuriser le commerce contre les voleurs et les pillards »[2]. En réalité il assouvissait une envie irrépressible de contrôler le commerce tout en ayant un regard sur les mines d'or du Bambouck.

En somme, avant l'arrivée d'El Hadji Oumar dans la région, le Boundou était très puissant, même si à la suite de cet épisode l'on assiste à son affaiblissement du fait à la fois de la vieillesse et de la faiblesse d'Amadou Sy (successeur de l'Almamy Saada), de la présence imposante des Français à travers le fort de Sénoudébou, mais surtout du fait du conflit de succession qui mine le pays entre 1853 et 1854. La guerre civile qui dura plus d'une année a occasionné beaucoup de victimes et provoqué le déplacement des populations craignant pour leur vie ou fuyant les problèmes de subsistance induits par les affrontements. Il est probable que les familles touchées par les affres de la guerre civile soient enclines à se mouvoir, voire à quitter le pays qu'elles ne croient plus très sûr. Rançon considère d'ailleurs que la guerre sans merci à laquelle se sont livrés les deux prétendants au trône est « une des causes les plus importantes du démembrement et de la dépopulation de ce grand pays » (Rançon 1894 : 74). Les sources écrites coloniales ne parlent pas de cette dépopulation à grande échelle ; les sources orales non plus. L'hypothèse selon laquelle il y aurait un flux important de populations qui fuiraient la guerre civile est difficile à documenter. Probablement sa coïncidence avec l'arrivée de l'Eh Hadji Oumar dans le pays la rend davantage plus compliquée.

Donc au début des années 1850, au moment où El Hadji Oumar débarque dans le Boundou le pays commence déjà à s'affaiblir, à perdre du même coup un peu de son rayonnement d'antan. En plus des troubles internes, de nombreuses opérations de pillages perpétrées par les Malinkés du Bambouck, par les Soninkés du Gadiaga le rendirent plus vulnérable.

1.2. Un enchaînement de frustrations et l'accentuation des tensions entre le Boundou et les autorités françaises

El Hadji Oumar arrive dans la région vers 1852, sa campagne victorieuse contre Tambacounda constitue la première action avec usage de la force dans la région. Sa propagande dans les États du haut-Sénégal repose sur une argumentation religieuse : la voie de l'exode est,

---

[2] ANS, 13G207, Bakel, correspondances reçues par le commandant de l'arrondissement, 1852-1857.

dit-il, la solution exclusive de sauvegarde de l'intégrité religieuse des musulmans face à l'impérialisme français. C'est ainsi qu'il invite les populations des pays fréquentés à suivre son *fergo*. S'éloigner, clame-t-il en 1854 devant les Boundounkobé, est un devoir pour tous les musulmans dans une conjoncture politique marquée par l'agression coloniale. Un discours analogue fut d'ailleurs tenu devant le Tounka du Gadiaga. C'est pour ainsi dire qu'à la suite de l'épisode violent de Tambacouda de 1852, la persuasion a été le principal mode opératoire d'El Hadji Oumar pour obtenir le ralliement des populations. Tel a été le cas au Boundou où le marabout a convaincu dès les premières années de son jihad.

Face aux propagandes religieuses, particulièrement orientées vers la lutte contre l'occupation coloniale, l'adhésion des populations est généralement plus observée que le refus de collaborer. Jean-Louis Triaud écrit à juste titre que dans la tourmente les marabouts représentent pour les populations qui se reconnaissent en eux, un point fixe, une présence providentielle, une légitimité (Triaud 2010 : 11). Toutefois, le discours religieux professé ne constitue pas le levier essentiel de cette évolution. La catégorie religieuse, dans l'analyse des actions relatives au mouvement oumarien, a souvent tendance à voiler une réalité : en effet, chaque région a été solidaire du mouvement souvent en raison de préoccupations spécifiques. Cette spécificité s'impose aussi pour le Boundou où l'on a prêté main-forte à El Hadj Omar entre 1854 et 1857, voire au-delà.

Plusieurs exemples démontrent le caractère superficiel de la pratique religieuse au Boundou, notamment chez les souverains. C'est pour cette raison qu'il serait erroné de vouloir reposer fondamentalement l'axe de l'alliance tissée avec le pays sur du religieux. En revanche, l'évolution des rapports politiques et économiques avec les Français (la refondation du système de taxation, puis la disparition tout court de la taxation) semble avoir pesé de tout leur poids, en suscitant un sentiment anti-français.

Vers le milieu du XIXe siècle, la France compte cinq comptoirs fortifiés dans le Haut-Sénégal[3]. En dehors de celui de Bakel, construit entre 1818 et 1821, on note un comptoir à Makhana, bâti en 1825 et supprimé quelques années après, un à Kéniou élevé en 1832, un à Sénoudébou (Boundou), érigé en 1845, et enfin un à Médine, datant de

[3] *Annuaire du Sénégal et dépendances*, année 1864, Saint-Louis, Imprimerie du Gouvernement, p. 43.

1855. L'accroissement de la puissance des autorités françaises dans l'ensemble du Haut-Sénégal semble émaner de leur volonté de passer à une autre phase dans leurs relations avec les chefs locaux, à la suite d'une période d'équilibre dans laquelle on a traité d'égal à égal, ou presque. La principale conséquence du renforcement des installations de sécurité (les forts) consiste en un début de révision systématique de certains actes des traités et conventions.

Les redevances, seule contrepartie due à l'Almamy pour son investissement dans le bon déroulement du commerce, sont payées avec regret tant par les autorités, qui y voient un signe de faiblesse, que par les commerçants, soucieux qu'ils sont d'accroître les revenus tirés des transactions. Or, cette double taxation (sur les autorités et les commerçants) représenterait la part la plus importante des deniers publics du Boundou depuis l'effondrement du commerce négrier.

Supprimées en 1850, les coutumes sont converties en simple présent dont la valeur est laissée à l'appréciation des autorités politiques de Saint-Louis (Richard-Molard 1949 : 137). En 1854, Faidherbe, gouverneur du Sénégal, profita du contexte de guerre entre deux branches de la dynastie et mit définitivement un terme à « toute forme d'attribution matérielle à but politique »[4]. Il s'ensuit une baisse conséquente des ressources royales[5]. À cet affaiblissement financier s'ajoute un projet d'affaiblissement du pouvoir politique local. Les « attributions matérielles » servent justement à subvenir aux besoins de la famille de l'Almamy, à le préparer aux guerres fréquentes, mais aussi à lui garantir une fidélité irréprochable des princes des différentes maisons royales très enclins à se rebeller.

La réforme du système de taxation vise en réalité à minorer le rôle de protecteur du commerce et des commerçants assignés aux différents Almamy depuis le premier quart du XIXe siècle. La meilleure manière pour eux de remettre en cause les coutumes, sinon de procéder à leur allégement, est de retirer au souverain la mission de protecteur du

---

[4] ANS, 13G207, *op. cit.* Un an avant l'arrivée d'El Hadji Oumar, le Boundou était traversé par une crise intérieure grave. À l'origine, un conflit de succession opposant Oumar Sané Sy et son neveu Amady-Gay Sy dont quelques-unes des conséquences ont été la dégradation de la situation économique (mauvaises récoltes, stagnation de l'activité commerciale) et la disparition de plusieurs sujets.

[5] Ces ressources sont, à côté de l'impôt prélevé sur les sujets, les principales sources de revenus des Almamy du Boundou, d'après Mamadou Moctar Barry dans « Boubacar Saada, Almamy du Boundou 1857-1885 », Dakar, Université de Dakar, 1974-1975, p. 56-57 [Mémoire de Maîtrise, Histoire].

commerce et d'en confier la responsabilité à un personnel européen. Par ailleurs, la bourgeoisie commerçante de plus en plus influente dans les milieux politiques, commandite en 1852 l'affectation du capitaine Faidherbe comme gouverneur du Sénégal (Meyer *et al.* 1991 : 433). Celui-ci prend alors la direction d'une colonie jusqu'alors « mal gérée », remet en question des coutumes dues cette fois par les commerçants, et détériorant davantage les relations entre le Boundou et les Français. Ceci montre à quel point les taxes prélevées sont importantes pour les finances de l'État et pour le confort matériel de l'Almamy et des différentes familles princières. L'adhésion du Boundou au mouvement oumarien n'est donc pas sans lien avec toutes ces évolutions autour des redevances dues par les autorités françaises et les acteurs du négoce blanc.

En somme la montée en puissance de la France dans la région s'est faite au préjudice des pouvoirs locaux. Si au départ les relations avec les Français étaient paisibles et commercialement équitables, elles finirent par se détériorer considérablement. À la veille du mouvement d'El Hadji Oumar, l'Almamy assiste impuissant à un net rétrécissement de son pouvoir politique et les avantages financiers et matériels qui en résultent. Cette évolution fait naître une forte inimitié chez les souverains à l'endroit des Français. N'ayant la possibilité de résister aux décisions unilatérales et à la pénétration, comme ce fut le cas dans les États wolof, le Boundou décide de « faire sa résistance » en s'appuyant sur un chef plus charismatique, sur un mouvement plus important, mieux outillé avec plus de chance de triompher.

2. L'appui populaire et militaire du Boundou : un levier de la montée en puissance du mouvement oumarien dans le haut-Sénégal

2. 1. L'adhésion populaire

La présence d'El Hadji Oumar dans le haut-Sénégal remonte à l'été (l'hivernage) 1847. En provenance du Fouta-Djalon, il parcourt en deux ans la plupart des États du haut-Sénégal et rencontre les souverains tenus au courant d'un projet dont le contenu se circonscrit autour de questions essentiellement religieuses. Cette tournée qui le mène au Fouta-Toro, au Gadiaga, au Boundou et dans d'autres pays du haut-Sénégal lui attire la sympathie des populations comme des souverains. Vénéré par les masses dans tous les pays – un peu moins au Fouta, son pays d'origine, où il n'est pas en odeur de sainteté avec les chefs qu'il traite apathique – son séjour est un succès en termes d'adhésion à son message. Fernand Dumond écrit en substance que ce périple d'El Hadji Oumar de la fin des années 1840 est une tournée de recrutement et non point un simple voyage d'information sur son projet (Dumond 1974 : 93).

Force est de constater que cette première phase allant de 1847 à 1853 ne permet pas de cerner clairement les contours de son projet ni même le sens de celui-ci : s'il envisage une campagne anticolonialiste, cet aspect ne transparaît guère dans son discours. Si l'aspect religieux est celui qui a été mis sur un piédestal, l'on peut logiquement se demander ce qui est réellement reproché à des États musulmans comme le Fouta au-delà de « l'apathie des souverains » dont il fait cas. Pourquoi en voudrait-il aux gens de Farabana, du Bambouck, au chef de Tambacouda qu'il liquida dès 1852 ?

À la différence de la première phase, la seconde, c'est-à-dire la phase combattante de son entreprise politique (1854-1864), ne laisse pas de place à l'ambiguïté dans le discours, comme en témoigne cette phrase prononcée devant l'Almamy du Boundou, mais aussi devant d'autres chefs, chaque fois que l'occasion se présente : « Le Boundou et la Sénégambie étant souillés, le bon musulman doit prendre sa famille, ses biens, et rejoindre la nouvelle société du Jihad de l'Est. » (Robinson 1985 : 206). La démarche est claire, il s'agira d'un jihad (armé), donc d'une guerre, menée au nom de la religion contre des éléments extérieurs, non-musulmans, les croisés. C'est une déclaration de guerre sans ambiguïté aux Français : la souillure renvoyant à leur présence.

Par l'entrevue de Farabana, qui est une sorte de conférence préparatoire à la guerre imminente, El Hadji Oumar cherche au-delà du soutien militaire des souverains, un projet d'émigration massif des sociétés africaines vers la partie orientale du bassin du fleuve Sénégal. Son discours n'a pas suscité le même engouement partout. À l'exclusion du Boundou les souverains ne partiront pas. De 1854, entrevue de Farabana, à 1857 (levée du siège de Médine) des contingents de combattants viendront du Fouta-Toro. La victoire des Français à Médine et la nomination de l'Almamy Boubacar Sada les stoppent net. La participation des populations du Gadiaga au jihad est non négligeable. Après Farabana, ce pays signe en 1856 son entrée officielle au côté du jihad. L'acte fondamental de l'accord signé entre Samba Khoumba Diaman et le marabout concerne la fourniture de contingents de soldats aux jihadistes (Bathily 1985 : 608). Toutefois, l'engagement dans le mouvement s'est fait avec moins de détermination que ce qui était espéré. Il a consisté à s'attaquer aux symboles de la présence française : navires, comptoirs fortifiés, etc.[6] En plus de quelques soldats fournis par le Tounka (roi du Gadiaga), toutes les fortifications d'El Hadji Oumar « [auraient été édifiées] par un certain Samba Bakili de la famille Bakili du Gadiaga, qui avait appris le métier de maçon à l'école des otages de Saint-Louis » (Delafosse 1912 : 324).

La participation de ces États n'a cependant aucune commune mesure avec la contribution du Boundou. Sans doute, la guerre sainte d'El Hadj n'aurait pas connu le succès de ces premières années sans l'implication du Boundou. Il s'agit dans un premier temps de soupeser l'apport réel de cet État au jihad d'El Hadji Oumar. Dans quelle mesure et par quel mécanisme le pays a-t-il contribué à son renforcement au commencement des années 1850 ?

Au Boundou, la mobilisation a revêtu un cachet plus populaire, doublé d'un engagement politique inédit – c'est le seul pays où le souverain et tous les princes des différentes branches se sont greffés aux combattants – qui traduit de la détermination dans le soutien apporté au marabout. D'après Amadou Diallo, environ 10 000 Boundounkobe ont suivi l'aristocratie dans cette aventure[7]. David Robinson donne également le même chiffre (Robinson 1985 : 206-207) ; or l'effectif total des armées d'El Hadji Oumar au moment du siège de Médine – un moment important de son cheminement – est estimé à 15 000 hommes pour certains ou 20 000 hommes, tout au plus, pour d'autres. Dans tous les cas, les Boundounkobe, représentent au moins la moitié des effectifs du mouvement au moment du siège de Médine. Dans son rapport adressé au gouverneur du « Sénégal et Dépendances », le commandant du poste de Sénoudébou écrit qu'entre Sénoudébou et Bakel, soit plus de quatre-vingts kilomètres, « il n'y en a plus que cinq ou six villages habités, tous les autres sont abandonnés[8] ». Cette mobilisation permet au mouvement de faire une guerre éclair contre le royaume massassi du Kaarta, et de remporter une victoire décisive qui stimule le moral du chef et des troupes.

---

[6] ANS, 13G167, Correspondance du commandant au gouverneur du Sénégal et Dépendances 1855-1856. Lettre du 16 avril 1855. Dans cette correspondance, le commandant de cercle de Bakel rend compte au gouverneur du Sénégal et Dépendance des attaques essuyées par le navire « Maison Grange et Compagnie » à hauteur de Manaël (15 kilomètres environ de Bakel). Il s'en est suivi la perte totale de sa cargaison.

[7] Amadou Diallo, Wouro Himmadou, entretien du 2 décembre 2003.

[8] ANS, 13G168, Bakel, correspondances au gouverneur du Sénégal et Dépendances, 1860-1863.

L'engagement du Boundou au-delà des effectifs se mesure aussi à la qualité des hommes qui se sont mis à la disposition du marabout dès 1854. D'après les traditions recueillies à Wouro Himmadou, l'Almamy en personne, Oumar-Sané Sy quitte le pays pour suivre El Hadji Oumar il trouvera d'ailleurs la mort au cours de la bataille de Médine ou Madina khasso en 1857. Il était accompagné des princes Amady-Gaye Sy, mort dès 1855 à Yélimané lors de la campagne contre le Kaarta, Boubacar-Saada Sy et de Koli-Modi Sy. Les trois premiers figurent sur la liste beaucoup plus longue d'André Rançon[9]. L'engagement du souverain et des princes aux côtés des sujets permet de prolonger leur autorité dans les nouveaux pays. En effet, même si le mouvement est conduit d'une main de fer par El Hadji, l'importance des adhérents est telle qu'il a besoin de subordonnés pour plus d'autorité sur des gens venus d'horizons divers.

L'on peut se poser la question suivante : que représentait réellement El Hadj Oumar durant la période 1854-1857, voire au-delà, sur le plan militaire ? On estime entre 15 000 et 20 000 personnes les effectifs de son armée en 1857. Il est clair qu'aucun État du Haut-Sénégal, et même de la Sénégambie, ne peut se targuer d'avoir disposé d'une armée à l'effectif comparable. Les plus grandes armées du Haut-Sénégal, par exemple, sont celles du Fouta, des royaumes Bambaras (Kaarta et de Ségou), du Boundou. Ce dernier, bien que redoutable, n'atteint presque jamais les 2 000 hommes sans les mercenaires en temps de mobilisation. La puissance de la force constituée par El Hadji Oumar, au-delà de l'importance des effectifs mobilisés, repose sur la détermination des hommes profondément imprégnés du discours religieux et de la volonté de résister aux Français. À l'opposé, aucun État du haut-Sénégal ne dispose vraiment d'une armée régulière. Les unités sont constituées au gré des circonstances et le plus fort des contingents n'était pas désintéressé ; autrement dit, le butin de guerre constitue généralement la principale source de motivation surtout pour les mercenaires venant des pays voisins. Les sources d'archives coloniales reviennent d'ailleurs assez sur l'importance du butin de guerre dans la motivation des soldats de l'époque. D'ailleurs, ce butin a beaucoup contribué à installer un climat de guerre quasi permanent entre les différents États de la région.

---

[9] La liste des princes dans l'ouvrage de Rançon porte aussi des noms moins bien connus dans l'histoire du Boundou. Il s'agit de Moussa-Yéro-Malick Sy, Demba-Moussa Sy, Saada-Doudé Sy, Bala-Setté Sy, Hamet Sy et Sourakata Sy et cinq fils de l'almamy Malick-Coumba Sy, à savoir Samba-Gaissiry, Moussa Yéro Malick, Boubakar Malick, Baila-Malick, Alioun-Malick ; trois fils de Ahmadou Sy : Ahmady-Ahmadou, Toumani-Ahmadou, et Moussa Yéro qui moururent tous à Ségou. Le fils aîné du roi (Oumar-Sané) lui-même, Abbas-Oumar mourut à Nioro.

El Hadji Oumar est parvenu, en quelques années, à se constituer une armée redoutable caractérisée par la diversité des origines des soldats, synonyme aussi de variété d'expériences militaires. Par exemple, le Boundou avait une stratégie militaire qui fonctionnait bien consistant à prendre en tenaille les ennemies. Les princes, résidant souvent dans des villages différents, sont aussi des chefs de guerre, des commandants de troupes en temps de guerre. Aussi le Boundou a-t-il fourni à El Hadji Oumar des soldats et des chefs de guerre en nombre suffisant. La circulation des armes, accrue par la présence des Britanniques sur la Gambie et des Français sur le Sénégal, permit au marabout de disposer d'un arsenal non négligeable ; pour caricaturer un peu cette situation, l'on dira que c'est la somme des arsenaux des pays contributeurs.

2.2. Le territoire du Boundou : une base arrière de premier plan

L'engagement résolu et le soutien indéfectible du Boundou au mouvement oumarien ne sont pas synonymes d'émigration de la population tout entière. Ceux qui n'ont pas choisi la voie de l'émigration manifestent sur place leur hostilité aux Français en s'attaquant à leurs intérêts sur place. Le tata (fortification) de Somsom, commandé par Samba Toumani Sy de Koussan, est le principal centre de commandement des forces positionnées dans le Boundou, et l'une des plus solides fortifications d'El Hadji dans le haut-Sénégal. De cette citadelle partirent, au début de l'année 1856, entre 1800 et 2000 hommes originaires du Boundou, du Guidimakha, du Kaméra pour attaquer le Fort de Bakel. Somsom fut détruit en 1857 par Faidherbe. Les recrues du Fouta-Toro, en faisant le grand détour pour éviter les postes français de Bakel, ou plus tard de Matam (1858), passent par le Boundou ; elles y séjournent et s'y ravitaillent avant de traverser la Falémé. Le Boundou est aussi un passage obligatoire pour les gens du Fouta-Djalon, habitués aux routes traditionnelles des dioulas. Le commandant du poste de Sénoudébou, Girardet, en dressant la situation politique de l'année 1854 a rendu compte des attaques menées par un marabout du Fouta-Djalon, nommé Abdoulaye Arésa (probablement Abdoulaye Haoussa dont parlent aussi les sources orales) et ses mille hommes contre le poste de Sénoudébou : « Jamais le poste n'a subi un assaut aussi sérieux. Pas moins de cinq heures d'intenses combats avec les assaillants »[10], écrit-il. Par le Boundou enfin transitent toutes les

---

[10] ANS, 13G167, Correspondance du commandant de Bakel au gouverneur du Sénégal et Dépendances. Lettre en date du 25 mai 1856, n° 45, folio 2.

armes achetées dans les comptoirs anglais de la Gambie, principaux pourvoyeurs d'armes et de munitions.

Toutefois, au cours de cette période tumultueuse, les Français surent fidéliser certains groupes. Parmi ceux-ci, les Soninkés de Bakel (particulièrement la famille Ndiaye dont le chef était Sirey Silman), les laptots (marins indigènes), les Bambaras[11] de Bakel et des villages environnants (Tourouyimé, Bémma et Alahinna), les Maures Idaouichs de la rive droite (par moments), les traitants saint-louisiens, temporairement installés à Bakel, et quelques volontaires. Des combattants furent décorés de la médaille d'or pour s'être distingués dans les batailles de 1859[12]. Les alliances furent particulièrement déterminantes pour le commandant de Bakel : devant l'embargo mis sur les vivres par les populations locales, ce système lui garantit la permanence du ravitaillement de son poste coupé de Saint-Louis durant les six mois de la saison sèche. Quand le renforcement des effectifs militaires ne suffit pas à juguler la crise recrudescente, il oppose directement alliés et ennemis. L'utilisation des Maures pillards de la rive droite est à cet égard très illustrative. Rendant compte de son activité à Faidherbe en novembre 1855, le commandant de Bakel s'est exprimé en ces termes :

> Les Maures venant en grand nombre cette année, me servirent beaucoup pour les expéditions, j'en envoie continuellement une ou deux bandes autour des villages ennemis et tous les jours de nouvelles prises me prouvent que c'est le seul moyen à employer dans ce moment-ci pour faire à cette population le plus de mal possible. Je laisse aux Maures les captifs et les bestiaux, mais je leur achète les hommes libres que je retiens en prison jusqu'au coup de main tenté par leurs compatriotes, alors les prisonniers seront passés aux armes[13].

Une lettre du commandant de poste de Sénoudébou, adressée probablement au commandant de Bakel certifie l'efficacité de ce mode opératoire : « J'envoie dans le Boundou une bande de pillards maures qui voleront le plus de bestiaux qu'ils pourront, je ferai autant de mon côté »[14]. Cette alliance spontanée entre les Maures et la France est

---

[11] Captifs originaires du Kaarta.

[12] ANS, 2B32, Correspondances particulières (du gouverneur) avec le ministre, 5 février 1857 (n° 77), déc. 1859 (n° 652).

[13] ANS, 13G167, Bakel, correspondances du commandant au gouverneur, 1855-1859. Correspondance du 27 novembre 1855, n° 23, folio 1.

[14] ANS, 13G167, Correspondance du 20 novembre 1855 du commandant de poste de Sénoudébou, n° 21, folio 2 et 3.

favorisée, bien entendu, par les tensions récurrentes entre les tribus de la rive droite et les populations noires de la rive gauche.

L'accroissement des forces françaises, commandé par la réceptivité des populations du Gadiaga et du Boundou au mouvement oumarien, est surtout redevable à la mise en place d'un bataillon de tirailleurs sénégalais par le décret impérial du 21 juillet 1857. La nécessité « d'organiser sur de nouvelles bases les troupes d'infanterie indigènes du Sénégal »[15] a été exprimée en mars 1831, renouvelée par le décret du 31 août 1854, mais concrétisée en 1857, à la suite de la grande frayeur causée par le siège de Médine entre avril et juillet 1857. L'effectif de cette nouvelle institution est de 16 officiers et 516 hommes de troupe[16]. La suprématie militaire et le système d'alliance créé sur place avec certaines populations permettent aux Français de venir à bout de ce mouvement au cachet populaire sans précédent. À l'évidence, cette victoire face à la résistance locale déclenche le mécanisme de domination politique dès le début de la deuxième moitié du XIXe siècle.

3. La déstructuration politique du Boundou par le fait du ralliement

3.1. Les conséquences politiques du ralliement

Elles sont nombreuses. Soulignons d'abord le fait que le Boundou a viré sous contrôle français en 1855, après les représailles menées par les jihadistes contre l'État bambara du Kaarta, une dissension naquit au sommet du mouvement. Boubacar Saada, un des princes du Boundou est éconduit. À son retour au pays, il s'affirme comme l'ennemi déclaré des partisans du jihad. La défection de ce principe marque un tournant décisif dans l'histoire du mouvement d'El Hadji Oumar. Elle donne l'occasion de briser le rôle de relais joué par le Boundou dans la guerre.

Dès 1857, Boubacar est porté par le gouverneur Faidherbe à la tête du Boundou. Le nouvel Almamy quitte alors Hamdallahi et s'installe à Sénoudébou, devenu la nouvelle capitale au détriment de Boulébané. Il interrompt l'émigration massive des populations, convertit en blockhaus ce territoire afin qu'il ne servît plus de courroie de transmission au mouvement et fit perdre à ce dernier un allié de taille,

---

[15] SHAT (Service historique de l'Armée de Terre, Paris), AA2 97, Règlement concernant la marine et les colonies An VIII-1858. On trouvera également ces informations dans le *Bulletin officiel* n° 21, 1857.

[16] *Ibidem*.

le Boundou. Au début, l'Almamy eut beaucoup de mal à s'imposer face à une population survoltée qui le considère comme un usurpateur et surtout comme un traître. Il finit par se faire admettre par le recours à la force et par le soutien des Français présents à Sénoudébou et à Bakel.

À peine intronisé, contre toute attente, le nouvel Almamy organise des campagnes militaires contre les voisins. Plusieurs fois en butte à des difficultés, il se fit souvent aider par le commandant de poste de Bakel, voire par le gouverneur lui-même quand l'appui du premier n'est pas décisif. Lors de l'assaut contre le *tata* de Somsom, épicentre de la résistance à l'intérieur du Boundou, Faidherbe dut intervenir lui-même pour venir à bout des partisans locaux (Rançon 1894).

En échange du coup de pouce reçu à toute épreuve, le nouvel Almamy signa en 1858 un traité mettant son État sous protectorat. Les articles choisis ci-dessous traduisent une transition importante dans l'histoire politique du Boundou ; ils expriment la perte d'indépendance et signent en même temps « la fin » du régime séculaire absolu des Almamy.

Art. 1 Outre le pays de la Falémé, les territoires suivants appartiennent à la France en toute propriété.

Art. 2 L'Almamy n'a aucun droit sur les caravanes qui viennent de l'Est directement à Sénoudébou.

Art. 4 Les Français auront la faculté de fonder un établissement sur la haute Falémé.

Art. 6 Tous les traités et conventions antérieurs sont abrogés.[17]

3.1. La déstructuration du Boundou

Régression démographique, telle est l'expression qui convient pour qualifier la situation du Boundou au lendemain du passage d'El Hadji Oumar. Les Boundounkobe abandonnèrent en grand nombre leur pays pour migrer vers l'Est (Nioro). La toponymie peut sans doute relever des liens entre ce mouvement de population parti du Boundou et les villages baptisés Boundounké et Boundou, sis dans l'actuelle République du Mali, où le marabout alla cantonner ses forces dans sa lutte contre les Français. Le village dénommé Boundounké est situé au sud de Nioro (à 20 km), tandis que celui de Boundou se trouve à une dizaine de kilomètres des falaises de Bandiagara dans lesquelles le marabout serait mort.

[17] ANS, 10D1/64, *op. cit*, Traités avec le Boundou, 1858.

Ce mouvement politique et religieux eut probablement plus de conséquences démographiques pour le pays telles que les guerres et la « chasse à l'homme ». David Robinson parle de *forte hémorragie* pour qualifier la migration massive des populations du Boundou en direction de Nioro : « Pratiquement tous les habitants, y compris la plupart des membres de la famille royale, partirent pour l'Est fin avril (1854) et se fixèrent autour de Nioro » (Robinson 1985 : 206-207). Seydou Soumaré, du village de Wouro Himmadou, parle d'une quinzaine de gros villages abandonnés, en rapport direct avec le passage d'El Hadji Oumar dans le pays (tableau 1).

Tableau 1 : Villages ayant disparu de la carte du Boundou entre le XVIIIe et la fin du XIXe siècle

En rapport avec El Hadji Oumar (S. Soumaré)	**En rapport avec l'esclavage (A. Diallo)**	**En rapport avec Mamadou Lamine (D. BA)**
Wouro-Moussa	Dara-Lamin	Boulébané
Ngnidibel-Bourounkobé	Goulokoum	
Ngnidibel-Diadiabé	Boméyabé (Bombéyabé ?)	
Amadji-Siré	Guidingouka	
Wouro-Boubou	Tiâgâdé	
Somsom	Saada-Ciré	
Somsom-Macina	Boubou-Sada	
Demboubé	Aliyadé (Aliyabé ?)	
Dangdé	Samba-Gniwa	
Alibessel		
Ndiambâki		
Nammardé		
Dara (Dara-Lamin ?)		
Wônnbé		

En rapport avec El Hadji Oumar (S. Soumaré)	En rapport avec l'esclavage (A. Diallo)	En rapport avec Mamadou Lamine (D. BA)
Wouro-Daouda		
Débou		
Fissa Daro*		
Séno Ali*		
Séno Konkolané*		
Goulokoum*		

Source : Enquêtes orales (Seydou Soumaré, Amadou Diallo, Débé Ba). Il aurait été souhaitable de pouvoir situer ces villages perdus sur une carte, mais nos informateurs ne maîtrisent pas toujours la localisation exacte de certains villages dont ils entendirent seulement parler.

(*) Confirmé par Vidal, commandant du poste de Sénoudébou (source : ANS, 13G168)

En observant ce tableau, on est frappé par le nombre élevé de villages ayant disparu dans la guerre d'El Hadji Oumar, et la liste ne semble guère exhaustive. Ces informations montrent en revanche que c'est de loin le mouvement le plus marquant de l'histoire de cette région.

4. Tableau général de la situation économique du Boundou jusqu'à la mise sous protectorat français

Il s'agit de dresser la situation économique du Boundou *ex ante* et *ex post* en tentant d'identifier la transition économique provoquée par cette crise ; autrement dit, que devient l'économie du Boundou et que représente-t-elle à l'échelle sous-régionale au lendemain immédiat de cette crise ?

4.1. Esquisse de la situation économique du Boundou avant le mouvement oumarien

Du temps de Malick Sy, le fondateur, puis de son fils Boubou Malick Sy, le Boundou est connu comme pays d'agriculture, d'élevage. Il est très peu tourné vers le commerce à grande échelle de captifs qui fleurit dans la région et dans lequel sont impliqués plusieurs États du haut-Sénégal. À partir du règne de Maka Djiba (1728-1764), la tendance change. Le Boundou devient à la faveur des guerres contre les voisins du Bambouck et les petits États du Sud, un réservoir de captifs, sans toutefois atteindre le niveau du Gadiaga, encore moins celui des pays bambaras. Un comptoir établi à Kaïnoura, à proximité du Sénoudébou, servit de lieu d'échanges. Nous ne disposons pas de données quantitatives sur le commerce qui a pu être effectué au profit des Français ni du nombre de captifs fournis annuellement. L'explication se trouverait, peut-être, dans le très faible volume du commerce à cet endroit et surtout dans le choix du Boundou de diriger ses captifs vers les comptoirs anglais de la Gambie (Le Brasseur 1977 : 116-117).

En réalité, le prélèvement de taxes effectué sur des dioula reliant l'hinterland et les comptoirs européens est un des piliers de l'économie du Boundou. Par sa position stratégique, le Boundou est un passage obligé des marchands Soninkés, Diakhanké et Malinké rompus au commerce à longue distance de toutes sortes de produits. Intercalé entre les fleuves Sénégal et Gambie, situé au carrefour des routes terrestres reliant le Fouta-Toro au Fouta-Djallon, le Soudan occidental à la Gambie et enfin drainé par les affluents de la Gambie et du Sénégal, le pays peut à juste titre tirer d'énormes profits de la taxation. Les Almamy n'hésitèrent pas à en faire la principale institution financière et la source même de leur puissance militaire. Grâce à cette activité, des armes sont achetées, le pays est mieux préparé aux conflits avec les voisins. Par ailleurs, les souverains développent par cette occasion leurs cheptels, accumulent des esclaves, et autant d'autres signes ostentatoires d'aisance.

Les Almamy, compte tenu donc des enjeux sociaux, politiques et budgétaires de cette activité, installent à chaque point stratégique de passage, un percepteur. Mungo Park (1980) avoue qu'« Un officier du roi de Bondou résidait à Tallika, afin de veiller à l'arrivée des caravanes et d'en donner promptement avis à son maître. Les caravanes sont taxées suivant le nombre d'ânes chargés qu'elles conduisaient » (Park 1799 : 71).

En l'absence d'un système monétaire, les taxes sont payées en nature, sans doute en esclaves, en or ou en produits européens (cotonnades, fusils, poudre…) ; elles sont à la fois un péage et une sorte d'indemnité compensatoire des efforts consentis pour leur assurer la sécurité tout au long de la traversée du Boundou. Ce rapport entre les dioulas et les pouvoirs politiques du Boundou existe déjà depuis Malick Sy.

Cependant, à partir des années 1830, les rentrées financières ont considérablement baissé du fait de l'abolition de la traite des esclaves et le vote du texte de loi du 4 mars 1831[18] qui prévoit des mesures draconiennes contre les receleurs. Or, de cette activité dépend la puissance même de ce pays. Aussi l'aristocratie tenta-t-elle promptement de trouver des expédients pour assurer l'alimentation des caisses de l'État. En tout état de cause, entre 1835 et 1851, on constate une attitude fort belliciste dans le comportement des souverains du Boundou vis-à-vis de leurs pairs. C'est justement pendant cette période qu'on peut noter le plus grand nombre de guerres à l'actif des Almamy du Boundou, comme si le butin de guerre doit se substituer aux taxes considérablement amoindries. Elle correspond à la fin du règne de Toumani Mody Sy, au règne de Malick Coumba Sy, mais aussi, et surtout, à celui de l'Almamy Saada, le plus célèbre de la dynastie. Les victimes de cette politique d'agression furent les Bathily du Gadiaga et du Kaméra, les Malinkés du Bambouck, les populations du Tenda, les Maures de la rive droite, le Ouli et le Saloum.

L'autre pilier de l'économie du Boundou est constitué par l'agriculture et le pastoralisme. Le Boundou n'est pas reconnu comme État négrier, en revanche il comptait un nombre considérable de captifs à l'usage domestique. Leur emploi dans l'agriculture a sans doute contribué à faire du pays, jusqu'au mouvement d'El Hadji Oumar, l'un des plus sûrs en matière alimentaire, le plus autosuffisant. Voici en quelques termes de la description faite par Rançon sur l'agriculture au Boundou, antérieurement à l'arrivée d'El Hadji Oumar dans le pays :

> Le Boundou a été jusqu'au milieu du XIXe siècle un des pays les plus riches sous le rapport de la production grâce à la nombreuse population qu'il renfermait alors ; il possédait de vastes plaines, entièrement cultivées et situées près des villages qui s'échelonnaient sur les rives de la Falémé et dans l'intérieur des terres (Rançon 1984 : 30).

La présence de cours d'eau a aussi favorisé la coexistence de deux modes d'exploitation complémentaires de la terre au Boundou, les

[18] En 1831, l'abolition devient texte de loi français, et, toute infraction aux dispositions prises par cette loi entraînera la perte de la qualité de citoyen du contrevenant qui fera également l'objet d'une poursuite judiciaire. Mais il faut dire que cette loi fut plus dissuasive qu'opérationnelle. Pour preuve, le résultat des poursuites faites entre 1831 à 1904 (73 ans) révèle seulement 10 cas portés devant la cour d'assises du Sénégal : 4 concernant des faits de traite maritime qui ont abouti à des condamnations criminelles ; 4 se sont terminés par des acquittements ; 2 ont donné lieu à des condamnations correctionnelles (3 ans et 6 mois d'emprisonnement). *Cf.* ANS, K 27, Répression de la traite et de la captivité au Sénégal, 1902-1907.

cultures hivernales et les cultures de décrue. Les nombreux marigots contribuèrent à fertiliser certains espaces, à accroître par la même occasion les opportunités agricoles offertes par la nature aux populations. Les marigots de Wouro près de Guirobé, de Diaala entre Guitta et Sénoudébou, de Lengui, affluents de la Falémé en aval de Fanira, de Gandémakha, entre Fatindi et Goulouguina ; de Gabassou, en amont de Bountou et, enfin, les affluents de la Gambie (Niériko, Sandougou, et Mérétaol) s'étendent sur des dizaines, voire des centaines de kilomètres pour certains d'entre eux, enrichissent le pays de dépôts alluvionnaires fertiles.

4.2. La situation économique après l'épisode oumarienne

La période représente le début d'une crise économique sans précédent pour ce pays, voire la fin d'un cycle qui a commencé depuis la fin du XVIIe siècle. Le déclin démographique lié au *fergo* a logiquement ruiné une économie fondée depuis des siècles sur l'agriculture et le pastoralisme, mais aussi sur le commerce et les diverses taxes prélevées dans le cadre du commerce.

À partir de 1850-1852, la France a manifesté son intention de voir disparaître les droits relatifs au commerce accordés aux chefs indigènes. Elle y parvient d'ailleurs en partie. Par contre, la victoire sur El Hadji Oumar et le traité de 1858 les font disparaître pour de bon. Par la même occasion, les impositions perçues sur les commerçants et les colporteurs sont également supprimées : l'article 2 du traité stipule que « l'Almamy n'a aucun droit sur les caravanes qui viennent de l'est directement à Sénoudébou ». Le but inavoué est justement d'amener ces dernières à fréquenter davantage, par le biais de l'avantage fiscal, les établissements français du haut-fleuve[19].

À partir de cette période, jusqu'aux années 1880, le Boundou se tourne vers les comptoirs anglais de la Gambie. Le pays des Almamy a été longtemps convoité par les commerçants anglais, sans toutefois que cet intérêt aboutisse à l'établissement d'une relation commerciale importante et régulière. Les deux périodes d'occupation anglaises (1758-1779, 1809-1816) avaient permis d'établir des relations particulières entre le Boundou et la Gambie en matière commerciale. Entre 1818 et 1821, les autorités politiques de cette colonie ont cherché à renforcer les contacts. À plusieurs reprises, des missions sont envoyées à l'Almamy ; la plus célèbre est celle du Major Gray.

[19] ANS, 10D1/0064, Traités avec le Boundou.

La transition produite par l'épisode de la crise oumarienne et surtout les restrictions budgétaires engendrées par le traité de 1858 poursuivent davantage le rapprochement, de sorte que, en effet, entre 1870 et 1885 les relations atteignirent leur sommet. À la suite probablement de difficultés survenues entre l'Almamy et le commandant de Bakel en 1870, le gouverneur Vallière avait ordonné, temporairement, à son collaborateur d'isoler le Boundou. Par conséquent, l'Almamy « avait fermé la route [des] escales à toutes les caravanes venant du Sud, qu'il dirige au contraire vers les comptoirs anglais »[20]. Il reçut régulièrement au cours de cette période une rente annuelle du gouverneur de Sainte-Marie de Bathurst (en basse Gambie)[21]. Les actes du traité signé en 1887, à la suite de la victoire sur Mamadou Lamine Dramé, rompent définitivement ce lien entre le Boundou et la colonie britannique.

Conclusion

Ce texte a tenté d'apporter une modeste contribution à l'étude du mouvement oumarien en circonscrivant l'analyse autour d'un espace géographique dont l'apport dans cette évolution politique contemporaine n'est qu'insuffisamment relevé. Les travaux pourtant passionnants et même éminents sur la question n'ont évoqué qu'incidemment le Boundou, en dépit du rôle moteur joué par ce pays et sa population dans l'entreprise d'El Hadji Oumar. D'un point de vue pratique, le Boundou a apporté un soutien sans commune mesure à El Hadji Oumar dans sa conquête de l'Est ; un soutien qui l'a ruiné démographiquement, donc économique aussi, puisque le pays était essentiellement pastoral et agricole. Le soutien lui fait perdre aussi, pour de bon, son indépendance qui se traduit par sa mise sous protectorat français en 1858.

Du point de vue méthodologique, ce texte a tenté de proposer, dans le sillage de l'appel à contribution, une approche qui relègue la pénétration coloniale, le joug impérialiste au second plan de l'analyse en mettant l'accent sur les dynamiques intra-africaines. L'histoire des acteurs, soient-ils politiques ou religieux des XIXe-XXe siècles, est souvent inhibée par l'historiographie coloniale, de sorte que les « relations parallèles », les connexions intra-africaines, sont insuffisamment élucidées.

---

20 CAOM, Sénégal et Dépendances IV, dossier 87 bis, Rapport du lieutenant-colonel Gallieni sur les opérations contre Mamadou Lamine.

21 ANS, 13 G 8, Traités et conventions 1880-1891 (voir les articles 2 des traités avec le Diakha, le Niéri, le Gamon et le Thialy).

Sources et références bibliographiques

1. Sources

1.1. Sources orales

Diallo Amadou, Wouro Himmadou, entretien du 2 décembre 2003.

Cissokho Mody, 11 décembre 2002, de Sénoudébou.

1.2. Sources d'archives coloniales

ANOM (Archines nationales de la France d'outre-mer), Sénégal et Dépendances IV, dossier

87 bis, Rapport du lieutenant-colonel Gallieni.

SHAT (Service historique de l'Armée de Terre, Paris), AA2 97, Règlement concernant la marine et les colonies An VIII-1858. On trouvera également ces informations dans le *Bulletin officiel* n° 21, 1857.

ANS (Archives nationales du Sénégal), 2B32, Correspondances particulières (du gouverneur) avec le ministre, 5 février 1857 (n° 77) -déc. 1859 (n° 652).

ANS, 10D1/0064 Traités avec le Boundou, 1858.

ANS, 10D5/004, « Formation historique et ethnique des provinces qui constituent le cercle de

Bakel (fait un administrateur du cercle F. Riembau), 1911.

ANS, 13 G 008, Traités et conventions 1880-1891.

ANS, 13G166, Correspondance du commandant de poste de Bakel au gouverneur de la colonie, 25 avril 1853.

ANS, 13G167, Correspondance du commandant au gouverneur du Sénégal et Dépendances 1855-1856. Lettre du 16 avril 1855.

ANS, 13G168, Bakel, correspondances au gouverneur du Sénégal et Dépendances, 1860-1863.

ANS, 13G207, Bakel, correspondances reçues par le commandant de l'arrondissement, 1852-1857.

ANS, K 27, Répression de la traite et de la captivité au Sénégal, 1902-1907.

1.3. Sources imprimées

Annuaire du Sénégal et dépendances, Saint-Louis, Imprimerie du Gouvernement, 1864.

Bulletin administratif des actes du gouvernement, 1er janvier 1858-31 décembre 1859, Saint -

Louis, Imprimerie du gouvernement.

Bulletin administratif des actes du gouvernement du 1er janvier 1853 au 31 décembre 1855.

Bulletin administratif du Sénégal, 1882, 1883.

2. Références bibliographiques

BA Samba, 1970, « Substrat historique et conséquences du mouvement oumarien », Paris, École Pratique des Hautes Études [Thèse de Doctorat de 3e cycle].

BARRY Mamadou Moctar, 1974-1975, « Boubacar Saada, Almamy du Boundou 1857-1885 », Dakar, Université de Dakar [Mémoire de Maîtrise, Histoire].

BATHILY Abdoulaye, 1985, « Guerriers, tributaires et marchands : le Gadiaga (ou Galam), le « Pays de l'or », le développement, et la régression d'une formation économique et sociale sénégalaise (VIIIe-XIXe siècles) », Dakar, Université de Dakar [Thèse de Doctorat d'État ès lettres, Histoire].

DELAFOSSE Maurice, *1912, Haut-Sénégal-Niger*, Paris, [s.n.]

DUMOND Fernand, 1974, *L'Anti-Sultan ou Al Hajj Omar Tal du Fouta combattant de la Foi* (1794-1864), Dakar-Abidjan, Les Nouvelles Éditions Africaines.

KANE Oumar, 2004, *La première hégémonie peule. Le Fuuta Toro de Koli teŋella à almami Abdul*, Paris, Dakar, Karthala, Presses universitaires de Dakar.

LE BRASSEUR Joseph-Alexandre, 1977, « Détails historiques et politiques », présenté et publié par Charles Becker et Victor Martin, *Bulletin de l'IFAN*, tome 39, série. B, 1 : 116-117.

LY-TALL Madina, 1991, *Un Islam militant en Afrique de l'Ouest au XIXe siècle : la Tijaniyya de Saïku Umar Futiyu contre les pouvoirs traditionnels et la puissance coloniale,* Paris, L'Harmattan.

MEYER Jean et *alii*, 1991, *Histoire de la France coloniale*, tome 1 : *Des origines à 1914*, Paris, A. Colin.

RANÇON André, 1894, *Le Bondou. Étude de géographie et d'histoire soudaniennes de 1681 à nos jours*, Bordeaux, Imprimerie G. Gounouilloux.

RICHARD-MOLARD Jean, 1949, *Afrique occidentale française*, Paris, Éditions Berger-Levrault.

ROBINSON David, 1985, *La guerre sainte d'Al Hajj Umar le Soudan, Occidental au milieu du XIXe siècle*, traduit de l'anglais par Henry Tourneux et Jean-Claude Vuillemin, Paris, Karthala.

ROBINSON David et TRIAUD Jean-Louis (dir.), 1997, *Le temps des marabouts. Itinéraires et stratégies islamiques en Afrique-Occidentale française*, Paris, Karthala.

ROSANDER Eva Evers and WESTERLUND David, 1997, *African Islam and Islam in Africa : encounters between Sufis and Islamists*, Londres, Hurst and company.

ROUX Capitaine, 1893, « Notice historique sur le Boundou », document manuscrit.

SAINT-MARTIN Yves, 1967, *L'empire Toucouleur et la France un demi-siècle de relations diplomatiques (1846-1893)*, Dakar, Université de Dakar.

SAULNIER Eugène, 1921, *La compagnie du Galam au Sénégal*, Paris, Émile Larose.

SOARES Benjamin et Otayek René (eds), 2007, *Islam and muslim politics in Africa*, New York, Palgrave Macillan.

TALL Madina Ly, 1991, *Un Islam militant en Afrique de l'Ouest au XIX siècle, la Tijaniyya de Saïku Umar Futiyu contre les pouvoirs traditionnels et la Puissance coloniale*, Paris, L'Harmattan.

TRIAUD Jean Louis, 2021, *Musulmans de Côte d'Ivoire à l'époque coloniale*, Paris, Les Indes savantes.

TRIAUD Jean Louis, 2010, *Islam et sociétés au sud du Sahara. Diversité et habits singuliers*, Paris, Les Indes savantes.

Une histoire de l'alimentation : échanges et consommations de mets entre Sénégalais et Ébrié dans la Côte d'Ivoire coloniale (1893-1959)

Jean-Jacques Essoh
Université Alassane Ouattara de Bouaké, Côte d'Ivoire
jjessoh@yahoo.fr

Résumé

À la veille de l'occupation coloniale française, la Côte d'Ivoire était déjà occupée par des peuples autochtones notamment les Ébrié, un groupe ethnique basé au sud de ce pays. Une fois la Côte d'Ivoire sous domination coloniale, l'administration française s'attacha à la mise en valeur du territoire conquis et ouvrait des chantiers de travaux publics qui exigeaient une main-d'œuvre qualifiante et peu onéreuse. De ce fait, l'ordre colonial a délibérément créé un processus de migration pour pourvoir en main-d'œuvre les régions les plus prospères. Une telle stratégie a eu pour résultat l'installation des migrants sénégalais. En effet, les migrants sénégalais et les autochtones Ébrié qui se côtoyaient sur le même espace colonial ont eu à établir des échanges et consommations alimentaires entre eux durant cette période coloniale. Ce sont ces aspects alimentaires que cette étude se propose d'analyser. Son élaboration s'est faite grâce à la méthodologie éprouvée de la comparaison, de la confrontation et du recoupement des sources (orales, écrites) ainsi que des publications scientifiques abordant cette question.

Mots-clés : Administration française, Alimentation, Côte d'Ivoire, Ébrié, sénégalais.

Summary

On the eve of the French colonial occupation, Côte d'Ivoire was already occupied by indigenous peoples, notably the Ébrié, an ethnic group based in the country's south. Once Côte d'Ivoire was under colonial rule, the French administration set about developing the conquered territory, opening up public works sites that required skilled, inexpensive labour. As a result, the colonial order deliberately created a migration process to supply the most prosperous regions with labour. The result of this strategy was the settlement of Senegalese migrants. Indeed, Senegalese migrants and native Ébrié people living side by side in the same colonial space had to establish food exchanges and consumption between themselves during this colonial period. It is these dietary aspects that this article sets out to analyze. It is based on a proven methodology of comparison, confrontation and cross-checking of sources (oral and written) as well as scientific publications dealing with this issue.

Keywords: French administration, Food, Ivory Coast, Ébrié, Senegalese.

Introduction

Cet article s'inscrit dans un cadre théorique qu'il convient d'indiquer. Il s'agit de l'histoire économique et sociale plus précisément de l'histoire de l'alimentation. Le choix de cet article n'est pas fortuit. Il procède d'un constat. En effet, l'historiographie sur la Côte d'Ivoire coloniale est abondante et variée. Plusieurs aspects de cet important épisode historique ont été relatés ou analysés par plusieurs historiens et autres chercheurs dont certains en ont été des acteurs directs. Dans l'ensemble, l'accent a été mis, entre autres, sur les résistances et conquêtes coloniales, la pacification de la Côte d'Ivoire, l'économie de plantation, l'exploitation coloniale et les villes coloniales. Ainsi, bien qu'évoquées quelquefois, certaines questions alimentaires telles que les échanges et consommations alimentaires entre les peuples en présence dans la colonie de Côte d'Ivoire par exemple, n'ont pas fait l'objet d'une étude approfondie. C'est donc ce champ encore relativement peu exploré que nous avons voulu labourer dans le cadre de cet article. D'où notre intérêt pour cette étude.

Intégrée dès 1891 au sein des possessions françaises, la Côte d'Ivoire devint en 1893, une colonie au sein de l'Afrique-Occidentale française. Du fait de ses énormes potentialités, la colonie ivoirienne connut un développement économique remarquable dans la sous-région. Cette colonie, surtout sa moitié sud ; zone d'installation des Ébrié, était devenu ainsi un véritable « eldorado » où avaient déferlé de nombreux migrants venus de l'Afrique-Occidentale française. Parmi les plus nombreux d'entre eux se trouvaient les Sénégalais. En effet, dans le contexte de mise en valeur de la colonie et de développement tous azimuts, les Sénégalais et les Ébrié réunis par la volonté coloniale sur un même espace furent confrontés à un certain nombre de problèmes existentiels notamment celui de l'alimentation. Afin de satisfaire les besoins alimentaires quotidiens, les Sénégalais et les Ébrié entretenaient des échanges de mets entre eux. Dès lors comment se sont opérés les échanges et consommations alimentaires entre les Sénégalais et les Ébrié en Côte d'Ivoire coloniale ? Telle est la problématique qui sous-tend notre étude.

L'objectif de cet article est de montrer comment les Sénégalais et les Ébrié se sont organisés pour résoudre dans une certaine mesure leurs besoins alimentaires. Pour mieux saisir l'étude dans le temps, il est impérieux de révéler les bornes chronologiques. L'année 1893 marque la proclamation de la Côte d'Ivoire comme colonie autonome de la France par décret du 10 mars 1893 signé par le Président français Marie François Sadi Carnot. Quant à l'année 1959, elle marque le déclin du système colonial français et ouvre la voie vers l'indépendance de la Côte d'Ivoire.

Pour entreprendre cette étude, nous avons eu à consulter une variété de sources écrites, d'ouvrages et de publications scientifiques aux Archives Nationales de Côte d'Ivoire (ANCI), aux Archives Nationales du Sénégal (ANS) ainsi que dans divers centres de documentation. Cette abondante littérature a été complétée par une série d'enquêtes orales réalisées à Anonkoua-kouté[1], un village Ébrié et dans la commune de Treichville, précisément dans le quartier Biafra[2]. Dans ces différents sites d'enquêtes orales, nous avons interrogé les dépositaires de la tradition à travers des entretiens privés par la technique semi-directive[3]. C'est donc de l'exploitation critique des informations émanant de tous ces canaux de connaissance et leur regroupement par

[1] Le choix de ce village s'explique par le fait que c'est l'un des villages Ébrié qui a pleinement vécu le phénomène du brassage alimentaire et d'échanges de mets avec les peuples étrangers (les Sénégalais, les Maliens, etc.).

[2] Le choix a été porté sur le quartier Biafra eu égard au fait qu'il renferme des ressortissants des pays voisins de la sous-région, notamment les Sénégalais dont certains parmi eux ayant vécu la dernière décennie coloniale de la Côte d'Ivoire ont pu témoigner des mets consommés entre les Ébrié et les Sénégalais.

[3] C'est une technique en partie orientée par des questions et en partie libre dans les réponses. En effet, il faut laisser les témoins développer librement leurs points de vue, sans essayer de détourner leurs discours. Quand ils ont épuisé leurs propos, le chercheur relance le dialogue sur les thèmes fondamentaux de l'entretien.

centres d'intérêt, que nous avons dégagé la charpente de notre analyse. Le premier centre d'intérêt présente les Sénégalais et les Ébrié. Le deuxième axe met en exergue la zone d'occupation des Sénégalais et des Ébrié dans la colonie de Côte d'Ivoire. Enfin, le dernier axe de réflexion quant à lui, porte sur l'informel alimentaire ou la restauration de rue, principale voie d'échange et de consommation de mets entre Sénégalais et Ébrié.

1. Présentation des Ébrié et Sénégalais, deux partenaires d'échange

Pour bien comprendre le contexte des échanges et consommations alimentaires entre les Sénégalais et les Ébrié dans la Côte d'Ivoire coloniale, une brève présentation de ces deux peuples est nécessaire. Ainsi, nous présentons successivement les Ébrié et les Sénégalais.

1.1. Les autochtones Ébrié

Le peuple Ébrié basé au sud de la Côte d'Ivoire fait partie du groupe ethnique des Akans lagunaires. Initialement appelé « Tchaman », le nom "Ébrié" leur fut donné par leurs voisins Abouré de Moossou. En effet, les Tchaman après des querelles avec les Abouré de Moossou furent appelés "Ébrié", car les Abouré de Moossou estimaient que les Tchaman étaient des gens ayant un sale caractère, un peuple belliqueux. C'est donc pour désigner ironiquement leurs voisins que les Abouré de Moossou appelaient les Tchaman sous le nom d'Ébrié qui signifie chez les Abouré « les gens sales » (Allou 2002 : 806). Ce sobriquet a été retenu malheureusement par les colons français qui ignoraient l'identité réelle des Tchaman.

Peu importe leur appellation, le peuple Ébrié dès son installation définitive au XVIIIe siècle sur le territoire qui est le leur aujourd'hui[4] va élaborer un système de gestion sociétale propre. Dans ce système, l'organisation politique des Ébrié repose sur l'institution des classes d'âge[5]. Ainsi, tout Ébrié se situe dans la société par la classe d'âge dont il relève tout autant que par son village ou par son clan. L'ensemble de la population, hommes et femmes, comprend quatre classes d'âge, qui

---

[4] Les Ébrié sont les autochtones de la ville d'Abidjan, de Bingerville et de Songon.

[5] Les générations (Dougbô, Tchagba, Blésswé et Niando) se renouvellent par le bas et par classes d'âge (Djéhou (ainés), Dongba (puinés), Agban (cadets), Assoukrou (benjamin) tous les 2 ou 3 ans et sans jamais s'éteindre. Les noms des quatre générations sont immuables. Une génération regroupe les habitants nés dans un espace de temps de 15 ans au moins.

se succèdent dans un ordre immuable : Dougbô, Tchagba, Blésswé et Niando. Les quatre classes se partagent la gestion du village. (Loba 2019 : 144). Le village est dirigé par un chef aidé par une notabilité. Le choix du chef se fait par génération et par classe d'âge. La condition première pour être chef est d'être natif du village de par son père. La prise du pouvoir se passe tous les 15 ans à l'issue d'une fête de génération appelée le *fatchué*. C'est à la génération au pouvoir qu'il revient de gérer au quotidien le village et d'y faire respecter les us et coutumes. (Loba 2019 : 146). La génération régnante joue donc plusieurs rôles notamment, militaire, économique et politique.

Dans l'organisation sociale des Ébrié, la filiation est matrilinéaire c'est-à-dire que les enfants appartiennent au groupe de leur mère ; les fils cultivent les terres qui leur viennent d'un oncle ou d'un grand-père. Dans le village, chaque clan possède un doyen. Il est le gardien de l'unicité du clan, apaise les conflits entre ses cadets, gère les biens, distribue des terres aux jeunes, se porte garant des dettes contractées et amendes ; enfin, il défend l'honneur du clan (Loba 2019 : 144). S'agissant de l'organisation économique des Ébrié, elle est basée principalement sur l'activité de la pêche et de l'agriculture. Les Ébrié produisent des produits d'exportation (café, cacao, hévéa, palmier à huile, etc.) et des produits vivriers notamment la banane plantain, l'igname et le taro. Mais l'aliment de base reste le manioc. Avec la colonisation française et son corollaire de changements, on assiste à l'arrivée d'importantes communautés étrangères en Côte d'Ivoire coloniale, notamment les Sénégalais.

1.2. Les migrants sénégalais

Le décret du 18 octobre 1904[6], portant réorganisation du Gouvernement Général de l'Afrique-Occidentale française, consacra l'unité politique, administrative et économique de l'Afrique-Occidentale française. Cette disposition juridique va largement accroître les pratiques migratoires, selon une vision impériale qui cherchait par-delà les frontières, à canaliser la main-d'œuvre, en direction des centres de production que furent les colonies côtières, comme la Côte d'Ivoire (Cissé 2011 : 60). Face au problème de la pénurie de main-d'œuvre, au sein de la Fédération et se fondant sur ce décret, Clozel Joseph Marie François, Gouverneur Général par intérim de l'Afrique-Occidentale

[6] ANCI, *Journal Officiel* de la Côte d'Ivoire du 21 octobre 1904, décret du 18 octobre 1904, portant réorganisation du Gouvernement Général de l'AOF.

française, par une circulaire en date du 6 mars 1912, insista auprès des lieutenant-gouverneurs des colonies, pour qu'ils facilitent la mobilité de la main-d'œuvre[7]. Ainsi, la carence en personnels ivoiriens qualifiés pour seconder le colonisateur dans les fonctions administratives et pour avoir des ouvriers à leur disposition a nécessité l'affectation de certains Africains dans la colonie de Côte d'Ivoire, dont les Sénégalais.

La migration des Sénégalais a été engagée dès 1880. Originaires des quatre communes historiques du Sénégal (Saint-Louis, Gorée, Dakar et Rufisque) et donc citoyens français, les pionniers qui étaient en majorité de l'ethnie wolof sont appelés les « tirailleurs ». Car, ils sont venus accomplir leur service militaire dans la Basse-Côte. C'était pendant l'époque des expéditions menées par le capitaine Marchand, le capitaine Benoit et le colonel Monteil[8]. Une fois démobilisés, ils décidaient de s'installer durablement dans la forêt ivoirienne et demeuraient à proximité de leurs anciennes garnisons, situées le plus souvent sur le littoral atlantique. À la suite des « tirailleurs », une deuxième vague de migrants sénégalais rejoint la colonie de Côte d'Ivoire en 1889. Il s'agit essentiellement des employés de maison de commerce qui ont été recrutés par l'administration française.

En effet, l'installation des maisons de commerce européennes, des factoreries et sous-factoreries dans la colonie de Côte d'Ivoire, supposait une mobilisation importante des forces de travail que, seule, la colonie de Côte d'Ivoire ne pouvait fournir. Ainsi, l'administration coloniale face à cette pénurie de la main-d'œuvre décidait d'effectuer des recrutements au sein des autres colonies de l'AOF et le choix s'était porté sur les Sénégalais. Car, certains d'entre eux exerçaient déjà comme gérants de magasins ou chefs de succursales à Saint-Louis, Gorée, Dakar et traitaient avec les Français. C'est ainsi qu'entre 1900 et 1930, 85 commerçants sénégalais expérimentés avaient été recrutés et répertoriés sur les listes de la Chambre de Commerce[9]. Ils se mettaient au service de l'administration coloniale et plus tard à leur propre compte. Les premiers foyers de peuplement des migrants

[7] ANCI, *Journal Officiel* de la Côte d'Ivoire, Circulaire N° 20 au sujet de la main-d'œuvre indigène et du régime du travail.
[8] ANCI : 1EE29 (4/1), Colonie de Côte d'Ivoire. Rapports politiques mensuels, juillet, août, septembre, décembre 1899.
[9] ANS, 6 Q 164 (77), liste des commerçants et des sociétés de commerce de Côte d'Ivoire, 1936.

sénégalais en Côte d'Ivoire coloniale ont été constitués dans le sud où l'on rencontrait le peuple Ébrié.

2. Zone d'occupation des Sénégalais et des Ébrié dans la colonie de Côte d'Ivoire

Dans cette section de notre analyse, il s'agit de montrer les lieux d'installation des Sénégalais et des Ébrié pendant la colonisation de la Côte d'Ivoire.

2.1. Treichville, l'Eldorado des Sénégalais

Les Sénégalais qui ont migré dans la colonie de Côte d'Ivoire étaient installés à Treichville. Ce quartier africain est né en 1904 (Diabaté 1991 : 152). En effet, la naissance du quartier de Treichville est liée au village Ébrié d'Anoumabo. Ce village était initialement installé sur un site qui est, aujourd'hui, l'endroit actuel de la rue du commerce du Plateau. Ce village fut déplacé sur la rive de la lagune Ébrié à cause de la construction du chemin de fer Abidjan-Niger, décidée à la suite des études de terrain du capitaine Houdaille Maurice[10], réalisées entre 1898 et 1901. Ces agents coloniaux avaient jugé que le site initial du village d'Anoumabo était propice au démarrage des travaux du chemin de fer. Ainsi, les Ébrié Bidjan[11] habitants du village d'Anoumabo sous la contrainte de l'administration coloniale ont dû céder leurs terres pour se réinstaller sur la rive de la lagune Ébrié où le village d'Anoumabo a été reconstruit. Ce village accordera l'asile à tous les Africains que la construction de la ligne de chemin de fer attirera dans la ville coloniale d'Abidjan (Diabaté 1991 : 152).

L'intégration d'Anoumabo dans le paysage urbain de la ville coloniale d'Abidjan amenait les autorités coloniales sous Dieudonné Reste, lieutenant-gouverneur de la colonie à prendre un arrêté le 27 décembre 1934 attribuant, ainsi, à l'agglomération d'Anoumabo, un faubourg d'Abidjan, le nom de "*Treichville* " en hommage à Marcel Treich-Laplène (1860-1890), premier explorateur européen et adminis-

---

[10] Charles François Maurice Houdaille né le 7 mai 1858 à Vernioz et décédé le 24 octobre 1916 à Paris. Il était un militaire français, puis lieutenant-colonel du Génie, détaché au ministère des Colonies. Il était envoyé en Côte d'Ivoire en vue de la création d'infrastructures économiques dans la colonie entre autres un chemin de fer et un port.

[11] Les Bidjan, sont l'un des sous-groupes du peuple Ébrié. Ils sont regroupés au sein de sept villages que sont Bidjan Djemin, Bidjan Sante, Bidjan Locodjro, Bidjan Anoumanbo, Bidjan Thé (Attécoubé), Bidjan Agban et Kocoly.

trateur colonial de la Côte d'Ivoire[12]. Le nom "*Treichville* " s'imposa très rapidement, non seulement dans les communications administratives et actes officiels, mais aussi dans l'usage courant. L'administration coloniale, après avoir suscité la création de Treichville, désigna comme chef un Burkinabé du nom de Seynou Idrissa secondé par d'Almeida, un ancien fonctionnaire togolais. Ces deux personnes auraient procédé à la répartition des parcelles et dirigé le lotissement de Treichville. Les Sénégalais étaient les premiers à s'installer entre l'avenue 1 et l'avenue 2 dans le quartier de Treichville (Diabaté 1991 : 90). Ci-dessous une photographie de Treichville à l'époque coloniale.

Photo 1 : Une vue du marché de Treichville (au Centre) et ses alentours

Source : (Diabaté 1991 : 104)

2.2. Les zones de peuplement des Ébrié à Abidjan

Les Ébrié sont un peuple lagunaire vivant entre autres à Abidjan. À cette époque coloniale, Abidjan était construite sur une des nombreuses presqu'îles qui bordent la rive nord de la lagune Ébrié. Sa largeur moyenne était de 1500 mètres. Elle était limitée à l'Est par la baie de

[12] ANCI, *Journal Officiel* de la Côte d'Ivoire du 31 janvier 1935, p. 70.

Cocody et à l'Ouest par la baie de Locodjro ou du Banco. Ces deux baies orientées au nord-sud s'étendent dans l'intérieur des terres. La première sur une profondeur de 2 200 mètres et 1 000 mètres de largeur. La seconde sur une profondeur de 4 600 mètres et 800 mètres de largeur[13]. Il faut dire que c'est en 1903 que commence véritablement le lotissement d'Abidjan, permettant très rapidement la construction des postes, des télégraphes[14] et du téléphone[15] ainsi que la construction des bureaux de douanes (Diabaté 1991 : 64).

Photo 2 : Une vue des bureaux de la douane dans la ville d'Abidjan à l'époque coloniale

Source : ANS, Catalogues des cartes postales anciennes. Sous-série 4Fi 1246

[13] ANS, sous-série 1G352. Monographies des cercles de la Côte d'Ivoire 1921. Dossier : Abidjan Monographie de la Commune mixte, p. 2.

[14] Parmi les lignes qui ont été mises en place on peut noter, entre autres, la ligne Bingerville-Tiassalé-Kong qui assurait une communication régulière entre le chef-lieu de la Côte d'Ivoire et les autres colonies de l'AOF.

[15] Les conversations téléphoniques ont lieu sur les conducteurs télégraphiques reportés au tableau central téléphonique par un jeu de commutateur au fur et à mesure des besoins.

Les zones d'Abidjan et de Treichville à l'époque coloniale s'imbriquent géographiquement au point où les frontières semblent inexistantes. Cette proximité du territoire va favoriser les circulations des peuples Ébrié vers la zone de Treichville de même que celles des Sénégalais vers la zone d'Abidjan. Ainsi, il y avait des liens d'amitié et une bonne cohabitation entre les Ébrié et les Sénégalais. Ces liens d'amitié se sont consolidés davantage avec les échanges et consommations des mets.

3. L'informel alimentaire ou la restauration de rue : principale voie d'échange de mets entre Sénégalais et Ébrié

On entend par secteur informel alimentaire, une alimentation extra-domestique. C'est, particulièrement, la restauration populaire par opposition aux restaurants officiels intégrant ceux de standing et des hôtels soumis à des obligations déclaratives fiscales et sociales. Elle constituait à cette période coloniale, la principale structure de restauration des Africains qui travaillaient, entre autres, dans l'armée comme tirailleurs, dans les factoreries, sur les chantiers des grands travaux et dans l'administration comme subalternes. Ce secteur était dominé par les femmes sénégalaises et plus tard par les femmes de l'aire culturelle akan notamment les Ébrié.

3.1. Les plats des restaurants sénégalais consommés par les Ébrié

Les restaurateurs informels ont commencé leurs activités dans la zone d'Abidjan dans les années 1930 (Lidji 1998 : 125). Les premiers entrepreneurs de ce commerce alimentaire étaient les Sénégalais. En effet, l'ouverture des premiers restaurants sénégalais dans la colonie de Côte d'Ivoire était pour les Sénégalais un moyen de conserver leurs habitudes alimentaires héritées de la mère patrie, de se réunir pour être au fait des nouvelles de leur pays d'origine et surtout de rentabiliser. Les clients privilégiés furent d'abord les ressortissants sénégalais. Mais, par les bonnes recommandations des premiers clients, la restauration sénégalaise finit par être appréciée en grande majorité par la population locale y compris les Ébrié. Les mets du terroir sénégalais suscitaient dans la colonie une curiosité de la part des Ébrié qui avaient non seulement envie de sortir de leur tradition alimentaire, mais aussi de découvrir la gastronomie de leurs voisins sénégalais. Les Ébrié affluaient ainsi vers les restaurants sénégalais pour passer des commandes. Les plats les plus prisés étaient de deux catégories que sont la catégorie des plats à base de riz et la catégorie des plats à base de céréales.

Les plats qui sont à base de riz se présentaient sous deux formes, notamment les plats avec sauces appelés en wolof « ñari cin » et les plats sans sauce parmi lesquels le plat national, le « ceebu jën »[16]. S'agissant des plats à sauce, ils sont toujours accompagnés de riz blanc simple cuit dans de l'eau. Les différentes sauces qui donnent leur nom au plat sont toujours à base de poisson ou de viande. Dans ce lot, on note le mafé, une sauce à base de pâte d'arachide qui est agrémentée de concentré de tomate et de légumes. Le « supukànj » est une sauce à base de gombo, d'huile de palme et de quelques légumes (piment, aubergine amère) et de tubercules (manioc, patate douce, pomme de terre)[17]. Le « domoda » est une sauce tomate préparée avec un peu de farine de blé pour l'épaissir, d'huile d'arachide et de légumes (carottes, chou, piment, etc.). Le « thiou » est une sauce préparée avec des oignons, du concentré de tomate et des légumes. Et enfin on a le « yassa », une sauce préparée avec assez d'oignons, des épices, du citron et de l'huile de friture[18].

Concernant les plats sans sauce à base de riz, ils sont préparés dans une seule marmite. On dénombre le « ceebu yaap », il s'agit du riz à la viande préparé avec des légumes, de l'huile, avec ou sans concentré de tomate. On a aussi le « ceebu jën » (riz au poisson frais). Il est considéré comme le plat national. S'agissant du mécanisme de préparation, il est préparé avec ou sans concentré de tomate ; dans les deux cas, la cuisson nécessite de l'huile d'arachide, des légumes et du poisson. Lorsqu'il est préparé sans concentré de tomate, il est appelé « ceebu jën bu weex » (riz au poisson blanc) et « ceebu jën bu xoonx », quand on y ajoute du concentré de tomate. Le « ceebu jën » est le plat qui a conquis le palais des Ébrié.

[16] *Enquête orale* réalisée à Treichville, le 05 mars 2022, auprès de Ndiaye Mariam.
[17] *Enquête orale* réalisée à Treichville, le 17 novembre 2022, auprès de Fall Salimata.
[18] *Enquête orale* réalisée à Treichville, le 11 décembre 2022, auprès de Baldé Cheikh.

Photo 3 : Le « ceebu jën », un plat sénégalais.

Source : Cliché de l'auteur

Par ailleurs dans la restauration sénégalaise, on avait les plats à base de céréales. Ce sont notamment le couscous ou « cere » en langue wolof. Il est préparé à partir de la farine de mil transformée en granulés[19]. Le produit obtenu est ensuite cuit plusieurs fois à la vapeur. À la dernière étape, il est mélangé avec de la poudre de feuilles de baobab ou « lalo » pour le rendre plus gluant et plus digeste[20]. Le couscous est toujours associé à une sauce à base de poisson frais, de poisson fumé ou viande et des légumes. Les différentes sauces qui accompagnent très souvent le couscous sont : le « siim », sauce à base de poisson frais, de poisson fumé ou de viande. Elle est préparée avec de l'huile de friture, des légumes et du concentré de tomate. C'est l'une des sauces les plus simples qui accompagnent le couscous. Comme on le constate, la gastronomie des Sénégalais est riche et variée. Par la restauration de rue, les mets sénégalais se sont donc introduits dans l'alimentation des Ébrié. L'influence culturelle étant réciproque, les Sénégalais vont aussi s'intéresser aux mets des Ébrié.

3.2. Appropriation des mets Ébrié par les Sénégalais

Les Sénégalais demeuraient, pour la plupart, attachés à leurs plats d'origines cela en raison de la disponibilité dans les marchés de

---

[19] Le mil est mélangé avec un peu de maïs ou du riz avant la mouture pour améliorer la couleur de la farine.

[20] *Enquête orale* réalisée à Treichville, le 26 juin 2022, auprès de Penda Nafissatou.

Treichville des denrées nécessaires à la confection de leurs mets du terroir. Toutefois, du fait des contraintes dues au travail, certains Sénégalais qui exerçaient à Abidjan comme ouvriers ou comme agents administratifs se sont intéressés aux mets des Ébrié. En effet, l'éloignement de leurs lieux de résidence par rapport à leurs lieux de travail ne permettait pas aux Sénégalais de retourner dans leurs domiciles pour prendre leurs déjeuners. Partant de cette réalité, l'alimentation extérieure ou alimentation hors domicile, était donc une nécessité. Les Sénégalais devront se contenter d'un mets de fortune pris dans les restaurants Ébrié installés aux environs immédiats de leurs lieux de service.

En effet, au début des années 1950, les femmes Ébrié à la recherche d'une certaine autonomie financière récupéraient la restauration populaire (Courade 1988 : 89). Dès lors, on assistait à une révolution des habitudes alimentaires, induites par la revalorisation du modèle culinaire Ébrié, avec l'utilisation des produits vivriers locaux comme le manioc, la banane-plantain et les légumes. À cela s'ajoutent les produits d'origines animales et halieutiques comme le poisson, les crustacés et la viande (Lidji 1998 : 127). Ainsi, dans tous les coins de rue de la colonie, on observait la prolifération des restaurants populaires. D'abord sommairement aménagés à même les cours, où quelques tables et chaises permettaient d'accueillir les Sénégalais et autres ressortissants de l'Afrique-Occidentale française. Ensuite, on passait aux restaurants sur table mobile généralement installés le long des artères des rues principales. Ces restaurants n'avaient pas besoin d'un local de production et de vente fixe. Enfin, on arrivait aux espaces-restaurants qui sont, en effet, des superficies aménagées par des vendeuses pour répondre à un besoin alimentaire massif. Ils avaient l'allure de cantines improvisées autour des écoles, des services publics et des administrations. Il y avait aussi des restaurants spontanés qui apparaissent à une occasion particulière (chantier ou festivités) et disparaissent à leur fermeture (Dubresson 1989 : 4). Dans tous ces modèles de restaurants populaires, les mets Ébrié préparés et servis aux Sénégalais sont, le plus souvent, le foutou, le foufou, l'attiéké, les friandises et les beignets.

Le foutou est une pâte élastique qui se présente sous forme de pain de banane. La technique de préparation se présente comme suit : la banane plantain est épluchée et mise à bouillir avec ou sans manioc. Puis elle est pilée dans un mortier, avec un pilon. Les morceaux de banane éparpillés dans le mortier sont assemblés de temps en temps avec une main préalablement trempée dans de l'eau apprêtée à cette fin pour faciliter la liaison. On obtient alors une pâte massive, collante qu'on divise en deux, c'est le foutou qui s'accompagne d'une sauce spéciale du terroir Ébrié. Il s'agit de la sauce *« N'thro »*. Cette sauce est un mélange de plusieurs ingrédients dont les feuilles végétales d'ayran, le poisson fumé, l'akpi, le sel marin, les piments et des aubergines[21].

Photo 4 : N'thro, une sauce typique des Ébrié

Source : (Zorkot 2021 : 49)

Quant au foufou appelé dans le patois Ébrié *« cocotcha »*, il était obtenu en écrasant les bananes plantains vertes et mûres auxquelles on ajoute de l'huile de palme. Il s'accompagne très souvent de la sauce claire ou sauce à base d'aubergines[22].

[21] *Enquête orale* réalisée à Anonkoua-Kouté, le 22 février 2022, auprès de Adjé Murielle.

[22] *Enquête orale* réalisée à Anonkoua-Kouté, le 21 février 2022, auprès de N'djadan Akebié.

Photo 5 : Le foufou Ébrié

Source : Cliché de l'auteur

Par ailleurs l'attiéké, cette semoule fermentée de manioc cuite à la vapeur faisait partie, aussi, des plats proposés en menu dans la restauration des femmes Ébrié. Ce mets a un mode de préparation qui peut se résumer en trois phases. D'abord la première, qui consiste à la récolte des tubercules de manioc puis l'épluchage et le lavage du manioc. Ensuite, la deuxième qui prend en compte le broyage des morceaux de manioc, le pressage et le grainage de la pâte de manioc. Enfin, la troisième séquence consiste au séchage, au vannage des grains et à la cuisson[23]. L'attiéké est une denrée immédiatement consommable et a une grande valeur énergétique. Ce mets a une facilité d'approvisionnement puisqu'on en trouve en tout temps et en tout lieu. Cela s'explique par le fait que l'attiéké est vendu dans les marchés, les rues, les domiciles, dans divers lieux de restauration et surtout ne requiert pas de préparation culinaire. Ainsi, les Sénégalais qui travaillaient sur les chantiers publics vont se mettre à faire des combinaisons du genre attiéké-banane douce, attiéké-arachides grillées, attiéké-poisson frit ou braisé ou encore fumé.

L'attiéké du fait de sa valeur énergétique et la satiété qu'il procure, occupait donc une place importante dans l'alimentation des Sénégalais. Cependant, la consommation de l'attiéké par les Sénégalais n'était pas sans risque. Car, on note quelques accidents digestifs. En effet, l'attiéké aurait causé assez de problèmes gastriques à ces étrangers qui faillirent mourir étouffés à cause d'une mauvaise ingestion de l'attiéké, plat

[23] *Enquête orale* réalisée à Anonkoua-Kouté, le 23 février 2022, auprès d'Ako Laurence.

auquel ils n'étaient pas habitués. Quelques chansons furent improvisées pour chahuter ces nouveaux adeptes et commémorer ces incidents malheureux de cette époque coloniale (Meignan 2015 : 56).

Photo 6 : L'attiéké Ébrié

Source : Cliché de l'auteur

Au titre des friandises, l'igname et la banane plantain offraient aux Sénégalais quelques formes de consommation. Ce sont le braisé de banane plantain ou d'igname qui était consommée par ces derniers, lors d'une pause pendant les travaux de chantiers publics. On note aussi l'alloco et le cracro. En effet, l'alloco, est l'ensemble des invendus de bananes plantains mûries qui sont transformées par friture et accompagnées souvent de poisson frit, viande braisée, agrémentée d'une pointe de piment frais (Lidji 1998 : 96). Quant au cracro, il était préparé avec la banane plantain mûre, mélangée à la farine de manioc. Le tout était cuit avec de l'huile de palme sur du feu de bois. Toujours, en guise de coupe-faim, quelques beignets foisonnent à la grande satisfaction des Sénégalais. Dans ce lot on avait, les petites galettes faites avec la farine de manioc et cuites dans l'huile de coco. Pour sa digestion facile, ce mets était beaucoup apprécié des Sénégalais.

Conclusion

Cet article nous a permis d'analyser un pan de l'histoire coloniale de la Côte d'Ivoire, celui de l'alimentation de deux peuples réunis par la volonté coloniale sur un même espace. Au cours de cette période coloniale, la nécessité pour les Sénégalais de conserver leurs habitudes alimentaires et le besoin des Ébrié d'exporter les mets de leur terroir, vont pousser ces deux peuples à effectuer des échanges alimentaires entre eux.

Ainsi, c'est par le canal de la restauration populaire que les Sénégalais et les Ébrié consommaient des mets qui leur étaient inconnus. Ces mets font désormais partie intégrante de leur régime alimentaire. Les Sénégalais et les Ébrié ont donc été, chacun à leur manière, des éléments dynamiques pour la diffusion de nouvelles habitudes de consommation en Côte d'Ivoire coloniale. Cette étude apporte des connaissances sur la gastronomie des Sénégalais et des Ébrié.

Sources et références bibliographiques

1. Sources orales

N°	Nom et prénoms	Fonctions	Types d'enquête	Lieu et Date
1	ADJÉ Murielle	Ménagère Ébrié	Entretien privé	Anonkoua-Kouté le 22 février 2022
2	AKO Laurence	Institutrice Ébrié à la retraite	Entretien privé	Anonkoua-Kouté le 23 février 2022
3	BALDE Cheikh	Commerçant sénégalais	Entretien privé	Treichville le 11 décembre 2022
4	FALL Salimata	Restauratrice sénégalaise	Entretien privé	Treichville le 17 novembre 2022
5	NDIAYE Mariam	Ménagère sénégalaise	Entretien privé	Treichville le 05 mars 2022
6	N'DJADAN Akebié	Ménagère Ébrié	Entretien privé	Anonkoua-Kouté, le 21 février 2022
7	PENDA Nafissatou	Commerçante sénégalaise	Entretien privé	Treichville, le 26 juin 2022

2. Sources écrites

Archives Nationales de la Côte d'Ivoire (ANCI)

ANCI, Journal Officiel de la Côte d'Ivoire du 21 octobre 1904, décret du 18 octobre 1904, portant réorganisation du Gouvernement Général de l'AOF.

ANCI, Journal Officiel de la Côte d'Ivoire, Circulaire n° 20 au sujet de la main-d'œuvre indigène et du régime du travail.

ANCI : 1EE29 (4/1), Colonie de Côte d'Ivoire. Rapports politiques mensuels, juillet 1899.

ANCI, Journal Officiel de la Côte d'Ivoire du 31 janvier 1935.

Archives Nationales du Sénégal (ANS)

ANS, sous-série 1G352. Monographies des cercles de la Côte d'Ivoire 1921. Dossier : Abidjan Monographie de la Commune mixte.

ANS, 6 Q 164 (77). Liste des commerçants et des sociétés de commerce de Côte d'Ivoire, 1936.

ANS, Catalogues des cartes postales anciennes. Sous-série 4Fi 1246.

3. Références Bibliographiques

ALLOU Kouamé René, 2002, « Histoire des peuples de civilisations akan des origines à 1874 », Abidjan, Université de Cocody [Thèse de Doctorat d'État d'Histoire].

CISSÉ Chikouna, 2011, « Ordre colonial et mouvements de populations en AOF : permanences et ruptures des trajectoires migratoires soudanaises en Côte d'Ivoire (1904-1960) », *Revue Ivoirienne Histoire*, 18 : 60-73.

COURADE Georges, 1988, *Évaluation des habitudes à la consommation des produits alimentaires en Côte d'Ivoire*, Paris, ORSTOM.

DIABATÉ Henriette, 1991, *Notre Abidjan toujours plus haut*, Abidjan, Mairie d'Abidjan.

DUBRESSON Alain, 1989, « Urbanisation et consommation alimentaire citadine en Côte d'Ivoire », *Économie rurale*, 190 : 3-8.

LIDJI Ahui François, 1998, « L'évolution des habitudes de consommation en Côte d'Ivoire de 1945 à 1980 », Paris, Université de Paris I [Thèse de Doctorat d'Histoire].

LOBA Léon Fabrice, 2019, « Développement et préservation du patrimoine culturel du peuple Tchaman », *Annales de l'Université de Moundou*, Série A, vol. 6 (2) : 139-154.

MEIGNAN Gouédan Richard, 2015, *La question alimentaire en Côte d'Ivoire à l'époque coloniale (1904-1959)*, Paris, L'Harmattan.

ZORKOT Nabil, 2021, *Cuisine de Côte d'Ivoire : 45 recettes originales*, Abidjan, Profoto.

La politique coloniale de l'attribution des primes aux planteurs de la colonie de Côte d'Ivoire : le cas des planteurs africains de cacaoyers (1948-1960)

Nohan Sidibé
Université de San-Pedro, Côte d'Ivoire
sidibenohan@gmail.com

Résumé

Cette étude d'analyse de la contribution de la prime à la galvanisation des planteurs africains de cacaoyers et partant, à l'intensification et l'accroissement de la production du cacao en Côte d'Ivoire, est opérée en s'appuyant sur les documents d'archives et publications scientifiques variées. Introduit en Côte d'Ivoire à la fin du XIXe siècle, le cacao s'est très vite posé comme une culture phare et incontournable, au point d'occuper une place de choix dans la politique agricole coloniale de la France. Les besoins nouveaux créés à la fin de la Seconde Guerre mondiale, exacerbés par la montée des nationalismes et les luttes syndicales de plus en plus engagées dans les colonies françaises d'Afrique, ont imposé à l'administration coloniale française, l'institution, le 9 juin 1948, d'une prime incitative et émulatrice à caractère apaisant, en faveur des planteurs africains de cacaoyers de la Côte d'Ivoire. Celle initiative a permis d'accroître la production quantitative et qualitative du cacao dans cette colonie considérée comme sa terre de prédilection, pour non seulement hâter la reprise économique de la France, mais aussi répondre à la demande mondiale de plus en plus forte et pressante due à l'expansion exponentielle de l'industrie chocolatière.

Mots-clés : Prime, Cacaoculture, Planteurs africains, Côte d'Ivoire, Époque coloniale

Abstract

This study analyzes the contribution of the premium to the galvanization of African cocoa farmers and, consequently, to the intensification and increase of cocoa production in Côte d'Ivoire, based on various archival documents and scientific publications. Introduced in Côte d'Ivoire at the end of the 19th century, cocoa very quickly became a key crop, to the point of occupying a place of choice in France's colonial agricultural policy. The new needs created at the end of the Second World War, exacerbated by the rise of nationalism and the union struggles more and more engaged in the French colonies of Africa, imposed to the French colonial administration, the institution, on June 9, 1948, of an incentive and emulative premium with appeasing character, in favor of the African planters of cocoa trees of the Côte d'Ivoire. This initiative made it possible to increase the quantitative and qualitative production of cocoa in this colony considered as its favorite land, not only to hasten the economic recovery of France, but also to meet the world demand more and more strong and pressing due to the exponential expansion of the chocolate industry.

Keywords: Premium, cocoa farming, African planters, Côte d'Ivoire, colonial period

Introduction

Après la Seconde Guerre mondiale, l'économie française était sérieusement ébranlée. Si dans les années 1920, les Français n'avaient pu transformer le programme de mise en valeur d'Albert Sarraut en un véritable plan de développement, ils trouvaient nécessaire, comme le laissaient entrevoir les déclarations de Brazzaville de 1944, de participer au développement du potentiel de production et à l'enrichissement des Territoires d'Outre-Mer. C'est ainsi que, dans la colonie de la Côte d'Ivoire, l'on a assisté à un développement prodigieux de l'économie de plantation. Le développement agricole a été, après la Seconde Guerre mondiale, une activité bien organisée qui a bénéficié d'un encadrement conséquent. L'organisation administrative de l'agriculture, la recherche scientifique, les actions rurales ont donné une impulsion nouvelle à la production agricole, dans un contexte d'après Seconde Guerre mondiale marqué par la montée en puissance des sentiments nationalistes hostiles au système colonial. Le délaissement de nombreuses plantations par les Africains en raison des frustrations tous azimuts, et la nécessité d'une relance urgente de l'économie métropolitaine par la reprise des activités industrielles, notamment les industries chocolatières ont poussé l'administration coloniale française à intensifier la cacaoculture en Côte d'Ivoire. Ainsi, elle a institué et règlementé, par l'arrêté n° 427 AGRO du 9 juin 1948, confirmé par la circulaire n° 617 AGRO du 8 octobre de la même année, une prime aux planteurs africains de cacaoyers de ladite colonie[1].

De ce fait, en quoi l'attribution de cette prime a-t-elle contribué à l'intensification de la cacaoculture, mieux, à une production massive et qualitative du cacao en Côte d'Ivoire, au point de répondre urgemment à la demande industrielle et commerciale française et mondiale entre 1948 et 1960 ?

Cette étude vise à montrer la manière dont la prime a accéléré, dans un bref délai, le développement des plantations de cacaoyers en Côte d'Ivoire. Elle a été rendue possible grâce au recoupement de documents d'archives et travaux scientifiques divers.

Cette étude se structure en trois axes. Le premier axe porte sur les dispositions incitatives antérieures à l'attribution de la prime aux planteurs africains de cacaoyers de la colonie de Côte d'Ivoire. La deuxième articulation est relative aux conditions d'attribution de la prime aux planteurs africains de cacaoyers : obligations et rôle des différents acteurs. Le troisième axe s'intéresse aux types ou formes de prime ainsi qu'à leurs réalités et impacts.

1. Les dispositions incitatives antérieures à l'attribution de la prime aux planteurs africains de cacaoyers de la colonie de Côte d'Ivoire

Cette partie du travail s'intéresse aux concours agricoles régionaux et spéciaux, aux concours de valorisation des techniques ou pratiques relatives à la cacaoculture, aux structures d'accompagnement telles que la Chambre de commerce, les Sociétés Indigènes de Prévoyance (SIP) et la foire-exposition, et aux conditions d'application de la prime aux planteurs africains de cacaoyers.

1.1. Les concours agricoles régionaux et spéciaux

Avec l'instauration des concours agricoles, le service de l'agriculture entendait mettre en place, un instrument ou moyen de facilitation de sa mission. Le but de l'organisation de ces concours expressément réservés aux producteurs du cacao de la colonie était de créer une saine émulation entre les paysans indigènes, les amener à s'adonner davantage à la pratique de cette nouvelle culture au détriment de leurs cultures traditionnelles. Ainsi, institués par l'article 1er de l'arrêté n° 1324 de

[1] *Journal Officiel* de la Côte d'Ivoire (JOCI), 1914, p. 494.

1914, ces concours étaient de deux sortes[2], à savoir les concours régionaux et les concours spéciaux.

Les concours régionaux englobaient toutes les branches de l'agriculture et s'adressaient à l'ensemble des productions agricoles d'une circonscription ou d'une région déterminée. Ces concours régionaux pouvaient exceptionnellement regrouper deux ou plusieurs régions ou circonscriptions agricoles. En effet, pour mieux exécuter le programme du service et lui assurer un fonctionnement convenable, la colonie de Côte d'Ivoire a été subdivisée, à partir de 1913, en quatre circonscriptions agricoles. La circonscription de l'Est comprenait les cercles de Bondoukou, de l'Indénié, du N'Zi Comoé et d'Assinie. La circonscription du Sud comprenait les cercles de Bassam, des Lagunes, du Baoulé-Sud et de Lahou. La troisième circonscription agricole était celle du centre ; elle comprenait les cercles du Baoulé-Nord, de Kong, de Korhogo, de Touba et du Ouorodougou. La quatrième circonscription agricole était celle de l'Ouest qui comprenait les cercles du Bas-Sassandra, du Haut-Sassandra, des Gouros, du Bas-Cavally et du Haut-Cavally[3].

À partir de 1950, pour les nécessités du service de l'agriculture ou les conditions locales de mise en valeur, le territoire de Côte d'Ivoire a été divisé en six secteurs agricoles contre quatre auparavant. Le premier comprenait les cercles d'Abidjan, Grand-Bassam et Agboville. Le second comprenait les cercles de Gagnoa, Grand-Lahou, Sassandra et Daloa. Le troisième secteur agricole était composé des cercles d'Abengourou, Bondoukou et Dimbokro. Le quatrième comprenait les cercles de Man et de Tabou. Le cinquième était composé des cercles de Bouaké, Séguéla et de Katiola, et le sixième comprenait le cercle de Korhogo[4].Chaque secteur était dirigé par un chef de secteur nommé par décision du Gouvernement, sur proposition du chef du service de l'agriculture. Ces chefs étaient choisis parmi les agents du cadre général de l'agriculture aux colonies ou, exceptionnellement et provisoirement, parmi les agents des cadres communs supérieurs.

Chaque secteur se subdivisait en sous-secteurs dont le nombre et le ressort territorial étaient fixés par décision du chef du service de l'agriculture. Dans chaque circonscription, un agent du grade de sous-

---

[2] *JOCI*, 1914, p.494.

[3] ANCI. 1RR20. Gouvernement général de l'AOF. Colonie de la Côte d'Ivoire. Rapport sur la situation agricole de l'année 1913.

[4] ANCI. 1RR20. Gouvernement général de l'AOF. Colonie de la Côte d'Ivoire. Rapport sur la situation agricole de l'année 1913.

inspecteur autant que possible, remplissait les fonctions de chef de circonscription. Il était placé au point de vue disciplinaire administratif et financier, et dans les conditions fixées par la circulaire du 10 juin 1905 du Gouverneur général, sous le contrôle des administrateurs commandant des cercles qui formaient la circonscription agricole. Toutes pièces de dépenses concernant l'agriculture étaient soumises au visa de l'administrateur à qui étaient délégués les crédits et qui avait qualité pour en surveiller l'usage. Les concours régionaux étaient en principe annuel, mais à la condition que l'opportunité en soit reconnue par l'Administration, le service de l'agriculture et la Chambre de commerce.

Contrairement aux régionaux, les concours spéciaux s'adressaient à une seule catégorie ou à une série déterminée de produits. Ils pouvaient embrasser soit l'ensemble de la production de la colonie, soit celle d'une ou plusieurs circonscriptions. Ils se tenaient autant que possible, dans les centres de productions ou là où les transactions sur les produits envisagés étaient les plus actives. Ils pouvaient aussi être indépendants des concours régionaux ou leur être annexés, si les circonstances ou les intérêts en cause le commandent. C'est le lieutenant-gouverneur qui fixait le lieu, la date et la nature du concours. Pour ce qui est de son organisation, elle relevait exclusivement du service de l'agriculture[5]. Diverses par leur nature, les récompenses attribuées à l'issue de ces concours étaient entre autres des prix en nature ou des primes en argent, donné par la colonie, la chambre du commerce, les associations diverses ou les particuliers.

Que ce soient les régionaux ou les spéciaux, ces concours se déroulaient sous le regard vigilant d'un jury composé de cinq membres, à savoir le chef du service de l'agriculture ou un représentant, un administrateur des cercles intéressés, un représentant de la Chambre de commerce, un représentant du commerce de la région, un notable indigène[6]. Ce jury qui avait une forte coloration européenne, c'est-à-dire contrôlé quasi exclusivement par le colonisateur, était quasiment le même que celui des concours de valorisation de l'enseignement de la cacaoculture.

---

[5] *JOCI*, 1914, p. 494.
[6] *JOCI*, 1914, p. 494.

1.2. Les concours de valorisation de l'enseignement « cacaocultural »

Par la décision du 5 août 1916, des récompenses étaient décernées aux membres du personnel enseignant de l'AOF, notamment ceux de la colonie de Côte d'Ivoire qui donnaient avec le plus de zèle et de succès l'enseignement pratique de la cacaoculture (Gaudy 1954 : 20). Ainsi, chaque année, il pouvait être distribué, pour l'ensemble de la colonie, deux médailles d'argent, quatre médailles de bronze et huit mentions honorables au personnel du cadre européen. Au personnel du cadre indigène, cinq médailles d'argent, dix médailles de bronze et vingt mentions honorables[7].

Nul ne pouvait obtenir la mention honorable s'il ne comptait au moins deux ans de service. Nul ne pouvait recevoir une médaille s'il n'avait obtenu la récompense du degré inférieur depuis deux ans au moins. Ces récompenses étaient distribuées en fin d'année par le gouverneur général de l'Afrique-Occidentale française (AOF), sur proposition du Lieutenant-gouverneur, chef de colonie (Chambon 1953 : 79). Des primes en espèces étaient décernées aux stations agricoles spécialisées dans la culture du cacao, dont les plantations donnaient les meilleurs résultats. Chaque année, il pouvait en outre être distribué, pour toute la colonie, sur des crédits prévus au budget général, cinq primes de 50 francs, dix primes de 30 francs, quinze primes de 20 francs et vingt primes de 10 francs[8].

Les concours agricoles ont amené les paysans africains à s'intéresser aux instructions et aux nouvelles cultures portées par l'administration coloniale à travers son service agricole (Vuillet 1925 : 4). Ils ont été des mesures d'appui à la politique agricole et économique alors en place dans la colonie ; mais aussi des moyens pour convaincre, voire même acheter la conscience des paysans locaux, surtout les plus réticents et les plus hostiles au système colonial. Ces concours étaient organisés par des structures d'appui ou d'accompagnement telles que la Chambre de commerce, les Sociétés Indigènes de Prévoyance (SIP) et la foire-exposition.

---

[7] *JOCI*, 1916, p.329.

[8] *Idem*.

1.3. Les structures d'accompagnement : la Chambre de commerce, les Sociétés Indigènes de Prévoyance (SIP) et la foire-exposition

Créée en 1908, la Chambre de commerce a joué un rôle crucial dans l'enracinement de la cacaoculture en Côte d'Ivoire. Sous l'impulsion du gouverneur Dieudonné Reste, la mission de la Chambre de commerce consistait à faire pression sur les autorités administratives et les principaux acteurs agricoles d'alors, pour obtenir une bonne préparation des produits et faire en sorte qu'ils soient appréciés sur les marchés mondiaux et cotés aux meilleurs cours[9]. Elle avait également pour mission de faciliter aux producteurs africains, l'écoulement de leurs produits et susciter entre les commerçants la libre concurrence, afin de provoquer des cours d'achat normaux. Pour cela, il a été créé des marchés dans les centres importants tels que Bassam, Abidjan, Agboville, Dimbokro, Bouaké ; au carrefour des grandes routes et autres lieux stratégiques de la colonie (Sidibé 2023 : 76).

Les Sociétés Indigènes de Prévoyance (SIP) créées à partir de 1926 en Côte d'Ivoire ont largement contribué à l'essor de la cacaoculture. Le matériel agricole et les prêts de semences et de plants accordés aux populations locales ont permis de façon exponentielle la création et l'agrandissement des plantations africaines dans toute la colonie. La construction des magasins et l'achat de camions par les SIP ont en outre, permis de transporter et de stocker les produits dans de meilleures conditions (Tokpa 2010 : 319).

La première foire-exposition a eu lieu en Côte d'Ivoire, à Abidjan, en janvier 1934. Elle a mis en relation les acteurs de production avec les acteurs du commerce ou de l'écoulement des produits coloniaux. Elle faisait également une campagne active pour la vulgarisation de la culture du cacao auprès des populations locales (Sidibé 2023 : 78). Toutes ces actions ont été soutenues par l'attribution d'une prime aux planteurs africains de cacaoyers à partir de 1948.

1.4. Les dispositions générales relatives à l'application de la prime aux planteurs africains de cacaoyers

Par l'arrêté n° 427 AGRO du 9 juin 1948, il a été institué et réglementé l'attribution d'une prime aux planteurs de cacaoyers de la colonie de Côte d'Ivoire[10]. Cette initiative de l'administration coloniale,

---

[9] *JOCI,* 1931, p. 359.

[10] *JOCI*, 1948, p.543. Complété par ANCI.1RR15 (XI-47-478). Colonie de la Côte d'Ivoire. Service de l'agriculture. Rapport sur la situation agricole indigène 1948.

à travers le service de l'agriculture, visait non seulement à rendre les paysans africains plus coopératifs, mais encore à préserver les acquis et surtout de les renforcer et pérenniser. Pour en bénéficier, il fallait respecter les conditions dites d'application, entre autres, les demandes de prime, l'organisation du contrôle, l'exécution du contrôle et le mandatement de la prime ; comme l'avait fait remarquer Orselli, alors lieutenant-gouverneur de la colonie de Côte d'Ivoire, dans sa circulaire du 8 octobre 1948 : « L'application de la prime doit s'effectuer au bénéfice d'un grand nombre de planteurs qui auront sûrement en cœur, pour leur part, de mériter cette aide substantielle et cette rémunération complémentaire de leur effort[11] ».

Selon la circulaire n° 210 AGRO du 19 mars 1948, les demandes de prime devaient être présentées par les planteurs durant le second trimestre de l'année. Ce délai avait été exceptionnellement prorogé jusqu'au 30 septembre 1948, pour tenir compte de la promulgation tardive de l'arrêté du 9 juin 1948 au *journal officiel* de Côte d'Ivoire, le 1er juillet de la même année. Ainsi, des carnets d'enregistrement étaient adressés aux chefs de secteurs agricoles[12] qui les répartissaient dans les circonscriptions administratives[13], suivant les renseignements qu'ils possédaient et les besoins. Des imprimés étaient également prévus pour les reçus de demandes. Tout planteur ayant déclaré un nombre de pieds trop élevé et incapable de présenter effectivement au moins 80 % du chiffre indiqué était considéré comme ayant voulu frauder et éliminer définitivement du bénéfice de la prime[14]. Pour l'année 1848, et à titre exceptionnel, les planteurs pouvaient rectifier leur déclaration de prime au cours du troisième trimestre. Par contre, toute déclaration non rectifiée avant le contrôle et dépassant cette tolérance entraînait purement et simplement la suppression de la prime. Également, seuls les planteurs ayant reçu la prime de première année pouvaient recevoir la prime de troisième année, et que seuls ceux ayant obtenu la prime d'entretien de troisième année, et donc également celle de première année, pouvaient bénéficier de la prime de cinquième année. Les demandes de primes étaient ensuite soumises à un contrôle dont l'organisation était toute particulière (Akoto et Gineste 1988 : 105).

---

[11] *ANCI*. 1RR25 (XI-38-271). Colonie de la Côte d'Ivoire. Service de l'agriculture. Rapport d'ensemble 1948.

[12] *Idem*.

[13] Il s'agissait des cercles, subdivisions, cantons et villages.

[14] *JOCI*, 1948, p. 541.

Les carnets d'enregistrement étaient adressés le 1er juillet de chaque année, par les chefs des circonscriptions administratives, au chef du secteur agricole qui centralisait et classait les déclarations. Il les répartissait entre les diverses commissions dont il fixait le nombre en fonction de l'importance du travail à effectuer. En principe, chaque commission comprenait un président et un membre. Un second membre indigène choisi généralement parmi les planteurs notables pouvait également être prévu. Ce dernier à qui il était demandé une contribution bénévole était désigné pour chaque canton, ou tribu, ou pour un groupe de villages déterminé, afin de ne pas lui imposer un travail excessif qui l'occuperait plusieurs semaines. Cela permettait ainsi aux commissions de se multiplier ; même si le président et le premier membre pouvaient être les mêmes pour plusieurs. En cas de défaillance de ce second membre, le président pouvait désigner sur place un membre ad hoc (le chef du village par exemple), sous réserve d'en rendre compte immédiatement au chef de circonscription administrative qui en informait le chef de secteur agricole. La liste des plantations à contrôler et l'itinéraire approximatif de chaque commission étaient établis par les soins du chef du secteur agricole, dans le courant du troisième trimestre de chaque année, avec la définition claire des conditions d'attribution de la prime.

2. Les conditions d'attribution de la prime aux planteurs africains de cacaoyers : obligations et rôle des différents acteurs

Il s'agit ici de rappeler les obligations et la contribution des acteurs tels que les planteurs africains, les moniteurs d'agriculture, les agents des cadres communs supérieur et secondaire d'agriculture, les agents du cadre général de l'agriculture, les chefs de cercle et de subdivision, et le bureau des finances du chef-lieu et des agences spéciales.

2.1. L'obligation des planteurs africains et des moniteurs d'agriculture

Les planteurs africains de cacaoyers de la colonie de Côte d'Ivoire devaient absolument faire la demande au cours du deuxième trimestre de l'année et établir et entretenir le rayon périphérique prévu à cet effet. Ils devaient dégager les pieds avant le passage de la commission de contrôle, c'est-à-dire à la fin du troisième trimestre ou au début du quatrième trimestre[15]. Les planteurs devaient entretenir régulièrement

[15] ANCI. 1RR25 (XI-38-271). Colonie de la Côte d'Ivoire. Service de l'agriculture. Rapport d'ensemble 1948.

leur plantation et prendre toutes dispositions pour assurer, soit par remplacement, soit au contraire par suppression des pieds en excès, afin de se conformer à la densité imposée. Le défaut ou la négligence dans l'exécution d'une de ces obligations entraînait obligatoirement la suppression de la prime[16].

Les moniteurs d'agriculture jouaient un rôle capital dans l'attribution de la prime aux planteurs de cacaoyers. Ainsi, ils devaient informer les planteurs des modalités et conditions à remplir pour bénéficier de la prime. Ces conditions étaient entre autres la déclaration de plantation et la demande de prime strictement sincère surtout en ce qui concerne le nombre de pieds ; les soins à prendre tels que l'entretien du rayon périphérique et le dégagement des pieds de cacaoyers pour le contrôle. Ces agents devaient aussi donner toutes indications pour le choix du terrain et sur l'espacement et l'alignement et effectuer un piquetage, au moins partiel, à titre exemple. En tant que membre et le plus souvent président des commissions de constat, ils devaient, mettant à profit leur connaissance de la colonie, guider la commission et faciliter son travail. Ils devaient enfin veiller à ce que les conditions imposées pour l'octroi de la prime soient respectées, au même titre que les agents des cadres communs supérieur et secondaire du service de l'agriculture de Côte d'Ivoire.

2.2. Le rôle des agents du cadre général et des cadres communs supérieur et secondaire de l'agriculture

Les agents du cadre général du service de l'agriculture participaient, en toute occasion qui leur était offerte, à l'information des producteurs. Ils avaient, en outre, un rôle d'organisation et de contrôle. Les chefs de secteurs agricoles centralisaient les demandes de primes enregistrées sur les carnets spéciaux, répartissaient entre les commissions de constat, le travail de contrôle et proposaient la composition de ces commissions aux commandants de cercle intéressés. Membres de la commission de constat, ils avaient un rôle essentiel à remplir pour l'attribution des primes d'espacement et d'alignement. Secondés et suppléés dans la mesure où ils le jugeaient utile par les ingénieurs en service dans leur secteur, ils tranchaient les contestations qui pouvaient être soulevées pour l'attribution de la prime de première année. Ils devaient d'une façon générale s'assurer de l'exécution correcte du travail des commissions et assurer la transmission des procès-verbaux qu'ils établissaient.

---

[16] *Idem.*

Quant aux agents des cadres communs supérieur et secondaire, ils assuraient l'information des planteurs et les guidaient pour leur travail. Présidents des commissions de constat, ils devaient constater « de visa », accompagnés des deux autres membres de la commission, que les plantations remplissent bien les conditions telles que la surface minimum, la prime de première année, la première fraction de la prime de troisième année et celle de cinquième année[17]. Ils pouvaient en outre exiger la présentation du reçu de demande de prime pour préciser l'identité du propriétaire et mentionner le numéro de ce reçu sur le procès-verbal. Ils assuraient la rédaction des procès-verbaux en veillant avec le plus grand soin à l'exacte et précise dénomination et localisation des bénéficiaires des primes. Ils veillaient à ce que l'accord de tous les intéressés soit bien spécifié par l'émargement des procès-verbaux. Ils transmettaient chaque semaine ces procès-verbaux, avec indication des contestations à régler, au chef du secteur agricole, sous couvert du chef de la circonscription administrative intéressée. Ces agents agricoles établissaient en double exemplaire, d'accord avec les membres de la commission, la liste des planteurs susceptibles de bénéficier de la prime d'espacement et d'alignement pour la troisième année. Un exemplaire de cette liste était ensuite adressé au commandant de cercle et le second au chef du secteur agricole[18]. Leur rôle était, à quelque exception près, analogue à celui des chefs de cercle et de subdivision de la colonie.

2.3. Les obligations et rôles des chefs de cercle et de subdivision

La tâche des chefs de cercle consistait à nommer, sur proposition des chefs de secteurs agricoles, les commissions de constat. Ils présidaient personnellement ou par délégation la commission de contrôle, et transmettaient au chef du service de l'agriculture les procès-verbaux de cette commission, aussitôt qu'ils étaient établis. Quant aux chefs de subdivision y compris subdivisions centrales et cercles sans subdivisions, ils assuraient la réception des demandes de primes, leur enregistrement et la délivrance des reçus correspondants. Ils adressaient ensuite les carnets d'enregistrement au chef de secteur agricole au début du troisième trimestre[19]. Ils pouvaient, par délégation du chef de cercle, présider la commission de contrôle, et remplissaient alors les fonctions indiquées ci-dessus.

---

[17] *JOCI*, 1948, p. 542.
[18] *ANCI*. 1RR25 (XI-38-271). Colonie de la Côte d'Ivoire. Service de l'agriculture. Rapport d'ensemble 1948.
[19] *JOCI*, 1948, p. 542.

Tous les chefs administratifs avaient évidemment un rôle important à assurer, tant pour l'information des planteurs en liaison avec le service de l'agriculture que pour l'exécution générale des prescriptions relatives à l'octroi des primes. Ils devaient venir en appui et donner les facilités, le cas échéant, aux commissions de constat. Ils devaient enfin assurer le contrôle des activités de ces commissions ainsi que les conditions de paiement des primes. Leur rôle était tout aussi déterminant que celui du bureau des finances du chef-lieu et des agences spéciales.

2.4. Le rôle du bureau des finances du chef-lieu et des agences spéciales

Le bureau des finances du chef-lieu avait pour tâche, l'établissement des mandats individuels de paiement, sur le vu des procès-verbaux visés et transmis par le chef du service de l'agriculture. Étant donné l'importance des opérations à effectuer et leur répartition sur plusieurs années, les mandats faisaient l'objet d'un enregistrement spécial et portaient la référence du numéro du procès-verbal donné par la direction du service de l'agriculture. Tous les mandats établis pour un même procès-verbal étaient adressés groupés à la circonscription administrative chargée du paiement, pour faciliter celui-ci.

Quant aux agences spéciales, elles étaient chargées de convoquer individuellement les bénéficiaires des mandats en vue de leur paiement, après une vérification rigoureuse de leur identité. Le reçu de la demande de prime pouvait notamment être demandé, sans toutefois que sa présentation soit obligatoire. C'est à la suite de cela qu'avait lieu le mandatement de la prime, une étape importante du processus d'attribution de prime aux planteurs de cacaoyers. C'est le moment où les procès-verbaux visés par le chef du service de l'agriculture sont transmis en double exemplaire au bureau des finances. Le bureau des finances établissait ensuite les mandats individuels et les adressait aux circonscriptions administratives qui en assuraient le paiement.

3. Les types ou formes de prime : réalités et impact

Cette partie du travail met en évidence les types ou formes de prime, à savoir la prime d'entretien, la prime d'espacement et d'alignement ainsi que leur impact sur la production cacaoyère en Côte d'Ivoire.

3.1. La prime d'entretien des cacaoyers

La prime d'entretien du cacaoyer était accordée à celui qui procédait régulièrement et sérieusement à l'enlèvement des branches mortes et cabosses pourries ou malades qui devaient être brûlées en dehors du champ, et le drainage des plantations en raison de pénurie d'eau (Sidibé 2023 : 81). Dans les sols argileux et denses, ce travail était précédé d'un labour à la houe de même que des sarclages fréquents pour éviter l'envahissement des plantations par de mauvaises herbes. Les sols découverts eux, devaient être soustraits le plus possible après la mise en place des arbres, à l'action du soleil et au lavage des grandes pluies[20]. Cette prime accordée pour faire face au problème du vieillissement des cacaoyères, était distribuée de la manière suivante en 1948 : 3000 francs à l'hectare, la première année ; 2000 francs à l'hectare, les années suivantes. De 1950 à 1953, cette prime a été redéfinie et est passée à 10 000 francs l'hectare, puis à 15 000 francs l'hectare, à partir de 1954 (Charbonneau 1954 : 58).

Pour cela, la commission devait obligatoirement visiter toutes les plantations figurant sur l'itinéraire et la liste qui lui était remise. Elle devait avertir les villages intéressés une dizaine de jours avant son passage[21]. Les procès-verbaux des visites étaient établis au jour le jour sur des imprimés préparés à cet effet. Il était établi un procès-verbal par village, groupe de villages ou cantons, suivant le nombre de plantations existant. Le nombre de plantations figurant sur un procès-verbal était en moyenne de 20 à 30, chiffre approximatif. Chaque semaine, le président de la commission adressait les procès-verbaux établis au chef du secteur agricole, sous couvert du chef de circonscription administrative, qui les transmettait immédiatement avec les indications des contestations à régler. Les procès-verbaux étaient aussitôt adressés en trois exemplaires à la direction du service de l'agriculture, s'ils étaient en ordre, après règlement des contestations, s'il y en avait[22]. Le quatrième exemplaire conservé au secteur agricole servait de base pour l'exécution des contrôles de troisièmes et cinquièmes années, dont les procès-verbaux devaient être identiques pour faciliter le contrôle financier.

3.2. La prime d'espacement et d'alignement

Pour le décompte des pieds dans les plantations régulièrement alignées et espacées, seul le pourcentage de manquants devait être considéré. Par exemple, une plantation établie en carré à 3,50 mètres X 3,50 mètres recevait la prime, si elle comptait au moins 734 pieds à

[20]ANCI. 1RR113 (XI-38-271). Colonie de la Côte d'Ivoire. Service de l'agriculture. Rapport général agricole 1917.

[21] *JOCI*, 1948, p. 541.

[22] *ANCI*. 1RR25 (XI-38-271). Colonie de la Côte d'Ivoire. Service de l'agriculture. Rapport d'ensemble 1948.

l'hectare, et dont le nombre théorique était de 816 pieds, soit 10 %. Par contre, une plantation à 3 mètres X 3,50 mètres devaient compter au moins 857 pieds à l'hectare, et dont le nombre théorique était de 952 pieds, soit 10 %[23]. Lorsque les plantations sont établies avec un ombrage artificiel obtenu par plantations régulières d'arbres d'ombrage, ces arbres qui occupaient la place des cacaoyers entraient dans le décompte ci-dessus, en place des cacaoyers.

C'est à la suite de cela qu'avait lieu le paiement de la prime d'espacement et d'alignement qui est passée d'une valeur de 3000 francs à l'hectare en 1948, à 10 000 francs entre 1950 et 1953, puis à 15 000 francs à l'hectare à partir de 1954 ; accordée en une seule fois la troisième année (Charbonneau 1954 : 58). Avant de rendre toute décision, la commission de contrôle devait procéder à la visite obligatoire des plantations concernées. Les procès-verbaux établis séparément des précédents étaient aussitôt adressés à la direction du service de l'agriculture. L'attention des commissions était spécialement attirée sur la nécessité de désigner, d'une façon très nette et très lisible, les bénéficiaires de la prime (nom et village de résidence), en vue de faciliter leur recherche pour le paiement sur mandat individuel.

Jusqu'en 1948, la distribution de cette prime était discriminatoire. En effet, non seulement l'administration coloniale exigeait aux Africains 25 hectares d'un seul tenant afin de bénéficier de la prime, mais cette dernière s'élevait à 1 000 francs pour les Européens et 500 francs pour les Africains. La lutte du Syndicat Agricole Africain (SAA) a permis d'harmoniser cette distribution. En 1957, la prime d'espacement et d'alignement versée aux planteurs de cacao s'élevait à 15 000 francs par hectare de plantations répondant à certaines normes de culture[24]. La même année, les primes attribuées aux planteurs de cacaoyers étaient pour l'ensemble de 95 161 000 francs CFA à la première année pour 13,596 hectares primés et de 31 171 000 francs CFA à la 4e année pour une surface de 3,826 hectares[25]. En 1958, ces primes étaient respectivement de 98 224 000 de francs CFA pour 13,723 hectares et de 42 775 000 fracs CFA pour 5 343 hectares primés (Tokpa 2010 : 564).

---

[23] *JOCI*, 1948, p.542. Complété par 1RR15 (XI-47-478). Colonie de la Côte d'Ivoire. Service de l'agriculture. Rapport sur la situation agricole indigène 1948.

[24] Cette prime fut instituée par arrêté 427 du 18 janvier 1957. La prime devait être payée deux fois : 7 000 francs par hectare de plantation de première année et 8 000 francs par hectare de plantation de 4e année.

[25] *Annuaires statistiques de l'AOF,* 1949.

Au total, l'instauration de la prime en faveur des planteurs africains de cacaoyers de la Côte d'Ivoire a été une initiative qui a permis aux populations locales de manifester un intérêt vis-à-vis de la culture cacaoyère, donnant des résultats peu ou prou significatifs.

3.3. Les résultats obtenus et leur impact socio-économique

L'institution de la prime a favorisé l'éclosion, en Côte d'Ivoire, de nombreux planteurs indigènes dans les années 1950, notamment dans la zone forestière où la cacaoculture s'est principalement installée et a suscité auprès de la population locale un véritable engouement. La plupart de ceux qui se sont intéressés à la culture du cacao et devenus par la suite de gros producteurs de la colonie, sont issus de cette zone (Kobben 1956 : 219). De 431 planteurs ayant plus de 50 hectares à la fin des années 1940, l'on a enregistré plus de 500 dans les années 1950. Cette croissance était plus dynamique et plus visible dans la région sud-est (Aboa 1991 : 67).

La prime a été une source de motivation et d'émulation pour les paysans autochtones qui étaient plus que jamais attentifs et regardants sur les soins culturaux à donner aux cacaoyers, c'est-à-dire tailler les arbres en les débarrassant des branches mortes et des rejets ou gourmands qui faisaient obstacle à une bonne fructification. Cela a permis à la Côte d'Ivoire d'avoir des plantations de cacaoyers couvrant plusieurs milliers d'hectares. Ainsi, d'une superficie totale estimée à 80 000 hectares en 1938, l'on est passé à 180 000 hectares en 1949 puis à 186 000 en 1951, avec une production exportée de plus en plus significative et atteignant 58 000 tonnes lors de la campagne 1952/53 (Charbonneau 1954 : 58-59).

Les superficies de cacao ont évolué rapidement dans la colonie. En effet, de 130 000 ha[26] en 1946, ces exploitations demeuraient importantes de 122 500 hectares en 1948. Ces superficies de cacao atteignaient deux ans après 158 400 hectares. Si en 1953, le niveau des exploitations a pu atteindre les 181 200 hectares en 1956, 225 600 hectares ont été exploités, soit une augmentation de 44 400 hectares en trois ans (Tokpa 2010 : 567).

Le développement de la cacaoculture a donné naissance à une économie monétaire d'envergure, conduisant à la transformation progressive et régulière de la physionomie des communautés rurales, avec pour impact immédiat le démembrement de l'organisation sociale

[26] *Annuaires statistiques de l'A.O. F,* 1949.

préalablement conçue (Stavenhagen 1969 : 202). Ce point de vue a été partagé par Suret-Canal qui a affirmé ceci : « à l'immobilisme économique répond tout naturellement l'immobilisme social » (Suret-Canale 1977 : 517). Par ailleurs, cela a permis la mise en place des moyens de transport tels que les routes et le chemin de fer. Ces infrastructures conçues pour les besoins de la traite ont définitivement jugulé le portage en Côte d'Ivoire. Elles ont permis d'une part, de désenclaver la colonie et renforcer davantage la cohésion sociale, et favorisé l'installation massive d'allogènes dans les contrées où dominait la culture du cacao ; d'autre part, l'établissement d'un pont social entraînant le peuplement des villages qui prenaient une allure de plus en plus moderne, et surtout « la transformation des sociétés ou ethnies » (Chauveau et Dozon 1985 : 65) de la Côte d'Ivoire.

Les populations disposaient désormais des ressources grâce à la vente du cacao, pour participer activement à la vie économique de leur région et au grand commerce, non seulement entre les différentes régions de la colonie, mais aussi avec les colonies voisines (Chauveau 1979 : 60). Les échanges commerciaux ont été une occasion pour elles de visiter les grandes agglomérations où la concurrence des firmes européennes leur assurait des conditions avantageuses de vente et d'achat, en les préservant de la tromperie et de la mauvaise foi dont elles étaient souvent victimes dans les opérations isolées de brousse[27].

Conclusion

L'arrêté n° 427 AGRO du 9 juin 1948 a constitué, en même temps qu'un stimulant efficace pour la régénération nécessaire des plantations de cacaoyers, un instrument d'apaisement et de progrès puissant au service de l'administration coloniale française, dans un contexte d'incertitude et de tâtonnement socio-économique et politique né au lendemain de la Seconde Guerre mondiale. Par les conditions exigées pour son attribution, cet ultime instrument stratégique qu'a été la prime a orienté l'effort du producteur africain du cacao dans la direction où il trouvait sa meilleure récompense par un rendement plus élevé et une production de qualité. Avec cette prime, la collectivité autant que les individus ont tiré le meilleur profit de l'amélioration et de l'accroissement de la production obtenue, même si cela a été incontestablement

[27] ANCI. 1RR26 (XI-33-26) : Colonie de la Côte d'Ivoire. Cercle de Kong. Rapport économique du cercle de Kong adressé à Monsieur le Gouverneur de la Côte d'Ivoire par l'Administrateur du cercle 1913.

d'une portée économique considérable pour le colonisateur français, et d'effets durables pour la Côte d'Ivoire dont l'économie est en partie tributaire du cacao.

Sources et références bibliographiques

1. Sources d'archives (Archives Nationales de Côte d'Ivoire : ANCI)

1RR113 (XI-38-271) : Colonie de la Côte d'Ivoire. Service de l'agriculture. Rapport général agricole 1917.

1RR14 (VI-12-216) : Colonie de Côte d'Ivoire. Correspondance relative à l'intensification de la production agricole pour ravitailler la Métropole 1945, 1946,194 7-1949.

1RR15 (XI-47-478) : Colonie de la Côte d'Ivoire. Service de l'agriculture. Rapport sur la situation agricole indigène 1948.

ANCI. 1RR20 : Gouvernement général de l'AOF. Colonie de la Côte d'Ivoire. Rapport sur la situation agricole de l'année 1913.

1RR20 : Colonie de la Côte d'Ivoire. Service de l'agriculture. Rapports d'ensemble 1947.

1RR21 (XI-38-271) : Service de l'agriculture. Rapport d'ensemble sur la situation agricole en Côte d'Ivoire 1945-1948.

1RR22 : Colonie de la Côte d'Ivoire. Service de l'agriculture. Situation agricole générale. Rapport général 1949.

1RR23 : Colonie de la Côte d'Ivoire. Service de l'agriculture. Rapport d'ensemble sur la situation agricole 1946-1950.

1RR25 (XI-38-271) : Colonie de la Côte d'Ivoire. Service de l'agriculture. Rapport d'ensemble 1948.

1RR26 (XI-33-26) : Colonie de la Côte d'Ivoire. Correspondances diverses relatives à la situation économique agricole, zootechnique et commerciale 1947-1949.

1RR26 (XI-33-26) : Colonie de la Côte d'Ivoire. Cercle de Kong. Rapport économique du cercle de Kong adressé à Monsieur le Gouverneur de la Côte d'Ivoire par l'Administrateur du cercle 1913.

1QQ12 : Colonie de la Côte d'Ivoire. Correspondance relative aux moyens à mettre en œuvre pour développer les productions coloniales en vue d'en approvisionner la Métropole 1945, 1947-1949.

Les journaux officiels de la Côte d'Ivoire (JOCI) 1948, 1949, 1950, 1951, 1953, 1955, 1958.

Annuaires statistiques de l'AOF, 1949.

2. Références bibliographiques

ABOA Léopold Aké, 1991, « Les grands planteurs ivoiriens 1930-1950 », Abidjan, Université nationale de Côte d'Ivoire [Mémoire de Maîtrise, Histoire].

AKOTO Paul Yao et GINESTE Roger, 1988, *Chroniques ivoiriennes : Cent ans d'enseignement en Côte d'Ivoire 1935-1960*, Tome 2, Paris, Éditions Nathan.

CHAMBON Marcel, 1953, « L'enseignement agricole dans les écoles de l'A.O.F. », *L'Éducation africaine*, 19 : 79-84.

CHARBONNEAU Général Jean, 1954, « Éphémérides Charles de Foucauld (1904-1954) », *Cahiers Charles de FOUCAULD*, 4e trimestre, Paris.

CHAUVEAU Jean-Pierre, 1979, « Économie de plantation et nouveaux milieux sociaux : essai à analyse comparative et Historique à partir d'observations en pays Gban et Baoulé (Côte d'Ivoire forestière) », *Cahiers ORSTOM, série Sciences Humaines* (Paris), vol. XVI, 1-2 : 59-82.

CHAUVEAU Jean Pierre et DOZON Jean Pierre, 1985, « Colonisation, économie de plantation et société civile en Côte d'Ivoire », *Cahier ORSTOM, Série science humaine*, Volume XXI, 1 : 63-80.

GAUDY Marcel, 1954, « L'enseignement agricole en A.O.F. », *L'éducation africaine*, 22 : 19-22.

KOBBEN Andreas Johannes Franciscus, 1956, « Le Planteur Noir », *Études Éburnéennes,* IFAN, Centre de Côte d'Ivoire.

SIDIBE Nohan, 2023, « Les structures agricoles de démonstration et d'accompagnement dans le développement de l'économie de plantation en Côte d'Ivoire (1904-1934) », *AKIRI*, 001 : 70-85.

STAVENHAGEN Rodolfo, 1969, *Les classes sociales dans les sociétés agraires*, Paris, Édition Anthropos.

SURET-CANALE Jean, 1977, *L'Afrique noire occidentale et centrale. L'ère coloniale 1900-1945*, Paris, éditions sociales.

VUILLET Jean, 1925, « Notes sur la culture du cacaoyer à la Côte d'Ivoire », *L'Agronomie coloniale*, 91 : 11.

La culture du coton en « pays lobi » au sud-ouest du Burkina Faso, de 1924 à 2019 : entre résistance et adoption

Sébastien Guipo
Université Joseph Ki-Zerbo, Ouagadougou (Burkina Faso)
guiposeb@yahoo.fr

Yacouba Banhoro
Université Joseph Ki-Zerbo, Ouagadougou (Burkina Faso)
yacoubabanhoro@gmail.com

Résumé

Avant la colonisation française du début du XXe siècle, la culture du coton était méconnue des populations du pays lobi, situé au sud-ouest de l'actuel Burkina Faso. Après la création de la colonie en 1919, l'administration coloniale l'a imposée aux différentes communautés soumises. Cependant, les différentes stratégies mises en place par le pouvoir colonial en faveur de l'intensification de la culture du cotonnier se sont soldées par des échecs. Pourtant, les conditions physiques et humaines y étaient favorables. Après l'indépendance de 1960, les nouvelles autorités du Burkina Faso mettent en œuvre dans le pays lobi des projets et programmes de développement agricole centrés sur la production cotonnière, dans le but de faire de cette région une importante zone cotonnière. Certes, une hausse de la production a été atteinte, mais celle-ci n'a pas été à la hauteur des résultats escomptés. C'est ainsi que le pays lobi demeure de nos jours une zone marginale parmi les principales régions productrices de coton que sont les Hauts-Bassins et la Boucle du Mouhoun. À travers une approche historique, cet article fait l'économie des péripéties de la production cotonnière dans le pays lobi, en essayant de mettre en exergue les facteurs socioculturels, historiques et économiques qui ont limité l'intensification – de la production cotonnière – souhaitée par les autorités coloniales et postcoloniales.

Mots-clés : Coton – pays lobi – économie coloniale – Burkina Faso – agriculture

Abstract

Prior to French colonization in the early 20th century, cotton cultivation was unknown to the populations of the Lobi country located in the southwest of present-day Burkina Faso. After the creation of the colony in 1919, the colonial Administration imposed cotton cultivation to the various communities. However, the various strategies put in place to intensify cotton cultivation knew a setback, even though the physical and human conditions in the Lobi country were favorable. After independence of 1960, the new authorities of Burkina Faso implemented agricultural development projects and programs in the Lobi region that focused on cotton production, with the aim of making this region an important cotton-growing area. Although an increase in production has been achieved, it has not lived up to expectations. The Lobi region is still on the margin of the main cotton-producing areas of Burkina Faso which are the Hauts-Bassins and the Boucle du Mouhoun regions. Through a historical approach, this article reviews the ups and downs of cotton production in the Lobi region, attempting to highlight the socio-cultural, historical, and economic factors that have limited the intensification of cotton production desired by the colonial and post-colonial authorities.

Keywords: Cotton – Lobi Country – Colonial Economy – Burkina Faso – Agriculture

Introduction

L'histoire du Burkina Faso (ancienne Haute-Volta)[1] est étroitement liée à la production cotonnière. En effet, la création même de la colonie de la Haute-Volta en 1919 est la résultante de la politique cotonnière française en Afrique de l'Ouest, car elle fut créée pour y produire intensivement du coton. Toutefois, la culture obligatoire du coton initiée par le pouvoir colonial entre 1924 et 1929 échoua ; ce qui contribua à la dislocation de la colonie en 1932. Reconstituée en 1947, la production cotonnière est de nouveau choisie comme base de l'économie. Cette vision politique s'est poursuivie après l'indépendance de 1960, jusqu'à faire du coton le premier produit d'exportation du Burkina Faso, entre 1976 et 2012. Il reste le premier produit agricole d'exportation et l'un des principaux facteurs de modernisation des

[1] Selon le *Journal officiel* du Burkina Faso, n° 33 du 16 août 1984, la République de la Haute-Volta est devenue officiellement Burkina Faso le 02 août 1984.

zones rurales. Les performances de ce pays dans la production et l'exportation du coton sont liées à une politique d'extension progressive de sa culture dans les zones jugées favorables. Les zones défavorables perdaient alors en importance.

Ainsi a-t-on assisté à un glissement des zones de production du Centre du pays, affecté par la crise climatique, vers l'ouest dont fait partie le « pays lobi », mais aussi les régions de la Boucle du Mouhoun et des Hauts-Bassins. Cette partie ouest du pays demeure, encore de nos jours, la principale zone d'expansion de la culture cotonnière. Au début de la décennie 1980, la région participait à plus de 85 % de la production nationale. Cette tendance s'est poursuivie jusqu'au milieu de la deuxième décennie des années 2000. Il convient de souligner qu'une disparité existe dans la production cotonnière dans l'ouest même. L'essentiel de la production se concentre dans les régions de la Boucle du Mouhoun et des Hauts -Bassins. Depuis 1960, le Sud-Ouest ou « pays lobi », malgré ses nombreux atouts naturels et humains, reste une zone où la production tarde à « décoller », cela, malgré les actions menées par les différents projets et programmes de développement agricole en faveur de l'intensification de la production cotonnière. La question qui en découle est de savoir pourquoi le « pays lobi » n'est pas arrivé à produire le coton avec la même intensité que dans les autres régions de l'Ouest. Répondre à une telle question demande à tenir compte du fait qu'il ne suffit pas que les conditions physiques d'une région soient favorables à la production cotonnière ou que les meilleurs politiques et programmes soient conduits par les gouvernements pour que la production du coton s'y intensifie. Il faut nécessairement tenir compte des dispositions des populations à adopter et à développer cette culture (Banhoro 1991 : 11). Or, celles-ci, en fonction de leurs cultures, de leurs intérêts ainsi que des rapports de production, font des choix qui peuvent souvent être défavorables à l'intensification d'une production agricole commerciale comme le coton dont les cycles de production, de transformation et de consommation ne sont pas entièrement maîtrisés par elles.

Entre autres facteurs limitatifs de la production cotonnière en « pays lobi », cet article s'appesantit sur les facteurs socio-culturels, économiques et historiques ayant constitué, au cours de l'histoire de la production cotonnière dans cette entité, des obstacles à l'intensification de la production du coton.

Cette approche historienne est basée sur l'analyse de différents documents du passé dont des données primaires constituées d'archives du Centre national de la recherche scientifique et technologique (CNRST) situé à Ouagadougou au Burkina Faso. Elle s'appuie également sur l'analyse de données d'archives constituées de journaux de postes et des rapports de correspondance du « pays lobi » durant la période 1891-1953. Ces informations sont relatives à la composition ethnique de la population, à la mise en place de l'administration coloniale dans cette entité et des réactions des populations locales face à la culture obligatoire du coton. S'y ajoutent des données bibliographiques, d'articles de presse concernant la dynamique de la production cotonnière au Burkina Faso. Ces données secondaires utilisées ont surtout trait à l'organisation sociale des communautés du « pays lobi » et à la production cotonnière dans la région du sud-ouest du Burkina Faso.

Dans cet article, nous analysons d'abord les atouts naturels et humains favorables à la production cotonnière dans le « pays lobi ». Ensuite, notre étude s'intéresse à l'évolution de la production cotonnière de 1963 à 2019 dans cette entité. Et enfin, nous allons voir les facteurs qui ont limité la production cotonnière de la zone.

1. Le « pays lobi », une zone aux conditions démographiques et physiques favorables à la production cotonnière

La population dite « lobi » ou « Rameaux lobi », pour paraphraser H. Labouret, est composée principalement des groupes socio-culturels Lobi, Dagara (*Lobr et Wiilé*), Dyan et Birifor. Elle occupe l'ancien cercle administratif du Lobi, dans le sud-ouest du Burkina Faso. Le « pays lobi » est composé de quatre (4) provinces qui sont : la Bougouriba, le Ioba, le Noumbiel et le Poni. Cette entité administrative a une superficie de 16 318 km² (INSD 2022 : 3), soit 6 % du territoire national et a une population de 875 442 habitants, en 2019, soit 4,26 % de la population totale du Burkina Faso (INSD 2022 : 31), ce qui représente une densité de 53,64 hbts/km^2 (inférieur à la moyenne nationale, qui est de 75 hbts/km^2).

Il s'agit d'une zone où les problèmes fonciers sont relativement moins prononcés que dans d'autres parties du Burkina Faso. La population du « pays lobi » vit essentiellement en zone rurale, avec l'agriculture comme principale activité qu'elle pratique avec une grande ardeur (Kane 2009 : 28). Cette population, par essence agricole, constitue un atout favorable à la production cotonnière.

Sur le plan physique, la région du Sud-Ouest a un relief relativement plat et entièrement situé dans la zone soudano-guinéenne qui est caractérisée par l'alternance entre une saison sèche et une saison pluvieuse. La pluviométrie y est la plus forte des zones climatiques du Burkina Faso. Elle est comprise entre 900 et 1 200 mm d'eau par an. La durée des précipitations peut varier de 6 à 7 mois par an dans la partie sud de la zone appelée le Noumbiel (INSD 2009 : 19). L'exploitation cotonnière étant de type pluvial et les besoins en eau du cotonnier compris entre 800 et 1000 mm (Belém 1985 : 142) s'adaptent donc à la zone (Bado 2016 : 20). Les études pédologiques, menées dans la zone, ont permis de déceler deux grands types de sols. Il s'agit majoritairement des sols ferrugineux tropicaux et des sols hydromorphes peu fertiles. Cependant, la pluviométrie, la platitude et les teneurs élevées en matières organiques de ces sols en font de bonnes terres agricoles. Le cotonnier n'ayant que peu d'exigences particulières en matière de sol,, ces sols sont donc favorables à sa production.

En somme, cette région présente de nombreuses potentialités humaines et naturelles, propices à la production cotonnière. Cependant, la majorité des communautés du « pays lobi » ne la pratique pas.

2. L'évolution de l'exploitation cotonnière en « pays lobi » de 1960 à 2019

L'analyse de l'évolution de la production cotonnière dans cette région met en exergue des disparités importantes au sein des différentes communautés du « pays lobi », dès les années 1960, comme le montre le tableau 1. En expliquant ces différences, ce point essaie de mettre l'accent sur l'adoption de la production cotonnière par certaines communautés et la résistance à cette adoption par d'autres.

Tableau 1 : Variation de la production cotonnière (en tonnes) dans le sud-ouest du Burkina Faso de 1963 à 1973

Années / Secteurs	1963/1964	1964/1965	1965/1966	1966/1967	1967/1968	1968/1969	1969/1970	1970/1971	1971/1972	1972/1973
Dano	119	106	125	219	317	910	1514,5	1042	1350	1532
Dissin	-	-	-	5	5,5	17	45,17	6,32	6,5	10,3
Diébougou	-	-	-	-	4,5	30	74,28	25,51	34,2	48,9
Gaoua	-	-	-	-	-	54	35,84	10,78	6,76	2,7

Années Secteurs	1963/1964	1964/1965	1965/1966	1966/1967	1967/1968	1968/1969	1969/1970	1970/1971	1971/1972	1972/1973
Kampti	-	-	-	-	-	48	57,86	14,53	8,6	8,96
Batié	-	-	-	-	-	10	12,4	9,28	10,3	4,35
TOTAL	**119**	**106**	**125**	**224**	**327**	**1069**	**1750**	**1109**	**1417**	**1607**
% du sect. Dano	100	100	100	97,76	96,94	85,12	86,54	93,95	95,27	95,33

Source : GUIPO S, résultats obtenus à partir des données issues de (Somé 1976 : 18)

Dans les faits, durant la période coloniale, l'exploitation cotonnière a eu du mal à s'implanter en « pays lobi », même durant la période coercitive de 1924-1929. La période incitative (1954-1960) n'a pas non plus permis de propulser, significativement, la production du coton dans cette région. Les indépendances sont perçues, par ces communautés, comme un moyen de se débarrasser entièrement de la culture du coton. Au début des années 1960, le secteur de Dano était le seul producteur dans la région. On assiste, pendant la campagne agricole 1968/1969, à une large diffusion de la culture du coton dans toute la région. Tous les secteurs de production sont touchés et la production connaît un bond extraordinaire. Elle passe de 327 tonnes la campagne précédente à 1 069 tonnes, soit un taux de croissance de 69,41 %. C'est dans ce contexte triomphal que naquit, en septembre 1970, l'Organisme de Développement régional (ORD) de la Bougouriba ou l'ORD de Gaoua. Les pourtours territoriaux de cette nouvelle institution épousaient ceux autrefois dévolus à la Compagnie Internationale du Développement Rural (CIDR), qui intervenait dans cette région, depuis les années 1960. Tout comme la CIDR, cette nouvelle structure avait aussi pour objectif majeur la promotion et le développement agricole par l'intensification et la modernisation de la culture du coton. Mais cette embellie a été de courte durée, car, après un record de la production au cours de la campagne agricole 1969/1970, celle-ci a chuté dès la campagne suivante. La raison principale de cette situation est d'ordre climatique, car la campagne 1970/1971 est marquée par une sècheresse ayant affecté la production cotonnière nationale.

Toutefois, on observe également que le niveau de pénétration de la culture du coton varie en fonction des communautés linguistiques. Le volume moyen annuel de 3 % environ attribué au secteur de Diébougou est entièrement produit par le village bobo de Mougué. Entre 1963 et 1967, la production cotonnière était entièrement concentrée dans le secteur de Dano dont la contribution est restée prépondérante jusqu'en 1973. À l'intérieur même de Dano, « le degré de pénétration n'est pas homogène. La pénétration est plus avancée vers l'extrême Nord, surtout à Fouzan qui constitue la voie de pénétration de la culture » (Somé 1976 : 16). Fouzan était un sous-secteur de Dano, peuplé par une communauté Bwa. C'est une localité située à proximité du cercle de Houndé, qui appartenait à l'ORD de la Volta Noire (créée en 1966) où un projet uniquement cotonnier, le Projet Coton Ouest Volta (PCOV), y a été mis en œuvre. Ce projet s'étendait aussi dans l'ORD des Hauts-Bassins (créée en 1970). La population de Fouzan était consciente de l'impact de la production cotonnière sur l'amélioration des conditions de vie de leurs homologues du cercle de Houndé à cause des revenus monétaires qu'ils en tiraient. En effet, en 1975, le cercle de Houndé a produit près de 7 000 tonnes de coton graine, ce qui équivalait à une masse monétaire de 260 920 795 F CFA (Somé 1976 : 17). Ces impacts positifs de la production cotonnière ont eu un effet d'entraînement sur les populations voisines dagara[2] *lobr*. En effet, les Dagara présents dans la province du Ioba sont les *Lobr*. Ces derniers sont plus ouverts au modernisme. De ce fait, ils ont adopté la culture du cotonnier.

Contrairement au *Lobr*, les *Wiilé* sont des hommes épris de liberté. Ce mode de vie a cultivé chez eux un esprit « d'insoumis » et de « misonéiste », c'est-à-dire réfractaire et quelque peu hostile à l'innovation. Leur zone de peuplement se limite à la province de la Bougouriba, située au sud de celle du Ioba (Somé 1986 : 45).

La production cotonnière dans l'ORD de la Volta Noire, à l'image de la production nationale, a connu une constante évolution. Entre 1973 et 1983, elle a progressé de 224,78 %. Lors du redécoupage du territoire national en province, par le Conseil National de la Révolution (CNR) en 1983, le sous-secteur de Fouzan, la principale zone productrice cotonnière du secteur de Dano, fut détaché du Ioba et rattaché, plus tard, à la province du Tuy. Malgré cette situation, la production est allée croissante de campagne en campagne, pour culminer dans les années 2000. En effet entre les campagnes de 2000/2001 à celle de 2006/2007, la production est passée de 13 841 tonnes à 36 500 tonnes, ce qui donne un taux d'évolution appréciable de 162 % en sept ans

[2] Il convient de souligner que le terme Dagara désigne à la fois les *Wulé* ou *Wiilé* et les *Lobr*.

(SOFITEX 2020). Ces résultats probants sont à la base de la création, en 2004, de la région cotonnière de Diébougou, dotée d'une usine d'égrenage de coton graine, dont le champ d'action est quasiment la région administrative du Sud-Ouest. Nonobstant ces investissements de la SOFITEX (Société Burkinabé des Fibres Textiles), la principale structure en charge du secteur coton au Burkina Faso, la production moyenne annuelle tourne autour de 30 000 tonnes. Quelles sont les raisons qui sont à la base de la stagnation de la production ? L'usine de Diébougou, avec une capacité moyenne d'égrenage de 45 000 tonnes, n'égraine que 29 mille tonnes, dont 80 % fournies par la province du Ioba (Dabiré 2012). La production cotonnière y est soutenue par les *Lobr.* La situation n'a donc pas fondamentalement évolué depuis l'indépendance en 1960. Malgré les atouts dont elle dispose, la région du Sud-Ouest continue de demeurer une zone de production secondaire, à la périphérie des deux principales zones de production (que sont les Hauts-Bassins et la Boucle du Mouhoun ex-Volta Noire). Il convient de souligner que :

> Des sols fertiles et un climat favorable sont certes des conditions sine qua non pour la culture du coton. Mais sans l'œuvre des hommes, ces facteurs naturels demeurent sans importance véritable, car ce sont les hommes qui agissent sur la nature en la transformant pour satisfaire leurs besoins de production (Banhoro 1991 : 11).

Comment peut-on davantage expliquer la résistance à l'adoption de la culture cotonnière dans le « pays lobi » ?

3. Un environnement socio-culturel, historique et économique comme frein au développement cotonnier dans le « pays lobi »

Des freins à l'expansion de la production cotonnière dans le « pays lobi » sont, d'une part, des pesanteurs socioculturelles, d'autre part, des facteurs historiques. Ensemble, ils permettent de comprendre les raisons des réticences des populations à l'intensification de la production cotonnière.

3.1. Des pesanteurs socioculturelles et historiques comme facteurs limitateurs à l'intensification de la production cotonnière

Pour comprendre le rôle des pesanteurs socioculturelles défavorables à la production cotonnière, il est important d'analyser le contexte socioculturel des populations du Sud-Ouest. On admet que la culture du cotonnier était méconnue en « pays lobi », qui, par ailleurs, a connu tardivement, voire, méconnaissait le tissage (Sambaré 2018 : 8) depuis longtemps (Somé 1976 : 17). Les vêtements étaient confectionnés à base de matières brutes : bouquets de feuilles, écorces d'arbres battues, peaux d'animaux (Vokouma/Boussari 2019 : 31). Ce mode vestimentaire s'est estompé au fil du temps avec l'expansion de l'islam et avec l'essor et l'expansion des industries textiles. L'acteur à la base de l'introduction de la culture du coton en « pays lobi » est l'administration coloniale française. Elle a néanmoins usé d'une stratégie maladroite qui a fini par rebuter la population locale.

L'objectif de la centralisation administrative coloniale à travers la création de cantons rattachés aux cercles avait pour objectif de maîtriser et mieux contrôler la population. Dans les sociétés à pouvoir centralisé, surtout à l'Est et au Centre de la colonie, le colonisateur s'était appuyé sur les structures politiques traditionnelles existantes qu'il transforma en courroie de transmission entre le pouvoir colonial et les indigènes. Le cercle de Gaoua était composé de cinq (5) principaux groupes ethniques : les Lobi, les Dagara (Lobr, les Wulé ou Wiilé), les Dians, les Pougouli et les Birifor[3] ; regroupés sous l'appellation de « rameau lobi ». Ce sont donc « des sociétés culturellement différenciées qui ont été regroupées au sein d'entité étatique découpée à l'équerre » (Bado 2003 : 320). Cependant, ces groupes ethniques avaient en commun le même type d'organisation sociopolitique : l'absence de « chefferie visible » ou de pouvoir centralisé. Ce sont des sociétés égalitaires où le lien de parenté représente la seule autorité. Le colonisateur « ignorait tout du fonctionnement de la société… si bien qu'au moment de la mise en valeur, on se rend compte qu'il n'existe aucune structure qui pouvait servir de courroie de transmission entre le résident qui trône à Diébougou où à Gaoua (…) et le paysan qui vit dans son village (Métuolé-Somda 1984 : 149). Celui-ci à «la tête des cantons (…) nomma des chefs… Souvent d'origine étrangère, ces chefs, soit par le goût du pouvoir, soit par leur tradition étatique ; apparurent comme les meilleurs auxiliaires de l'administration » (Somé 1986 : 21).

C'est dans cet espace géographique et dans ce contexte sociologique que les Français vont introduire la culture du cotonnier. Dès la campagne agricole 1924-1925, la culture du coton fut rendue obligatoire, comme partout ailleurs sur l'espace colonial de la Haute-Volta. Elle s'est soldée par un échec. La zone est certes occupée par une population

[3] ACNRST, Ouagadougou, série AIII Renseignements sur les différentes populations de la subdivision. Cercle du « Lobi » décembre 1908.

laborieuse qui connaît bien le travail de la terre, mais qui pratique une agriculture de subsistance dominée par la production céréalière (mil et sorgho) et de tubercules. Les autochtones condamnaient cette culture qui leur était méconnue et « qui ne peut pas être utilisée pour faire de la bouillie » (Métuole-Somda 1984 : 181). Une autre raison de ce désintérêt était les conditions d'achat de la production. La population avait bien besoin d'argent pour s'acquitter surtout du payement de l'impôt, mais, le prix d'achat au producteur ne leur convenait pas et n'était pas favorable à l'expansion de cette culture (Dabiré 2005 : 112). Mieux, une enquête réalisée auprès des producteurs de l'époque laisse entrevoir que les paysans ne recevaient pas de rétribution de la production issue des champs collectifs (Palé 1977 : 13). De plus, cette culture subissait le phénomène des acridiens affectant ainsi les rendements. Mais, le problème majeur était la faiblesse de l'encadrement. Les différentes activités sous la pression, notamment la culture du coton a engendré chez ces populations de la résistance, comme le souligne le résident de Diébougou : « la plupart des cantons ont opposé pour les semailles et opposent pour l'entretien des cotonnerais la force des montagnes »[4]. L'expression « force des montagnes » permet de mesurer l'intensité de cette opposition.

Une autre source de difficulté tenait au fait qu'en « pays lobi », certains chefs de canton étaient déjà des chefs de terre, issus de leur communauté qui avait peu de temps pour s'occuper des affaires coloniales. Ces derniers furent d'ailleurs qualifiés par les colonisateurs « de vieillards indifférents et passifs soucieux de ne pas s'engager dans des responsabilités de commandement »[5]. Cette situation permettait à la population de se libérer des obligations coloniales. La politique de la coercition a donc très tôt connu ses limites dans le « pays lobi ». Sur le plan psychologique « cette introduction s'est faite dans de telles conditions que la culture du coton en est demeurée jusqu'à nos jours une culture, pour le moins que l'on puisse dire affectivement chargée » (Schwartz 1999 : 164). L'administration nationale postcoloniale ne semble pas avoir fait mieux que le pouvoir colonial dans la motivation des « Lobi » à produire davantage du coton.

---

[4] ACNRST, Ouagadougou, AVII, Lettre N° 194 du Lieutenant FERREOL au Commandant du cercle de Gaoua, 1er juin 1924.

[5] ACNRST, Ouagadougou série BII (I). Rapport N° 3 769. Cercle du « Lobi », 28 août 1918. Le Commandant de cercle H. LABOURET.

Au début des années 1960, le pouvoir public tente de faire de la région du Sud-Ouest une zone de production intensive du coton. Il privilégie la sensibilisation de la population sur les bienfaits de cette production. Cette mission fut confiée aux hommes politiques, en l'occurrence les « Secrétaires Généraux » des partis. Mais les arguments utilisés ont eu du mal à convaincre les paysans dans certains villages. La « nouvelle » administration opte alors pour l'usage de la force afin d'imposer la production de cette culture (Palé 1977 : 15). L'ensemble des paysans du cercle acceptèrent de s'adonner à la production cotonnière. Cependant après les récoltes, les producteurs ont été déçus et découragés de ne pas voir d'acheteur de leur coton, même les « Secrétaires Généraux » les avaient abandonnés (Palé 1977 : 15). Le « paysannat lobi » abandonne cette culture pour de bon, avec des conséquences qui durent encore aujourd'hui. Il convient aussi de souligner que la rentabilité de la culture du coton ne favorise pas son intensification dans la zone.

3.2. Des pesanteurs économiques limitant l'extension de la production cotonnière dans le « pays lobi »

La pratique d'une culture est aussi liée à une logique économique. Le milieu physique du « pays lobi » offre la possibilité de plusieurs types de cultures commerciales. Au moment de la mise en œuvre des projets et programmes agricoles dans le « pays lobi » en faveur de l'intensification de la production cotonnière, au cours de la décennie 1970, les résistances étaient notables. Parmi les motifs explicatifs figurait l'aspect économique. La faiblesse de la technicité du paysannat au Burkina Faso, d'une manière générale, oblige les paysans à opérer des choix judicieux. En effet, le tableau n° 2 donne un aperçu de la rentabilité économique, en 1975, de certaines cultures pratiquées dans le sud-ouest du Burkina Faso.

Tableau 2 : compilation de quelques cultures de la région et leurs valeurs économiques en 1975

Cultures	Jours de travail	Rendements (kg/ha)	Prix d'achat (FCFA)	Revenu brut
Coton	206	400	31,5	12 600
Maïs	78	550	17,10	9 405
Riz paddy	99	600	23,15	13 890

Cultures	Jours de travail	Rendements (kg/ha)	Prix d'achat (FCFA)	Revenu brut
Mil	94	350	18,42	6 447
Igname	74	4000	22,22	88 880
Haricot	79	500	26,31	7 893

Source : GUIPO S, réalisé à partir d'une synthèse des données tirées de (Palé 1977 : 70-71).

Les études de F.O. PALE tentent de donner une explication à la résistance de l'intensification de la production cotonnière, au cours des années 1970, au moment de la mise en œuvre des projets et programmes en faveur de l'intensification de la culture cotonnière dans le Sud-Ouest. Elles montrent que lorsqu'on considère le rendement à l'hectare, les facteurs de production, l'effort consenti et le nombre de jours de travail, « la culture du coton devient moins rentable malgré sa rentabilité importante après les ignames et le riz » (Palé 1977 : 70-71). Cette situation a peu évolué, car, selon les résultats de l'enquête permanente agricole de 1998 à 2000, les rendements du coton, sur le plan national, se plafonnent à 1 239 kg/ha en moyenne et sont jugés inférieurs aux investissements consentis (MAAHA 2020 : 45). L'intérêt pour la production vivrière reste important, dans le « pays Lobi » malgré les décennies. En effet, dans le sud-ouest du Burkina Faso le coton n'occupe que 11 % de ces superficies contre 83 % aux cultures vivrières et 6 % pour les autres cultures commerciales (arachide, sésame et soja). On note également que le nombre de villages non producteurs est de 240 sur un total de 576, soit un taux de 42 % et que la grande majorité des producteurs dans les autres provinces, surtout dans la Bougouriba, sont des migrants *Lobr*, venus du Ioba, en quête de terre cultivable.

Conclusion

Cet article a eu pour objectif de comprendre les facteurs ayant déterminé l'adoption ou l'opposition à la culture du coton dans le « pays Lobi » situé dans la région du Sud-Ouest du Burkina Faso.

Pendant la période coloniale, les pesanteurs socioculturelles et l'impact de la colonisation sur les pratiques des populations ont été déterminants comme étant très importants dans la compréhension de ces facteurs. Cette situation a impacté le cours de l'histoire de la production cotonnière dans le sud-ouest du Burkina Faso.

Ainsi, au cours de la deuxième moitié de la décennie 1960 et des années 1970, le pays, avec l'appui des partenaires techniques et financiers, a procédé à l'intensification de la culture du coton à travers la « conquête » de nouveaux espaces vers l'ouest où les atouts naturels sont meilleurs. Cette nouvelle donne a provoqué une translation de la zone cotonnière du centre du pays vers l'ouest qui contribue pour 80 à 85 % des productions annuelles. Cependant, la majorité des communautés du sud-ouest du pays y est restée réticente, malgré les importants investissements à travers les divers projets et programmes qui se sont succédé dans la région. La région cotonnière de Diébougou, dont le champ d'action couvre le « pays lobi », demeure encore, une zone de production secondaire périphérique. À la base de cette situation se trouvent des raisons profondes d'ordre socioculturel, historiques et économiques. Les pouvoirs publics, en charge du secteur coton, gagneraient à tenir compte de ces paramètres pour plus d'efficacité dans la conception des projets de développement du coton dans la zone.

Sources et références bibliographiques

Sources archivistiques

ACNRST, Ouagadougou, série AIII Renseignements sur les différentes populations de la subdivision. Cercle du « Lobi » décembre 1908.

ACNRST, Ouagadougou, série BII (I). Rapport N° 3 769. Cercle du « Lobi », 28 août 1918. Le Commandant de cercle H. LABOURET.

ACNRST, Ouagadougou, AVII, Lettre N° 194 du Lieutenant FERREOL au Commandant du cercle de Gaoua, 1 er juin 1924.

Références bibliographiques

BADO Laurent, 2003, « Démocratie et droit de l'Homme en Afrique et au Burkina Faso », *Burkina Faso cent ans d'histoire*, tome 1, Paris, Karthala : 317-326.

BADO Mahamadou, 2016, « Évaluation de l'humidité du sol sous cultures de coton (Gossipium sp.) et de maïs (Zea mays L) dans la province du Tuy au Burkina Faso : cas des villages de Boni, Dimikuy, Founzan, Gombélédougou et Koumbia », Bobo-Dioulasso, Université Nazi-Boni [Mémoire de fin de cycle d'Agronomie].

BANHORO Yacouba, 1991, « La production du coton et le développement de l'industrie textile au Burkina Faso 1969-1989 », Ouagadougou, Université Joseph Ki-Zerbo [Mémoire d'Histoire].

BELEM Célestin, 1985, « Coton et systèmes de production dans l'ouest du Burkina Faso », Montpellier, Université Paul Valéry [Thèse de Doctorat 3e cycle de Géographie de l'Aménagement].

DABIRE Josias Zounzaola, 2012, « Régions cotonnières de Diébougou et de Bobo-Dioulasso : le DG de la Sofitex dans les champs », *Le Pays* n° 5214 du 10 octobre 2012, http://news.aouaga.com/h/1327.html, consulté le 12 juillet 2021.

DABIRE B. Claude, 2005, « Pôtôrô » les contraintes de la politique coloniale dans la subdivision de Diébougou (1897-1946), Ouagadougou, Université Joseph Ki-Zerbo [Mémoire de Maîtrise, d'Histoire].

INSD-5eRGPH, 2022, *Cinquième recensement général de la population et de l'habitation du Burkina Faso synthèse des résultats définitifs*, Ouagadougou.

INSD-5eRGPH, 2022, *Monographie de la région du Sud-Ouest,* Ouagadougou.

KANE Seydou Oumar, 2009, « La création du cercle de Diébougou en 1954 : arguments coloniaux et témoignages », *Annales de l'Université Marien NGOUABI,* Lettres et Sciences Humaines, 10 (1) : 24-37.

LABOURET Henri, 1958, *Nouvelles notes sur les tribus du rameau Lobi ; leurs migrations, leurs évolutions, leurs parlers et ceux de leurs voisins,* Dakar, IFAN.

METUOLE-SOMDA Nurukyor, 2003, « Les critères du choix des chefs indigènes dans les sociétés sans organisation politique centralisée du sud-ouest du Burkina Faso 1897-1917 », *Burkina Faso cent ans d'histoire*, tome 2, Paris, Karthala.

PALE O.K. Frédéric, 1977, « Introduction d'une culture de rapport dans une agriculture traditionnelle La culture du coton en « pays lobi » (Haute-Volta) », Strasbourg, Université Louis Pasteur [Mémoire de Maîtrise de Géographie].

PODA Evariste, 2004, « La société dagara entre hier et demain : mutation difficile ou développement impossible », Dakar, Université Cheikh Anta Diop [Thèse de Doctorat de Sociologie].

ROCHETTE René, 1976, *Première contribution à l'étude sociologique et socio-économique du périmètre de la Bougouriba*, rapport de mission sociogéographique dans le périmètre de la Bougouriba (12 avril-7 mai 1976), section sociologie, ORSTOM.

SAMBARE Boubacar, 2012, « L'industrie textile traditionnelle à Ouagadougou ; de la cotonnade au Faso dan fani. Histoire, techniques et patrimonialisation (1896 à 2011) », Padoue, Université de Padoue [Rapport de Master II en Techniques, Patrimoine, Territoires de l'Industrie (TPTI)].

SOME Louis Henri, 1976, « Introduction de la culture cotonnière à l'ORD de la Bougouriba », Katibougou, Institut Polytechnique Rural [Rapport de fin de cycle].

SOME Magloire, 1986, « La christianisation de l'ouest-volta. Action missionnaire et réactions africaines, 1929-1969 », Ouagadougou, Université Ki-Zerbo [Mémoire de Maîtrise d'Histoire].

SCHWARTZ Alfred, 1999, « Culture du coton, sécurité alimentaire et développement durable dans les savanes de l'Afrique subsaharienne. L'exemple du Burkina Faso », *Sécurité Alimentaire et développement durable,* Colloque du 2 décembre I999, Paris, IRD : 189-198.

VOKOUMA/BOUSSARI Jocelyne, 2019, « Les dynamiques du processus d'une recherche scientifique sur le tissage au Burkina Faso », *Cahiers du CERLESHS,* numéro spécial 61, Presse Universitaire de Ouagadougou : 89-114.

[illegible] BA, [illegible] 2012, [illegible] [illegible] Mayer [illegible]

[illegible]

[illegible] [illegible] Mayotte [illegible]

[illegible]

[illegible] Dakar [illegible]

La Françafrique : un frein au développement de l'Afrique francophone (1960-1990)

Emmanuel Ndzeng Nyangone
Université Omar Bongo, Gabon
ndzengnyangone@hotmail.com
ndzengemmanuel@gmail.com

Résumé

Cet article est une modeste contribution au débat sur le développement africain. Se focalisant sur les pays d'Afrique francophones, il affirme que la Françafrique est un obstacle atavique à leur développement. Tirant profit du caractère oligarchique et exclusif du système international actuel, cette nébuleuse politique et institutionnelle organisée en réseau et lobbies permet à la France de garder la mainmise sur ses anciennes colonies, afin de garantir son accès aux matières premières et de conserver sa puissance sur l'échiquier international. Naturellement, la conséquence de cette dépendance servile est l'incapacité de ces pays à se développer.

Mots-clés : Afrique francophone – Système onusien – Françafrique – Servitudes Développement – Sous-développement

Abstract

This article is a modest contribution to the debate on African development. Focusing on the countries of French-speaking Africa, it argues that françafrique is an atavistic obstacle to their development. Taking advantage of the oligarchic and exclusive nature of the current international system, this political and institutional nebula organized into networks and lobbies enables France to maintain control over its former colonies, in order to guarantee its access to raw materials and maintain its power on the international stage. Naturally, the consequence of this slavish dependence is the inability of these countries to develop.

Keywords: French-speaking Africa – United Nations system – Françafrique – Servitudes Development – Underdevelopment

Introduction

Depuis le renouveau démocratique africain de la décennie 1990, une abondante littérature porte sur le débat du développement africain. Souvent très critique à l'égard de la marginalité africaine dans le système international actuel, mis en place sans, l'Afrique, un accent particulier est mis sur les rapports entre la France et les États d'Afrique francophone, sous le néologisme de Françafrique peu respectueux du principe cardinal des relations interétatiques de respect de la souveraineté reconnue à tous les États. En effet, l'ordre public international est constitué de manière à couvrir tous les champs de l'activité internationale. S'il est possible à l'historien de remonter les prémices des efforts de sa mise en place à l'Antiquité[1], la signature des Traités de Westphalie[2] le 24 octobre 1648 acte sa réelle naissance. Il fallut attendre la création de la Société des Nations en 1919, puis la naissance de l'Organisation des Nations Unies (ONU) en 1945 pour assister à la mise en place du système international actuel sur la base d'un interétatisme de droit, prônant l'égalité souveraine reconnue à tous les États.

Mise en place sans l'Afrique, ce système onusien se caractérise par sa nature oligarchique et exclusive. En effet, seul le club restreint des cinq États puissants membres permanents du Conseil de sécurité de l'ONU possédant un droit de véto décide de la gouvernance mondiale au détriment des plus faibles[3]. Ainsi, le continent africain, un continent qui plus que tout autre continent, est loin d'être désespérant au regard de sa jeunesse ardente et ses ressources culturelles, naturelles, intellectuelles et humaines en capacité de faire d'elle un acteur majeur des relations internationales et non un simple sujet subissant, y est invité à ne jouer qu'un rôle subalterne : fournisseuse des matières premières et marchés de débouchés aux grandes puissances industrielles. Ce que la France semble avoir bien compris en mettant en place la Françafrique[4].

---

[1] Notamment avec l'émergence des premières Fédérations de plusieurs cités grecques dans un but défensif (les symmachies), en l'occurrence la ligue de Délos. Elle fut créée à la fin des guerres médiques en 477 av. J.-C. pour faire face aux Perses et dissoute en 404 av. J.-C. après les guerres médiques.

[2] Ces traités consacrèrent, non seulement la naissance de l'État moderne, mais aussi l'instauration de la souveraineté comme base principale des rapports entre les États. Ils permirent ainsi aux principales puissances européennes d'arbitrer leurs conflits (on parla d'interétatisme de facto).

[3] Les États-Unis, La Russie, le Royaume-Uni, la France et la Chine.

[4] Si les origines du néologisme Françafrique semblent difficiles à retracer, une chose est évidente, ce mot apparaît en réalité dès la fin de la Seconde Guerre mondiale, alors

Dès lors, peut-on dire que le principal obstacle atavique au développement de l'Afrique francophone très riche en matières premières est-elle la Françafrique ?

S'appuyant sur un corpus documentaire constitué de sources imprimées, d'ouvrages et d'articles scientifiques soumis à la méthode historique[5], de la théorie réaliste et du concept de la dépendance développé par la théorie marxiste des relations internationales[6], cette étude apporte une réponse affirmative à cette interrogation. Sans verser dans l'extrémisme, elle met en lumière l'application stricte par la

---

que la présence française sur le continent africain était de plus en plus contestée. ce concept décrit la relation malsaine et incestueuse qui lie l'État français aux États africains issus de ses anciennes colonies, se caractérisant par une sorte de tutelle qui ne dit pas son nom et qui consiste à faire prévaloir les intérêts de la France, les intérêts des entreprises françaises, des multinationales françaises sur celui des populations africaines.

[5] La méthode critique de l'histoire est un travail que l'historien applique sur les documents pour parvenir à la vérité historique. Autrement dit, elle permet de valider les faits expliqués et leur situation spatio-temporelle. À ce titre, elle comporte une série d'opérations techniques que l'on rassemble en deux parties. D'abord, la critique externe, qui est la critique d'authentification du document. Celle-ci consiste à établir l'authenticité ou l'originalité du document afin d'attester la véracité des informations qui y sont consignées. Ensuite la critique interne qui invite à l'interprétation des faits pour la détermination de leur exactitude.

[6] Défendue par des auteurs comme Hans Morgenthau (*Politics among Nations : the Struggle for Power and Peace,* New York, Alfred A Knopf 1948), la théorie réaliste consiste à étudier la réalité telle qu'elle est. Aussi est-elle souvent décrite comme une théorie explicative, ne cherchant pas à influencer les cours des événements, mais à en analyser les causes. Quant au concept de la dépendance développé par la théorie marxiste (défendue par des auteurs comme Samir Amin (*Le développement inégal*, Paris, Éd. de Minuit, 2173)), il se fond dans une vision holistique du monde avec une certaine proximité de la notion de néocolonialisme. Issues du champ des sciences sociales (sociologie, histoire, économie, science politique, relations internationales, etc.) ces deux théories nous ont permis ainsi de décrypter les ambiguïtés du système onusien qui se veut un interétatisme de droit, mais paradoxalement se caractérise par l'interétatisme foncier qui caractérise la France. En outre, elles nous ont permis de comprendre la manière dont la France tire profit du caractère oligarchique et exclusif du système onusien et découvrir les buts inavoués, les mécanismes, les piliers et les conséquences de la Françafrique. Ainsi, il ressort qu'en dépit de la pauvreté, l'instabilité politique et le sous-développement caractérisant les pays du Sud (conséquence de ce processus historique de dépendance conséquence de processus historiques mis en place par les pays du Nord), les pays du Nord ont besoin de ceux du Sud afin de s'assurer de la continuité de leur croissance. En conséquence, tout en les intégrant, il faut structurellement les maintenir en état de dépendance continue.

France de l'interétatisme foncier[7] (une des caractéristiques du système onusien) à l'égard des pays de l'Afrique francophones. Il en résulta la mise en place de la Françafrique permettant à la France d'avoir la mainmise sur les matières premières de ces pays et subordonner leurs chefs d'État acquis à ses intérêts depuis 1960. Il fallut attendre le nouveau contexte international issu de la fin de la guerre froide en 1990[8] pour voir une certaine évolution des modalités et principes d'action de la Françafrique. Naturellement, cette prédation criminelle et cette aliénation de la souveraineté de ces pays ne permet pas d'initiatives hors de cette relation malsaine et incestueuse. Tout dirigeant manifestant des signes d'indépendance et de non-soumission est écarté du pouvoir gentiment si possible, méchamment sinon. Le droit à l'autodétermination (pierre angulaire de tout développement) de ses pays étant ainsi bafoué, leur développement apparaît impossible. Cet argumentaire s'articule autour de deux axes. Le premier axe éclaire sur la nature oligarchique et exclusive du système onusien. Le second axe explore la manière dont la France tire profit de ce système international et les conséquences inhérentes qui en découlent sur le développement des pays d'Afrique francophones.

1. La nature oligarchique et exclusive du système onusien : un atout précieux pour la Françafrique

Lorsqu'il s'agit d'aborder la problématique du développement africain, en général, il sied de s'interroger sur le contenu de la souveraineté des pays africains dans le système international actuel. S'il est évident que ce dernier se définit comme un interétatisme de droit, force est de constater qu'il se caractérise par des incohérences, en l'occurrence l'exclusivité du statut de membre permanent du Conseil de sécurité de l'ONU et la marginalité africaine dans une économie mondialisée, discutées ci-dessous.

---

[7] L'une des caractéristiques de l'équilibre des puissances (un des concepts centraux de la théorie réaliste des relations internationales).

[8] Ce contexte força la France à ne plus intervenir seule dans les pays de sa sphère d'influence comme elle le faisait auparavant. Désormais elle devait s'assurer des appuis régionaux (l'Union africaine (UA) ; la Communauté Économique des États d'Afrique de l'Ouest (CEDEAO) ; la Communauté Économique des États d'Afrique centrale (CEEAC) et internationaux (l'Union européenne (UE) ; les Nations unies). Les principes d'intervention ne visent plus quant à eux à soutenir en priorité des régimes clients, mais à promouvoir des principes d'action universels comme la défense de l'intégrité territoriale, le soutien aux autorités élues démocratiquement et la défense des droits de l'homme, etc.

1.1. L'exclusivité du statut de membre permanent du Conseil de sécurité de l'ONU

L'ONU ne fut pas conçue pour être un instrument au service exclusif des intérêts égoïstes des États puissants et hégémoniques, mais précisément pour faire échec à l'interétatisme foncier et au super-étatisme hégémonique afin de garantir la paix et la sécurité internationale. En vue de l'inclusion à égalité de tous les États dans l'accomplissement de cette mission centrale, il fut mis en place une architecture politico-diplomatique multilatérale permettant de prévenir et d'écarter les menaces à la paix, de réprimer tout acte d'agression ou autre rupture de la paix, conformément aux principes du droit international. Aussi, le recours à la force et l'obligation de règlement pacifique des différends interétatiques, auquel les Nations unies peuvent contribuer, furent érigés en règle acceptée de tous les États[9]. Pour ce faire, l'ONU se dota de six principaux organes : l'Assemblée générale, le Conseil de sécurité, le Conseil économique et social, le Conseil de tutelle, la Cour internationale de Justice et le Secrétariat.

En vertu de l'article 24 de la Charte de l'ONU, le maintien de la paix et la sécurité internationale fut confié au Conseil de sécurité. Au titre de l'article 39, il est habilité de procéder à la qualification de tout fait international pouvant constituer une menace contre la paix, une rupture de la paix ou un acte d'agression et d'en empêcher l'éclatement de conflits (prévention[10]). Si le conflit a déjà éclaté, il s'efforce d'obtenir une paix qui doit être respectée. Cependant, une telle opération n'est possible qu'en partant d'une situation à laquelle on applique des critères juridiques en vue de la qualifier et la considérer comme une menace contre la paix, une rupture de la paix ou un acte d'agression. Cependant, cet article 39 ne prévoit pas expressément les modalités de cette opération de qualification de tout fait qui menacerait la paix et la sécurité internationale. Ce qui donne lieu à la libre appréciation des membres du Conseil de sécurité puisqu'il mentionne que cet organe constate l'existence de ses situations. Ne disposant pas de limites quant à la qualification de ses situations pouvant constituer une menace à la

[9] Charte de l'ONU, article 1, alinéa1.

[10] Pour ce qui est de la prévention, des missions politiques peuvent être envoyées, éventuellement avec un Envoyé spécial du Secrétaire général qui engage les discussions avec les parties au conflit. La médiation ou la pression diplomatique permettent d'éviter que les belligérants ne recourent à la violence. Une déclaration du Conseil de sécurité peut également peser lourd dans la balance.

paix, les rédacteurs de la Charte ont délibérément laissé la formule menace contre la paix dans l'indétermination, afin de permettre au Conseil de sécurité d'élargir son champ d'action (Lagrange *et al.* 1999 : 36-37). Cette opération juridique est d'une certaine importance parce qu'elle implique l'adoption des sanctions économiques, politiques et même militaires[11] pour maintenir ou rétablir la paix et la sécurité internationales. L'enjeu est grand et le pouvoir du Conseil de sécurité en la matière est de plus en plus grandissant (Combacau 1994 : 146). Dotées d'un pouvoir de coercition, ses décisions ont un caractère contraignant et obligatoire, dans la mesure où tous les pays membres des Nations unies doivent les appliquer. Ce qui en fait l'organe institutionnel le plus puissant du monde, l'incarnation même du concept de puissance qui structure les relations internationales, le cénacle où se fait et se défait l'équilibre et la marche du monde, le lieu où un simple veto règle ou enlise un conflit.

Cependant, la répartition des sièges[12] de cette principale institution onusienne est des plus inégalitaires. Au sens large de sa composition très sélective et restreinte elle comprend 15 membres, dont cinq permanents (États-Unis, Russie, Chine, France, Royaume-Uni) détenteurs de l'arsenal nucléaire et disposant d'un droit de véto[13] et dix non-permanents renouvelés de façon continue à raison de cinq nouveaux membres chaque année pour prise de fonctions six mois plus tard. Juste avant d'entrer en piste, les élus disposent d'une formation accélérée au protocole et coutume du Conseil. Ces membres non permanents sont élus par l'Assemblée générale de l'ONU pour un mandat de deux ans (cf. image no.1 ci-dessous).

[11] Charte des Nations unies, chapitre VII, articles 41 et 42.

[12] Les plus lorgnés de la planète et font l'objet de tous les fantasmes d'États.

[13] La possibilité d'un membre au gré de ses intérêts géostratégiques, d'empêcher une prise de décision ou résolution, quelle que soit l'opinion majoritaire au Conseil de sécurité.

Image no.1

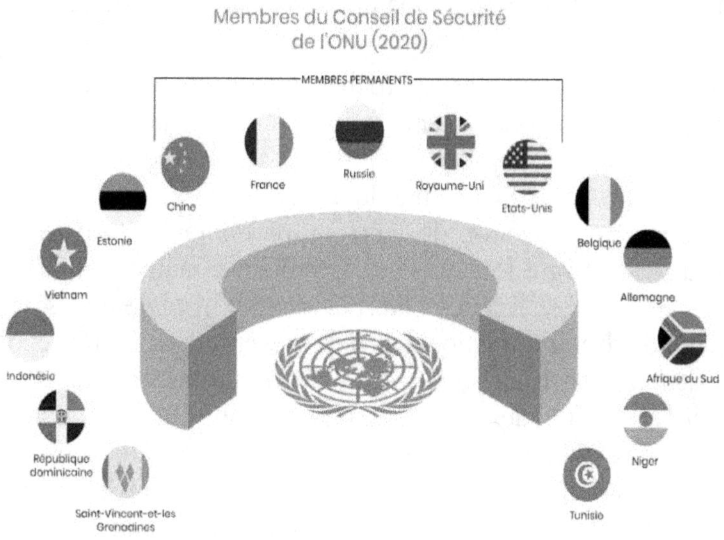

Source : Institut du pacifique, « Introduire la Chine dans la limitation des armements nucléaires », 06/06/2019 [En ligne] http://institut-du-pacifique.org/2020/08/07/introduire-la-chine-dans-la-limitation-des-armements-nucleaires/ , (Consulté le 10/04/2023).

Afin de garantir une représentativité équilibrée à l'échelle planétaire, l'Assemblée générale respecte dans son élection des proportions bien définies permettant d'avoir toujours cinq membres parmi les États d'Afrique et d'Asie, un membre pour l'Europe orientale, deux membres parmi les pays d'Amérique latine et Caraïbes et deux membres parmi les États de l'Europe occidentale et autres pays. Le vote au sein du Conseil de sécurité obéit à des règles assez compliquées. En ce qui concerne les questions de procédures, 9/15 voix suffisent pour adopter une résolution. En revanche, pour toute autre question, les cinq membres permanents doivent être parmi les neuf membres votants. En cas d'absence ou d'abstention d'un membre permanent, une résolution peut passer, à condition d'avoir 9 voix. Toutefois, chacun des cinq membres permanents au Conseil de sécurité a le droit de s'opposer à une décision (droit de véto). Dans ce cas, la décision ne passe pas[14]. Ce

[14] Lassaad Ben Ahmed, « Graphique - Conseil de sécurité de l'ONU : mode d'emploi », *Agence Anadolu*, 04/01/2018 [En ligne] https://www.aa.com.tr/fr/monde/graphique-conseil-de-sécurité-de-l-onu-mode-d-emploi-/1021376 (consulté le 10/04/2023).

qui leur confère des privilèges allant jusqu'à la subordination des États faibles. Cette pratique a lourdement handicapé le Conseil, surtout durant la Guerre froide. Après la chute du mur de Berlin en 1989, son fonctionnement a connu un nouvel élan.

Étant donné la validité des approches réaliste et géopolitique d'analyse des relations internationales dans la conception des politiques étrangères des États, il n'est pas étonnant de constater que les membres permanents du Conseil de sécurité détenteurs du droit de véto modulent les relations internationales en fonction de leurs propres intérêts égoïstes. Prêt au consensus discret sauf lorsque leurs intérêts nationaux sont ou semblent menacés, ce club restreint des États puissants et hégémoniques a toujours su se jouer du droit international afin de préserver ses intérêts égoïstes. Il en résulte la construction et la régulation ambigüe de la société internationale. L'un des signes les plus manifestes est l'application simultanée de deux concepts centraux de la théorie réaliste des Relations Internationales : l'équilibre des puissances[15] et la stabilité hégémonique[16]. Dans les deux cas de figure, il en résulte une régulation ambiguë et inégalitaire du système international, car influencée par les ambitions contradictoires des grandes puissances. Dès lors, la diplomatie de connivence devient la norme de pratique des relations internationales par ces grandes puissances dont l'évidence est large en Afrique.

1.2. La marginalité africaine dans une économie mondialisée

L'économie mondialisée, appréhendée sous l'angle de l'influence des pays dans les institutions de la gouvernance économique et financière internationale, de la libéralisation des échanges commerciaux[17] et de la libre circulation des capitaux, de la technologie, des services financiers, des biens et des services entre les pays, n'a pas le même sens et les répercussions pour tous. L'évidence de ces différences est notoire dans les institutions spécialisées onusiennes de la gouvernance économique et financière internationale que sont le Fonds monétaire international (FMI) et la Banque mondiale (BM)[18] créées respectivement

---

[15] Caractérisé par interétatisme foncier dont l'évidence en Afrique est la mainmise de la France sur les pays d'Afrique francophones, à travers la Françafrique.

[16] Consacrée par le super-étatisme hégémonique dont l'évidence est la capacité de l'État hégémonique de créer et faire respecter des normes internationales.

[17] Notamment par l'élimination des obstacles tarifaires et non tarifaires.

[18] C'est un groupe réunissant quatre autres institutions : la Société financière internationale, créée en 1956 ; l'Association internationale de développement, fondée

en 1944 et 1945 sans l'Afrique. Disposant d'une expertise approfondie, elles ont vocation à intervenir partout dans le monde au profit des pays en difficultés économiques et financières qui demandent leur soutien dans le but de favoriser la croissance et partant le développement[19].

Au regard de ce système, il est évident que les pays du Nord parviennent sans mal à réunir la majorité de votes et ont donc tout facilité pour piloter le FMI et la BM. Conséquemment, leur prépondérance est évidente sur la prise des décisions, en l'occurrence la définition des conditions de l'aide fournie aux pays membres. Ces décisions sont, pour la plupart du temps les recommandations des instances de concertation que sont les G7, G8 et G20[20] regroupant les dirigeants des pays les plus industrialisés et des pays émergents (comme l'Inde, le Brésil et la

---

en 1960 ; le Centre international de règlement des différends, établi en 1966 ; et l'Agence multilatérale de garantie des investissements, mise sur pied en 1988.

[19] Bien que leur mission soit complémentaire en ce qui touche l'économie mondiale, le FMI dont le président est par tradition nommé par les Européens a pour principale mission d'établir un cadre de coopération économique internationale afin d'éviter la répétition de crises comme celle ayant conduit à la grande dépression de la fin des années 1920. À ce titre, il veille à la stabilité du système monétaire international à travers la surveillance des politiques économiques des pays membres en les évaluant et conseillant en matière monétaire, financière et budgétaire. Aussi, fournit-il une aide financière en accordant des prêts aux pays en difficulté qui en font la demande et une assistance technique et des formations dans divers domaines. Quant à la BM dont le choix du patron revient aux États-Unis, sa mission fondatrice est la lutte contre la pauvreté dans le monde. Aujourd'hui, elle poursuit deux objectifs : mettre fin à l'extrême pauvreté dans le monde en l'espace d'une génération et promouvoir une prospérité partagée entre pays en développement et pays développés. Pour ce faire, elle dispose de moyens financiers importants et d'une organisation spécifique. Ainsi, elle fournit des mesures d'aide financière avantageuses aux pays faisant face à la pauvreté. Le financement offert peut prendre la forme de prêts avec de faibles taux d'intérêt ou sans intérêt, ou même des dons. Aussi apporte-t-elle des conseils stratégiques et une assistance technique aux gouvernements des pays afin qu'ils puissent mieux gérer leur économie.

[20] Le Groupe des 7 (G7) regroupait à l'origine les chefs d'État des 7 pays de l'Allemagne, le Canada, les États-Unis, la France, l'Italie, le Japon et le Royaume-Uni. L'objectif de ces réunions était de traiter de questions économiques et financières afin d'ajuster leurs politiques économiques à court terme. Avec l'arrivée de la Russie en 1997, le G7 est ensuite devenu le G8. Les thèmes abordés ont alors été étendus à d'autres domaines que l'économie : développement, paix et sécurité, environnement. Le Groupe des 20 (G20) réunit chaque année les dirigeants des pays les plus industrialisés et des pays émergents (comme l'Inde, le Brésil et la Chine). Son objectif est de privilégier un véritable dialogue au niveau mondial plutôt que des prises de décisions individuelles ou par bloc. Depuis la crise financière de 2008, le principal mot d'ordre du G20 est d'œuvrer pour un retour des politiques économiques.

Chine) afin de débattre des orientations de l'économie mondiale sans l'Afrique. Ces déséquilibres flagrants expliquent aisément la faiblesse du poids des pays pauvres majoritairement africains dans les instances de prise des décisions au sein de ces institutions économiques et financières internationales. D'ailleurs, cette mascarade du partage du pouvoir au FMI suscita la colère des pays émergents qui demandèrent la révision des droits de vote. En 2006, le FMI a alors pris la décision de compliquer les choses avec un réaménagement en plusieurs temps et sur plusieurs années. La première phase n'a concerné que quatre pays émergents, proches des États-Unis et qui d'ailleurs achètent en masse des bons du Trésor états-unien : Chine, Corée du Sud, Mexique et Turquie. Ces quelques dixièmes de points en plus pour leur pourcentage respectif ne met pas en péril la mainmise des grandes puissances sur ces institutions de la gouvernance économique et financière internationale[21].

Par ailleurs, la marginalité africaine dans une économie mondialisée se manifeste aussi dans le commerce international. Pourtant le commerce joue un rôle essentiel dans le développement de ce continent, que ce soit entre les pays africains ou avec le reste du monde. Autrement dit, l'économie mondiale est une source de croissance que les économies africaines ne peuvent pas se permettre de négliger. Mais, selon les déclarations d'Ousmane Diagana, vice-président du représentant de la Banque mondiale pour l'Afrique de l'Ouest et centrale, les exportations africaines de biens et services bien qu'ayant enregistré une croissance particulièrement rapide au cours des dix dernières années, leur volume reste faible, car il ne représente qu'à peine 3 % du commerce mondial en 2022[22]. Les facteurs de cette marginalité sont nombreux. Avant tout, elle s'explique par les contextes des environnements internationaux et nationaux qui n'ont pas toujours été propices. En effet, les prix relativement élevés des biens et services non échangeables en Afrique rendent peu compétitif ce secteur. À cela s'ajoute respectivement la spécialisation de certains pays africains sur des produits agricoles dont la valeur pèse peu dans les exportations mondiales ; les barrières tarifaires et non tarifaires (coûts administratifs pour exporter, le temps de passage des frontières, les mauvais états des infrastructures de

---

[21] Vilain Rémi, « Qu'est-ce que le Fonds monétaire international (FMI) et comment fonctionne-t-il ? », Comité pour l'annulation de la dette du Tiers-Monde (CADTM), 15 octobre 2017, [En ligne]https://www.cadtm.org/Quest-ce-que-le-Fonds-monetaire-international-FMI-et-comment-fonctionne-t-il (Consulté le 06/04/2023).

[22] Banque mondiale pour l'Afrique de l'Ouest et centrale, *Communiqué de presse 2022/040/AFW*, 10 février 2022.

transport) relativement plus élevées en Afrique pour les biens agricoles que dans le reste du monde, etc.

2. Les profits substantiels français du système onusien et leur impact en Afrique francophone

Comme relevé plus haut, le système onusien, se caractérise par la diplomatie de connivence, devient la norme de pratique des relations internationales par ces grandes puissances. Ainsi, profitant de l'application du système onusien de l'équilibre des puissances[23] la France développa un interétatisme foncier avec ces anciennes colonies d'Afrique francophone, pourtant devenues des États indépendants. L'évidence de cet interétatisme foncier est la réduction et le maintien de ces pays en état de société totalement dépendante de la France. Naturellement, la conséquence de cette dépendance servile est l'incapacité de ces pays à se développer.

2.1. L'aliénation de la souveraineté des États de l'Afrique francophone

Lors de la création de l'ONU en 1945, 750 millions de personnes (soit près du tiers de la population mondiale) vivaient dans des territoires non autonomes dépendant de puissances coloniales. La mission fondamentale de l'ONU étant la préservation et la restauration de la paix et la sécurité internationale, la Charte des Nations unies consacrait le respect du principe de l'égalité de droits des peuples et de leur droit à disposer d'eux-mêmes parmi les buts de l'Organisation. Autrement dit le droit à l'autodétermination fut considéré comme un facteur de paix et de sécurité internationale. Dès lors le rôle de l'ONU dans la décolonisation fut fondé sur le principe de l'égalité de droits des peuples et de leur droit à disposer d'eux-mêmes, énoncé au paragraphe 2 de l'article premier de sa Charte.

Dans le but d'accélérer les progrès de la décolonisation, l'Assemblée générale adopta, en 1960, la Déclaration sur l'octroi de l'indépendance aux pays et aux peuples coloniaux. Elle y proclamait la nécessité de mettre rapidement et inconditionnellement fin au colonialisme et de prendre des mesures immédiates, dans les territoires sous tutelle, les territoires non autonomes et tous autres territoires n'ayant pas encore accédé à l'indépendance, pour transférer tous les pouvoirs aux peuples

[23] L'un des concepts centraux de la théorie réaliste des relations internationales caractérisés par l'interétatisme foncier.

de ces territoires afin de leur permettre de jouir d'une indépendance et d'une liberté complètes et, dans ce contexte, déclarait que tous les peuples ont le droit de libre détermination. Pendant la décennie 1960, plusieurs territoires coloniaux majoritairement africains accédèrent à l'indépendance[24]. Si cet accès à l'indépendance, comprise comme la capacité de gérer de manière souveraine sa destinée, suscita l'espoir de l'autodétermination et provoqua l'exaltation de la validité juridique d'égalité souveraine reconnue à tous les États[25], plus d'un demi-siècle après cet espoir n'a toujours pas tenu les promesses des fleurs. Le bilan de Mustapha Ely est assez illustratif à ce sujet :

> En termes de PIB, les 20 pays les plus pauvres du monde sont africains. L'Indice de développement humain (IDH) de la plupart des pays africains est inférieur à 0,5 (inférieur à 0,4 au Sahel.). Les populations de la majorité des pays africains vivent en dessous du seuil de pauvreté avec moins de 2 dollars par jour. Et cela n'épargne pas les « riches » pays africains, comme l'Afrique du Sud où le tiers de la population est concerné par une pauvreté galopante. La sous-alimentation et la malnutrition sont le lot des populations urbaines et rurales qui disposent de moins de 1 médecin pour 100 000 habitants. L'analphabétisme atteint 70 % de la population adulte et le chômage frappe de plein fouet une jeunesse laissée pour compte. Les richesses du sol et du sous-sol sont pillées par des multinationales avec des contrats cédés par des gouvernants corrompus et exécutés en surexploitant une main-d'œuvre africaine à bas prix. Le revenu de l'exploitation des richesses ne profite ni directement aux populations par le rehaussement de leur niveau de vie (distribution de richesse) ni indirectement à travers les infrastructures (formation brute de capital fixe). Le revenu national est détourné par les dirigeants africains et leurs alliés nationaux et internationaux et ne sert qu'à les enrichir ou préparer leur pérennité au pouvoir[26].

[24] Conquise quelquefois durement, au prix de batailles traumatisantes, de la souffrance humaine et du sang.

[25] Un principe cardinal des relations interétatiques favorable à la création d'une société juste, à la lutte contre la pauvreté pour mener les pays vers la grandeur, la prospérité et la dignité, autant de rêves qui ont accompagné l'accession des pays africains à l'indépendance autour des années 1960.

[26] Mustapha Ely, « Cinquantième anniversaire de l'Union Africaine : 50 ans de misère africaine », AGORAVOX, 31 mai 2013 [En ligne] http://www.agoravox.fr/tribune-libre/article/cinquantieme-anniversaire-de-l-136618 (Consulté le 10/04/2023).

L'une des principales causes de cette situation est sans doute les accords de coopération signés antérieurement à l'indépendance[27] et la confiscation de la souveraineté qui caractérise cette « pseudo » indépendance. C'est un système de coopération unique au monde que la France imposa à ses anciennes colonies africaines. Sans cette acceptation, l'indépendance n'était pas accordée. Il s'impose en bloc pour toutes les anciennes colonies. Étant donné que toute politique sans doctrine est impossible, la politique française d'aliénation de la souveraineté des États de l'Afrique francophone reposa sur le néocolonialisme[28]. La coopération envisagée n'est donc que la poursuite de la dépendance servile à travers de nouveaux instruments. Au nom de l'affirmation internationale de son statut de grande puissance, cette dépendance servile garantit à la France l'accès exclusif aux matières premières stratégiques de ces pays. C'est bien ce que prévoit une annexe des accords de coopération de la France avec la Centrafrique, le Congo, le Tchad et le Gabon, relatif aux matières premières stratégiques (pétrole, uranium, minerais, gaz, thorium, lithium, béryllium, hélium, etc.). Si l'article 4 de cette annexe réserve naturellement ces matières premières stratégiques à la satisfaction des besoins intérieurs des pays concernés, force est de constater qu'il accorde étonnement à la France la priorité d'approvisionnement et une préférence pour l'acquisition du surplus. Aussi, facilite-t-il

---

[27] Michel Debré, alors Premier ministre
S'adressant dans une lettre du 15 juillet 1960 à Léon Mba (futur président de l'État gabonais) comme à un petit enfant, Michel Debré, alors Premier ministre français, déclara que la France donne l'indépendance à condition que l'État s'engage à respecter les accords de coopération signés antérieurement une fois indépendante. Il y a deux systèmes qui entrent en vigueur en même temps : l'indépendance et les accords de coopération. L'un ne va pas sans l'autre (Grosser Alfred (1965), La Politique extérieure de la Ve République, Fondation nationale des sciences politiques, Paris, Seuil, p. 74).

[28] De manière directe et cynique, le général de Gaulle la révéla déjà lors de son allocution prononcée à l'Assemblée fédérale du Mali, le 13 décembre 1959. Il déclara à cet effet que l'indépendance réelle, l'indépendance totale, n'appartient en vérité à personne. Il n'y a pas de politique possible sans la coopération. Il n'y a pas de pays, si grand et si puissant qu'il soit, qui puisse se passer des autres (Bouamama Saïd (2019), « De l'esclavage à la coopération : chronique de la dépendance », Ballast, vol 8, no2 : 124-135). Quelques années plus tard, le président Giscard d'Estaing réaffirma explicitement cette nature néocoloniale des accords de coopération franco-africaine lors du sommet franco-africain du 10 mai 1976 en expliquant la nécessité d'enlever au concept de coopération la notion d'impérialisme sous toutes ses formes (Decraene Philippe, « Interview de Valéry Giscard d'Estaing », *Le Monde*, 4 mai 1976 [En ligne] https://www.vie-publique.fr/discours/262651-interview-de-m-giscard-destaing-au-journal-le-monde-avant-louverture (Consulté le 13/04/2023)).

leurs stockages pour les besoins de la défense commune. Lorsque les intérêts de cette défense commune l'exigent, cet article 4 demande aux partenaires de prendre les mesures nécessaires pour limiter ou interdire l'exportation de ces matières premières stratégiques à destination d'autre pays (Bouamama 2021).

Par ailleurs, le principal instrument de mise en pratique de cette politique d'aliénation de la souveraineté des États de l'Afrique francophone est la Françafrique, dont les principaux sont la présence militaire de la France[29] ; le franc CFA[30] et l'aide publique au développement à trompe-l'œil[31]. Tout dirigeant manifestant des signes d'indépendance et de non-soumission est écarté du pouvoir gentiment si possible, méchamment sinon. La subversion en Guinée Conakry par les services spéciaux français de 1958 à 1973, les assassinats de Sylvanus Olympio 13 janvier 1963, Modibo Keita 19 novembre 1968, Thomas Sankara le 15 octobre 1987 et le renversement de Pascal Lissouba en octobre 1997 et plus récemment Laurent Gbagbo le 11 avril 2011 en sont quelques illustrations évidentes. Ainsi, pour s'assurer la pérennisation au pouvoir, les chefs d'État africains subordonnés à la France sont contraints de fermer les yeux sur les violations souveraines de la France, au détriment des intérêts de leur peuple acculé à la pauvreté et à la misère.

[29] Un dispositif des forces armées prépositionnées dans certains États africains hérité du passé colonial proche à travers lequel la France intervient régulièrement en Afrique sous des prétextes divers : rétablissement de l'ordre constitutionnel (cas du Gabon en 1964 suite au renversement du président Léon Mba ami de la France), soutien de la rébellion au nom de la protection de la démocratie (cas de la Côte d'Ivoire en 2021), lutte contre le terrorisme (cas du Mali en 2013), etc.

[30] La seule monnaie coloniale ayant survécu à la décolonisation se caractérisant par sa dimension verticale, du fait des liens entre la France, les trois banques de l'Union économique et monétaire de l'Ouest africain (UEMOA), de la Communauté économique et monétaire de l'Afrique centrale (CEMAC) et des Comores. De nos jours, elle a surtout une dimension horizontale, compte tenu des relations que nouent les pays africains de la zone franc CFA entre eux, notamment au sein des unions économiques et monétaires.

[31] Un mélange de prêts, d'allègement de dette et de dons qui en réalité est un véritable outil de tutelle au service des intérêts de la France et de ses entreprises : un vecteur d'influence diplomatique.

2.2. Les conséquences inhérentes de l'aliénation de la souveraineté des pays de l'Afrique francophones

Il est évident que l'aliénation par la France de la souveraineté des pays de l'Afrique francophones n'est pas sans conséquence. Profitant de l'incurie des chefs d'État sans une réelle vision politique de développement, mais se considérant « amis de la France[32] » et sont plus préoccupées par leur maintien au pouvoir, elle fit paisiblement son chemin. Il en résulta le soutien des régimes clientélistes garantissant une meilleure prédation des ressources naturelles. Comme souligné précédemment, les ressources naturelles jouent un rôle crucial à l'affirmation internationale du statut de grande puissance de la France. Ce qui les place au centre de ses relations néocoloniales avec les pays africains de sa sphère d'influence. En conséquence, l'important soutien et protection des régimes clientélistes devint l'activité favorite de la politique africaine de la France. L'intervention française au Gabon en 1964 pour rétablir Léon Mba au pouvoir, victime d'un coup d'État militaire consécutivement au caractère autoritaire de sa politique intérieure est un autre exemple de ces soutiens occidentaux ambigus. La volonté de préservation des intérêts stratégiques français au Gabon, en dépit de la politique interne du président Mba, peu encline aux valeurs démocratiques prônées par la France, en a une parfaite illustration (Nsolé Biteghe 1990).

Cette criminalisation des pays africains de la sphère d'influence française se caractérise par l'accaparement de la patrimonialisation des États par des détenteurs du pouvoir. Étant donné l'absence de distinction entre domaine public et domaine privé, le chef patrimonial traite toutes les affaires politiques, administratives et judiciaires comme s'il s'agissait d'affaires personnelles. Il en résulte un déficit de la gouvernance économique, caractérisée par les arbitraires clientélistes du patronage de la rente de l'exploitation de ressources naturelles : le patronage se fait prioritairement, voir inégalement au bénéfice du président au pouvoir, sa famille (naturelle et politique) et son ethnie. Autrement dit, la redistribution prend la forme de prébendes : Argent, services, passe-droits, accès aux écoles contingentées, bourses d'études, facilités d'obtention des

[32] En réalité, ils ne sont que des pantins installés au pouvoir par la France et acquis à ses intérêts. Ainsi, Houphouët-Boigny en Afrique l'Ouest et Omar Bongo en Afrique centrale furent des acteurs majeurs de ce dernier. Il ne fut pas étonnant de voir Emmanuel Macron ne pas s'en caché lors des funérailles du président Tchadien, Idriss Déby d'avril 2022, en saluant la mémoire d'un ami courageux de la France avant d'adouber la prise du pouvoir par le fils du défunt dictateur tchadien.

emplois et des marchés publics, etc. (Adam 2002 : 167-186). Cela se traduit par des enrichissements illicites au détriment du plus grand nombre de la population. La quasi-impossibilité d'alternance au pouvoir assure les successions dynastiques. L'instrumentalisation des identités ethniques devient un fonds politique. La corruption et les abus de toutes natures s'installent. Les services publics de base tombent en panne. Le coût de la vie augmente. Les investisseurs sérieux passent leur chemin. Suite au clivage entre le petit nombre profitant du système et ceux qui en sont exclus, il s'installe un climat de haine menaçant la cohésion nationale. Tout cela inhibe toute possibilité de développement.

Les exemples du Gabon d'Omar Bongo, du Zaïre de Mobutu, du Burkina Faso de Compaoré sont des illustrations explicites de l'archétype même des régimes clientélistes protégés et soutenus par la France de 1960 à 1990. En vertu de cette criminalisation de l'État, ces présidents firent de leurs pays respectifs les principaux lieux d'approvisionnement des ressources naturelles par la France, indispensable au statut de grande puissance.

Conclusion

À l'aide de quelques éléments factuels, cette étude a montré que la régulation de l'ordre public international n'est pas la chose la mieux partagée. Tirant profit de cette réalité, la France parvint à maintenir ses anciennes colonies en état de subordination, malgré la validité juridique d'égalité souveraine reconnue à tous les États. L'évidence large de cette violation historique du principe cardinal des relations interétatiques du respect d'égalité souveraine reconnue à tous les États, au nom de ses ambitions de grande puissance se caractérise par plusieurs faits : l'aliénation de la souveraineté des États africains sous son influence, l'instrumentalisation des institutions économiques et financières internationales, la prédation des ressources naturelles de ces États, perversion des économies et la gestion patrimoniale de l'État, et bien d'autres.

Cette situation est un sérieux handicap au développement qui dépend d'une foule de facteurs, dont les plus importants sont infrastructurels. Comparée à son voisin anglophone où l'activité présente un visage dynamique, l'Afrique francophone se caractérise par les infrastructures déficientes (dans le domaine de l'énergie, de l'eau ou des transports, etc.), la culture d'entreprise moins développée, la carence de la gouvernance, l'enrichissement illicite, la patrimonialisation de l'État, la quasi-impossibilité d'alternance au pouvoir, la corruption et bien d'autres. Dès lors, l'émancipation de l'emprise de la Françafrique comme une condition *sine qua none* pour le développement durable des pays de l'Afrique francophones.

Références bibliographiques

AMIN Samir, 1973, *Le développement inégal*, Paris, Éd. de Minuit.

BANQUE MONDIALE pour l'Afrique de l'Ouest et centrale, *Communiqué de presse 2022/040/AFW*, 10 février 2022.

ADAM Michel, 2002, « Guerres africaines », *Études rurales*, 163-164, p. 167-186.

BOUAMAMA SAÏD, 2019, « De l'esclavage à la coopération : chronique de la dépendance », *Ballast*, vol 8, 2 : 124-135.

BOUAMAMA Saïd, 2021, « Les accords économiques Afrique-France, une histoire négative », in Martine Boudet (coord.), *Résistances africaines à la domination néocoloniale,* Vulaines sur seine, Du Croquant.

CHARTE DE L'ORGANISATION DES NATIONS-UNIES, San Francisco, 1945.

COMBACAU Jean, 1994, « Le chapitre VII de la Charte des Nations Unies : résurrection ou métamorphose ? », in Ben Achour Rafaa et Laghmani Slim (dir.), *Les nouveaux aspects du droit international*, Paris, Pedone : 139-158.

GROSSER Alfred, 1965, *La Politique extérieure de la Ve République*, Fondation nationale des sciences politiques, Paris, Seuil.

DECRAENE Philippe, « Interview de Valéry Giscard d'Estaing », *Le Monde*, 4 mai 1976, [En ligne] https://www.vie-publique.fr/discours/262651-interview-de-m-giscard-destaing-au-journal-le-monde-avant-louverture (Consulté le 13/04/2023).

INSTITUT DU PACIFIQUE, « Introduire la Chine dans la limitation des armements nucléaires », 06/06/2019 [En ligne] http://institut-du-pacifique.org/2020/08/07/introduire-la-chine-dans-la-limitation-des-armements-nucleaires/ (Consulté le 10/04/2023).

LAGRANGE Évelyne, BURDEAU Geneviève, EISEMANN Pierre Michel, COMBACAU Jean, 199), *Les opérations de maintien de la paix et le chapitre VII de la Charte des Nations Unies*, Paris, Montchrestien.

LASSAAD Ben Ahmed, « Graphique - Conseil de sécurité de l'ONU : mode d'emploi », *Agence Anadolu*, 04/01/2018 [En ligne] https://www.aa.com.tr/fr/monde/graphique-conseil-de-sécurité-de-l-onu-mode-d-emploi-/1021376 (consulté le 10/04/2023).

MORGENTHAU Hans, 1948, *Politics among Nations: the Struggle for Power and Peace,* New York, Alfred A Knopf.

MUSTAPHA Ely, « Cinquantième anniversaire de l'Union Africaine : 50 ans de misère africaine », *AGORAVOX*, 31 mai 2013 [En ligne] http://www.agoravox.fr/tribune-libre/article/cinquantieme-anniversaire-de-l-136618 (Consulté le 10/04/2023).

NSOLE BITEGHE Moïse, 1990, *Échec aux militaires au Gabon en 1964*, Paris, Éditions Chaka.

VILAIN Rémi, « Qu'est-ce que le Fonds monétaire international (FMI) et comment fonctionne-t-il ? », Comité pour l'annulation de la dette du Tiers-Monde (CADTM), 15 octobre 2017 [En ligne] https://www. cadtm.org/Quest-ce-que-le-Fonds-monetaire-international-FMI-et-comment-fonctionne-t-il (Consulté le 06/04/2023).

Portée et limites de quelques initiatives étatiques de développement agricole au Sénégal. Cas de la Casamance, 1960-1979

Mamadou Diédhiou
Université Assane Seck de Ziguinchor, Sénégal
diedhiousg1@gmail.com

Résumé

Dès 1960, les nouvelles autorités sénégalaises ont attiré l'attention sur le fait que l'économie de traite, entretenue par la subsistance des structures coloniales d'exploitation, était incompatible au développement harmonieux de l'agriculture postcoloniale. La promotion du monde rural sénégalais fortement exprimée dans les discours officiels des tenants du pouvoir ne pouvait se réaliser sans une remise en cause fondamentale du modèle légué par le colonisateur. Ainsi, on assiste, parallèlement à la réorganisation de l'appareil politique et administratif de l'État, à une restructuration du monde rural, dans le cadre d'une politique de développement basée sur l'option idéologique du nouveau régime au pouvoir : le socialisme africain.

Le nouvel État s'est, ainsi, évertué à créer un environnement durable et propice à une participation et à un engagement citoyens dans les actions étatiques de développement, à travers l'institution des Centres d'animation rurale (CAR), des Centres d'expansion rurale polyvalents (CERP) et des coopératives dont le but est de renforcer les capacités des masses paysannes et de susciter, en elles, le désir et la volonté de promouvoir, à l'échelle régionale une agriculture performante. Les prérogatives attribuées à ces structures consistaient à préparer les consciences à cet effet et à outiller les coopérateurs pour qu'ils puissent disposer de compétences nécessaires à l'autogestion des organismes coopératifs. L'idée de la mise en place de ces structures est, en soi, très pertinente, mais l'exercice des missions a buté sur de nombreux obstacles.

Mots-clés : Agriculture, coopérative, animation rurale, paysans, autogestion

Summary

As early as 1960, the new Senegalese authorities drew attention to the fact that the trading economy, maintained by the subsistence of colonial structures of exploitation, was incompatible with the harmonious development of postcolonial agriculture. The promotion of the Senegalese rural world, strongly expressed in the official speeches of those in power, could not be achieved without a fundamental questioning of the model bequeathed by the colonizer. Thus, in parallel with the reorganization of the political and administrative apparatus of the State, we are witnessing a restructuring of the rural world, within the framework of a development policy based on the ideological option of the new regime in power: African socialism.

The new State has thus striven to create a sustainable environment conducive to citizen participation and engagement in state development actions, through the institution of Rural Animation Center (CAR), Multipurpose Rural Expansion Center (CERP) and cooperatives whose aim is to strengthen the capacities of the peasant masses and to generate, In them, the desire and the will to promote, on a regional scale, an efficient agriculture. The prerogatives attributed to these structures consisted in preparing consciences for this purpose and equipping the cooperators so that they could have the skills necessary for the self-management of cooperative organizations. The idea of setting up such structures is, in itself, very relevant, but the exercise of the missions has come up against many obstacles.

Key words: Agriculture, cooperative, rural animation, peasants, self-management.

Introduction

La fin des années 1950 marque une nouvelle ère dans la gestion des responsabilités administratives et économiques. La France a entamé le processus de transfert des prérogatives aux élites sénégalaises qui ont, progressivement, manifesté une volonté de rupture d'avec l'économie de traite. L'État nouvellement indépendant a assigné à l'agriculture une nouvelle orientation. Son action s'inscrit, dorénavant, en faveur de l'intensification de la production, de la diversification agricole, du rétablissement de l'équilibre entre les cultures et du don de soi pour la patrie. Dans l'atteinte de cet objectif, il a décidé de s'appuyer sur des structures comme les Centres d'animation rurale (CAR), les Centres d'expansion rurale polyvalents (CERP), les Centres de formation agricole (CFA), l'Office de commercialisation agricole (OCA), les Conseils régionaux d'assistance au développement (CRAD), l'Office national de coopération et d'assistance pour le développement (ONCAD) et les coopératives pour renforcer les capacités des paysans. Il s'agit, à terme, de créer une forte synergie entre tous les acteurs du développement au plus grand profit de l'économie régionale et de la nation sénégalaise en général.

Mais, Mamadou Dia, le principal artisan de cette réforme, n'a pas, véritablement, eu le temps qu'il fallait pour manager ces structures à cause des divergences profondes au sommet de l'État, lesquelles ont provoqué son éviction en décembre 1962. Même si ce dispositif a continué à fonctionner après son départ du pouvoir, force est, cependant, de noter qu'il s'est progressivement vidé de sa substance. Autrement, on était, encore loin, à la fin des années 1970, des espérances suscitées par la création de ces structures. L'étude de celles-ci nous aide, par conséquent, à comprendre, en partie, le fait que la Casamance, malgré la richesse de son potentiel, n'arrive pas à disposer d'une agriculture génératrice d'emplois décents et très productive pour couvrir les besoins de la consommation locale.

L'objectif de cette étude consiste à examiner ce dispositif technique institué par l'État sénégalais pour promouvoir le développement local en Casamance et à faire ressortir dans chaque maillon de cette politique interventionniste les défaillances organisationnelles.

Le besoin de comprendre ces dysfonctionnements nous amène à dégager l'hypothèse suivante : La politique agricole appliquée par ces structures n'a pas produit les résultats escomptés du fait des contraintes financières, des fautes de gestion, des résistances des milieux maraboutiques-affairistes et des rivalités politiques dont les conséquences ont entravé la bonne marche des structures de formation, de coopération, d'animation et d'expansion rurales.

1. Les Centres d'animation rurale (CAR)

Lorsque le Sénégal a accédé, en 1960, à la souveraineté internationale, beaucoup de populations, surtout parmi la masse paysanne, ne savaient pas qu'une autre ère venait de s'ouvrir dans l'histoire de leur pays. Il ne pouvait en être autrement, car la plupart des parents ont refusé d'envoyer leurs enfants à l'école coloniale parce que celle-ci leur apparaissait comme étant un lieu d'apprentissage de comportements et de manières de vivre différents de leurs cultures.

En plus, l'héritage colonial a laissé dans la conscience des populations rurales de très mauvais souvenirs. Ces derniers ont trait aux persécutions arbitraires dont beaucoup d'entre elles étaient victimes de la part des chefs de canton, aux vols commis lors des opérations de pesage des graines d'arachides, aux détournements par les fonctionnaires coloniaux de plusieurs tonnes de produits agricoles et aux iniquités notées dans le système de crédit (l'usure).

Cette attitude a fini par installer la méfiance chez de nombreux paysans qui ont pris l'option de se replier sur eux-mêmes et d'être sceptiques à l'égard de toute initiative émanant de l'extérieur. Il s'agit là d'un handicap qu'il fallait, à tout prix, corriger pour instaurer désormais la confiance entre les populations et l'État de manière à leur permettre de participer activement au projet de construction nationale (Tiquet 2019 : 74).

En outre, dans le sud du pays, malgré les difficultés de *la sénégalisation de la Casamance* liées à l'enclavement de la région, l'administration coloniale, ignorant sans doute de possibles revendications indépendantistes à l'avenir, ne s'était-elle pas appesantie sur le travail de sensibilisation pour amener ces individus à prendre conscience de leur appartenance à l'espace sénégalais ? Laisser la situation comme telle, c'est-à-dire ne pas œuvrer pour que ces habitants puissent appréhender la nouvelle donne, c'est porter préjudice au combat pour le développement économique et social de ce jeune État, car cette bataille ne pouvait pas être l'apanage des seules autorités gouvernementales. Alors, le président Senghor et son gouvernement ont senti la nécessité de trouver le plus rapidement possible un moyen qui puisse permettre aux populations d'acquérir les connaissances nécessaires à leur insertion harmonieuse dans la communauté nationale et à leur participation active à la vie économique pour un meilleur devenir de la nation.

C'est dans cet esprit que les CAR, les CERP, les CRAD et les coopératives ont été créés en 1960 pour servir de fondement à l'émergence d'un sénégalais de type nouveau imbu des valeurs de patriotisme et de courage indispensables à la satisfaction de ce que les psychologues appellent « les besoins de réalisation », c'est-à-dire les besoins relatifs au désir d'exploiter au maximum ses potentialités pour se dépasser. Le rôle dévolu à ces structures était donc éminemment important, car la possibilité d'avoir en grand nombre, des hommes et des femmes sénégalais, soucieux de travailler efficacement à la construction du pays en dépendait.

1.1. Recrutement, formation et rôles des agents chargés de l'animation rurale

Ces structures ont été instituées dans tous les départements de la Casamance, avec comme mission principale de provoquer, jusque dans les villages les plus reculés, par une éducation appropriée, l'adhésion des populations à cette démarche gouvernementale de participation populaire au développement du Sénégal. Au niveau de chaque Centre d'animation rurale, on trouvait un directeur dont la connaissance du milieu (ethnies, coutumes locales, etc.) et les qualités solides de contacts humains étaient à la base de son choix. On a supposé que ces atouts devaient, selon toute vraisemblance, lui permettre d'opérer, avec, moins de difficultés, des descentes dans les villages pour prendre langue avec les populations et imprégner en elles la notion d'animation rurale, préparant ainsi le terrain aux futurs agents chargés de l'exercice de cette fonction.

Une fois le champ d'action balisé, il appartenait aux villages de désigner des hommes et des femmes en qui ils ont confiance pour assurer pleinement les tâches pour lesquelles le gouvernement a créé les CAR. Cela veut dire donc que n'importe qui ne pouvait faire office de relais d'animateur rural. Il fallait remplir un certain nombre de critères préalablement établis par les responsables de ces services et portant sur l'âge (entre 25 et 45 ans), sur l'influence des postulants dans leur environnement de vie, sur leur ouverture d'esprit, etc. Les populations choisies pour exercer cette mission ne bénéficiaient pas de privilèges. Il s'agissait d'un don de soi pour le bien-être des communautés auxquelles elles appartenaient parce que le principal artisan de cette politique, en l'occurrence Mamadou Dia (président du Conseil dans la période 1960-1962), ne voulait pas que ces derniers soient perçus par les paysans comme une catégorie socioprofessionnelle placée au-dessus d'eux (Diakhaté 2017 : 105-114).

Après avoir été désignés, ces derniers se réunissaient dans les locaux des CAR pour un stage d'initiation appelé stage de premier degré, fixé en dehors des périodes d'activités agricoles (Cusenier 1964 : 363). Contrairement à la méthode ex-positive qui fait de l'enseignant le seul connaisseur, on a plutôt opté pour le dialogue, exercice pendant lequel les différents participants arrivaient à comprendre davantage les paysans et leurs possibles réactions positives ou négatives en face des innovations (Ngom 1970 : 6). C'était, en fait, une pédagogie active qui favorisait la participation des stagiaires à la compréhension des réalités économiques de leur milieu et l'appréhension des mutations en cours ou en voie d'introduction ainsi que le rôle du futur animateur.

Ce dernier s'évertuait à faire prendre conscience aux paysans l'importance qui s'attachait à l'adoption de comportements de culture intensive, à la collaboration avec les sociétés et structures d'appui à l'agriculture casamançaise, à s'adonner aux travaux d'intérêt général, etc. Il devait, aussi, par son sérieux de l'encadrement des cultivateurs, donner confiance à ces derniers en leur expliquant clairement les ambitions du gouvernement contenues dans les plans quadriennaux de développement économique et social (Cusenier 1964 : 363).

À la fin de ce stage de premier degré, on entamait immédiatement celui dit de deuxième degré au cours duquel les responsables des CAR mettaient à la disposition des futurs animateurs des connaissances techniques pour leur permettre de travailler avec plus d'efficacité dans la résolution des problèmes de développement rural. Ces connaissances portaient, par exemple, sur la culture attelée, sur la fertilisation des terres, sur la vaccination, la castration et sur la gestion efficiente des coopératives.

Ces agents ont ainsi, en fin de stage, des dispositions minimales pour créer, à leur retour dans les villages, une réceptivité au changement et donner un sens à la participation populaire aux projets du gouvernement. Et ce, dans le but de permettre aux services de vulgarisation agricole et aux autres structures intervenant dans le développement économique et social d'agir plus efficacement. (Cusenier 1964 : 24).

Ce discours centré sur l'animation rurale a, certes, une portée limitée, mais il a permis, tout de même aux populations rurales d'entreprendre, dès les premières années de l'indépendance, des travaux d'intérêt public portant sur la rénovation des routes dont l'apport sur le plan économique était crucial. L'exemple de la route Bignona-Tendimane-Balingore peut être convoqué à ce sujet pour rendre compte de cette mobilisation volontaire des travailleurs qui ont livré un travail acharné pour la réfectionner et favoriser les échanges aussi bien internes qu'externes. Cependant, quelle que soit sa pertinence, le discours portant sur l'animation rurale a buté sur de nombreux obstacles.

1.2. Les contraintes de l'exercice de la fonction d'animation rurale

Diverses contraintes ont annihilé les efforts de l'animation rurale en Casamance tout comme dans le reste du Sénégal. Parmi celles-ci figurent les défaillances de la formation. La durée de 15 jours consacrée à celle-ci ne permettait pas au paysan stagiaire de se débarrasser totalement de ses préjugés culturels pour prétendre changer la longue routine des autres cultivateurs (Diakhaté 2017 : 105-114). La formation ne pouvait être efficace que lorsque les paysans nouvellement initiés à la fonction de relais d'animateur étaient constamment visités sur le terrain, encadrés et orientés par les techniciens des CAR pour renforcer et consolider les acquis, mais aussi pour motiver les agents à bien faire leur travail. Celui-ci suppose donc la nécessité d'effectuer des sorties fréquentes pour toucher le maximum de cibles dans la région.

Cependant, les efforts consentis en ce sens ont été maigres du fait de l'insuffisance des moyens logistiques et humains indispensables au suivi régulier du paysan après sa sortie du CAR. Dans le département de Bignona, par exemple, il y avait 4 agents au niveau du CAR pour une centaine de relais animateurs appelés eux aussi à encadrer une population active évaluée à 64 673 habitants en 1969 (Cissé 1968 : 5). Il s'y ajoute le vieillissement du parc automobile qui a, souvent, occasionné des immobilisations dont la durée était prolongée par l'insuffisance de crédits. Parfois, des agents disponibles pour entreprendre des tournées se trouvaient dans l'incapacité d'exercer cette mission faute de carburant. Les empêchements pour régler des problèmes ou pour des raisons de maladie, de décès d'un voisin, etc., constituaient, enfin, des contraintes à prendre en compte.

La situation était pareille dans les autres CAR. En effet, dans une étude portant sur « l'exode des jeunes casamançais », Arona Diouf (1981 : 8) a montré le paradoxe de la démarche gouvernementale qui voulait créer un engouement populaire pour soutenir ses actions de développement sans pour autant donner les moyens de cette politique. Il a, ainsi, pointé du doigt l'insuffisance du personnel et du matériel automobile qui a associé ses effets néfastes à ceux de la défectuosité du réseau routier pour mettre mal à l'aise ces services dont la mission exigeait une mobilité permanente.

Toutes ces difficultés n'ont fait que favoriser le maintien des formateurs à leur siège au détriment des visites sur le terrain pourtant, beaucoup plus importantes. Dans ces conditions, les relais animateurs insuffisamment formés se trouvaient dans l'impossibilité de perfectionner les connaissances acquises. Cette inertie des formateurs leur donnait le sentiment d'être abandonnés à eux-mêmes dans ce combat, certes, exaltant, mais difficile de changements des mentalités.

Dans le département de Bignona, l'enthousiasme étatique noté dans la rénovation des routes s'est vite estompé à cause d'un manque de suivi et d'entretien qui fait que ces infrastructures se sont détériorées quelques mois après la fin des travaux. En plus, de nombreuses populations n'ont pas été sensibles aux changements souhaités par les pouvoirs publics (Cusenier 1964 : 25). Elles n'ont pas voulu mettre bénévolement leur force de travail au service de la construction nationale.

Dans le cadre des méthodes culturales, les espoirs placés dans le renouveau technologique étaient loin d'être réalisés ; les paysans diolas ne cachaient pas leurs intentions de s'accrocher aux habitudes ancestrales. Ces propos sont confirmés par Brigitte Albert Barbier qui reconnaît que :

> les cultivateurs n'ont rien changé à leurs pratiques agricoles. Aux jeunes qui leur proposaient d'utiliser la culture attelée, ils ont répondu scandalisés : quelle honte ! Laisser travailler à leur place les bœufs tranquilles que gardent les Peuls à la sortie du village ! Se faire traiter de paresseux ! Ne plus se courber vers le sol, soulevant la terre, chargée d'eau avec son *Kadyendo*, y sculptant les lignes de sillons et de billons où l'on repiquerait les jeunes pousses des pépinières ! Ce que les ancêtres ont enseigné ne peut être changé (Albert-Barbier 1994 : 38).

Pourtant, la culture attelée présente un grand avantage en termes de gains de temps et d'extension des superficies, mais de nombreux paysans diolas refusaient de s'y engager. Ils se sentaient plus en sécurité dans l'utilisation de leurs pratiques agricoles habituelles parce que celles-ci leur offraient toujours les possibilités de tirer de la nature les subsistances nécessaires à leur famille. Les anciennes méthodes de culture étaient donc considérées comme de véritables rites et leur admiration par ces derniers était devenue religion. Ces cultivateurs n'étaient, donc, pas dans les dispositions d'abandonner les méthodes multiséculaires de mise en valeur du sol pour non seulement ne pas être traités de paresseux, mais ne pas aussi porter un coup trop dur à leur prestige familial et à leurs valeurs traditionnelles.

Évidemment un tel raisonnement foulait au pied la philosophie qui animait les actions de l'animation rurale. Cet échec de l'initiative gouvernementale a eu un impact négatif dans la modernisation de l'agriculture casamançaise. Compte tenu des moyens faibles mis à leur disposition et de cette attitude conservatrice de la majorité des paysans diola, les animateurs ruraux étaient dans l'incapacité d'amener les populations qui aspiraient à quitter les campagnes pour se rendre dans des villes comme Ziguinchor, Dakar ou à l'extérieur du Sénégal, à renoncer à leur projet d'émigration.

Les motifs de départ de ces dernières, constituées surtout des filles et des garçons, figurent en bonne place dans le mémoire de Cheikh Oumar Bâ (Bâ 1997 : 20-23). Ils sont nombreux et variés, mais on peut retenir parmi les causes les besoins liés à la quête du numéraire. La ville de Ziguinchor constituait, par exemple, pour les migrants une destination prisée grâce à ses installations industrielles, portuaires et commerciales qui étaient source d'emplois urbains. En plus de ce besoin d'argent créé par la colonisation, les migrations s'expliquaient par la volonté d'échapper aux pénibles tâches agricoles réalisées par des outils techniques de production et de repiquage rudimentaires qui leur réclamaient trop d'efforts physiques. On peut, aussi, souligner l'attraction urbaine véhiculée par d'anciens migrants de retour au village, qui à travers leur port vestimentaire, suscitait, auprès des villageois, le désir d'aller en ville.

Cet exode de la main-d'œuvre juvénile ne faisait pas l'affaire des animateurs ruraux, car leurs activités, pour être pleinement efficaces, ont besoin de s'appuyer sur cette tranche d'âge qui est la plus perméable au progrès pour mieux agir sur les adultes et les vieux moins ouverts aux changements de mode de vie et de pensée. De plus, les jeunes qui ont goûté à la ville, après y avoir vécu quelque temps, étaient rarement enclins à retourner à la campagne de leur plein gré ou autrement.

De toute évidence, ces départs représentaient une perte lourde de conséquences négatives pour l'encadrement des activités du village ou de l'exploitation rurale. En privant les campagnes d'une bonne partie de leurs éléments les plus réceptifs au progrès, cet exode a contribué à maintenir l'agriculture casamançaise dans une situation de productivité faible. Il se posait, alors, un problème de sécurité alimentaire, car même si les migrants participaient, via les transferts d'argent, au financement des besoins de leurs familles restées au village, ces envois d'argent n'arrivaient pas, en raison de leurs proportions très modestes, à compenser les pertes économiques provoquées par les départs (Bâ 1997 : 24).

En outre, il y a les contraintes foncières. Beaucoup de terrains étaient restés en friche à cause des moyens rudimentaires dont disposaient les populations. Le législateur sénégalais, se situant dans la logique de continuité du colonisateur français, a adopté, en 1964, la loi sur le domaine national. (Niang 1982 : 219). Toutes les terres qui ne relevaient pas des statuts fonciers introduits par le colonisateur (titres privés, domaines privés et publics de l'État) appartiennent de plein droit au domaine national. Ce domaine est réparti en quatre catégories dont la plus importante est celle des zones de terroirs destinées à l'agriculture et l'élevage.

En Casamance, les populations, dans leur écrasante majorité, ignoraient cette loi, car les CAR dont le rôle est de guider l'évolution rurale en expliquant les ambitions du gouvernement n'ont pas bien fait ce travail. C'est pourquoi les communautés rurales nées de la réforme administrative de 1972 pour distribuer et redistribuer des terres comprises dans leur territoire ont du mal à faire accepter les dispositions réglementaires du texte instituant le domaine national. Les populations ont continué, comme à l'accoutumée, de vivre l'accès à la terre par rapport à leurs règles et perceptions locales.

Dès lors, il en résulte, comme à l'époque coloniale, de nombreux conflits liés, certes, à l'incompatibilité de deux régimes fonciers, mais aussi à la mauvaise foi de certains conseillers ruraux qui se sont servis de leur appartenance au parti au pouvoir (Parti Socialiste) pour violer l'esprit de la loi sur le domaine national (Hesseling 1994 : 251). En effet, des fonctionnaires ont bénéficié, dès l'installation des communautés rurales, de plusieurs parcelles alors qu'ils n'étaient pas administrativement originaires de la localité où les terrains leur étaient attribués. Ils profitaient de leur position financière pour acheter des terrains qu'ils ne mettaient pas, parfois, en valeur ; ce qui est contraire au texte de 1964 qui stipule que l'affectataire doit exploiter lui-même ou avec les membres de sa famille le terrain reçu. (Niang 1982 : 27).

Telles sont les difficultés rencontrées par les CAR. Elles n'ont pas épargné les CERP dont la mission était relative à l'encadrement civique humain et technique à l'échelon de collectivité de base dans le but de promouvoir le développement local.

2. Les Centres d'expansion rurale polyvalents (CERP) : un espoir devenu déception

Depuis la loi-cadre de 1956 qui a permis aux colonies d'avoir un exécutif local, les autorités sénégalaises ont senti la nécessité d'orienter les efforts vers la mobilisation de toutes les forces productives du pays. Cette volonté affichée par les pouvoirs publics s'est renforcée en 1960 suite à la refonte des structures de l'administration territoriale intervenue cette année et qui a consacré la naissance de nouvelles entités spatiales parmi lesquelles l'arrondissement.

Les mauvais souvenirs liés au fonctionnement des cantons devaient être bannis de la conscience des populations pour que celles-ci, oubliant désormais les séquelles du passé, puissent appréhender la nouvelle donne gouvernementale qui cherchait à créer une nation forte sur les plans économique, social, culturel, etc. Mais, le besoin d'organiser une véritable mobilisation des énergies suppose que l'effort que l'on souhaitait être général, à la base, et volontairement consenti, soit suscité et bien encadré par les nouvelles autorités du pays.

Ainsi, le gouvernement du Sénégal, conformément à son option socialiste démocratique, a créé, à côté des CAR, les CERP par la loi du 13 janvier 1960 pour mieux se rapprocher et encadrer les populations rurales qui lui fournissaient plus de la moitié de ses revenus monétaires. Il s'agit d'un instrument très utile dans le dispositif du programme agricole mis en place par les autorités pour tenter de répondre avec efficacité aux sollicitations diverses du monde rural par un encadrement polyvalent et rapproché des populations dans la conception et l'exécution des projets agricoles à l'échelle de l'arrondissement.

2.1. Les rôles de CERP dans le développement local

Nées au début de l'indépendance du pays, ces structures ont pour mission de favoriser le développement du mouvement mutualiste, de participer à la formation et à l'éducation des populations rurales, de réunir tous les renseignements permettant une bonne connaissance du milieu dans lequel s'exécutait l'action des services de l'État. Leur rôle était aussi de porter à la connaissance des populations les objectifs des plans de développement et de participer à l'exécution des directives données dans ce domaine par les services techniques, notamment en ce qui concerne le programme d'équipement agricole, les opérations de production et de commercialisation des denrées agricoles, etc. (Bathily 1968 : 14).

Les CERP étaient placés sous l'autorité du préfet. Mais, comme ce dernier ne peut pas remplir correctement les tâches qui l'incombent dans l'exécution et le contrôle des projets gouvernementaux, le législateur a délégué cette prérogative aux chefs d'arrondissement. Ces derniers ont autorité sur tous les membres de l'équipe polyvalente. Ils sont chargés de l'exécution des directives étatiques liées à l'animation des CERP et au fonctionnement des coopératives.

Comme le développement du monde rural dépasse le cadre strictement agricole, on retrouvait au sein de chacune de ces unités une équipe polyvalente qui polarisait plusieurs secteurs que sont l'agriculture, les Eaux et Forêts, l'élevage, le génie rural, l'enseignement, la santé, l'animation, l'ONCAD, l'habitat rural et la pêche (Laville 1967 : 381). De ce fait, les CERP s'intéressaient à toutes les activités productives de leur circonscription comprenant, entre autres, la surveillance des cultures, des forêts classées, des zones de parcours des troupeaux, des zones de pêche, au conditionnement des arachides, à la répression des fraudes, au contrôle des prix, etc. (Zuccarelli 1966 : 275). Chacun de ses agents est affecté au CERP par son ministère qui continue de le gérer. Le chef de CERP était nommé par le ministre du Développement rural et de l'Hydraulique. Les CERP étaient chargés d'exécuter les programmes élaborés au niveau central par les représentants des ministères et établissements publics ayant des agents dans les équipes polyvalentes. Ces programmes sont, par la suite, envoyés au niveau de chaque région. À ce niveau le gouverneur réunissait le CRD et la Commission régionale des CERP pour réaliser la coordination et l'harmonisation des instructions et programmes.

Ces outils de travail qui venaient de l'administration centrale sont ajustés aux besoins et possibilités de la région (Casamance) avant d'être transmis aux instances départementales. C'est à ce niveau que l'on identifiait bien les actions confiées aux CERP, car les organes départementaux, sous l'autorité du Préfet, ont fini d'adapter les programmes au contexte local et envisagé une coordination plus poussée devant être effectuée par le CDD et la Commission départementale des CERP qui mettait en place la feuille de route mensuelle des CERP.

2.2. Les difficultés rencontrées par les CERP

Mais, le travail de coordination des activités des différents ministères, au stade de l'exécution pratique des programmes établis, a posé de sérieux problèmes en Casamance. Trop souvent rien n'est concerté ; les agents s'en tenaient aux directives données par les services desquels ils relevaient techniquement et budgétairement. (Decupper 1971 : 43). En plus de ce défaut d'harmonisation, les missions des CERP ont été, quelquefois, rendues difficiles par les comportements de certains chefs qui n'ont pas pu se défaire rapidement de leur manteau colonial. Anciens chefs de canton nouvellement nommés à la tête de l'arrondissement, ils ont, tout au début d'exercice de leurs fonctions, perpétué leurs pratiques coloniales de corruption et d'escroquerie à l'égard des populations. Le fait que, dans diverses contrées, les populations se dressent contre leur abus de pouvoir, a même obligé le ministre de l'Intérieur à prendre, en 1960, une circulaire pour recadrer l'exercice de leurs fonctions en leur faisant comprendre qu'il ne s'agit point de pérenniser ces forfaitures, mais d'œuvrer plutôt à établir de bons rapports entre la nouvelle administration sénégalaise et les administrés (Zuccarelli 1966 : 277).

Progressivement, des mutations se sont opérées dans la gouvernance locale. En effet, à l'occasion d'un changement d'autorité, des populations rurales ont profité de la cérémonie d'installation du nouveau chef d'arrondissement pour signifier au ministre de l'Intérieur leurs satisfactions suite aux progrès notables enregistrés dans la collaboration avec le représentant local du pouvoir central. Les brimades de toutes sortes, les amendes arbitraires et les demandes forcées de cadeaux en volailles, bétail ou argent ont fortement baissé grâce à une cordiale coopération rendue possible par une formation administrative entreprise par le ministère de l'Intérieur (Zuccarelli 1966 : 278). Au-delà de cette difficulté qui était en passe d'être résolue, il faut noter que dans de nombreux CERP (Dioulacolon, Nyassia, Tendouck etc.), les équipes étaient incomplètes et les moyens insuffisants quand ils existaient (Sheldon 1997 : 56). Dans ces conditions, les agents restaient pour la plupart inactifs ; ce qui a amené Joël Decuper (1971 : 43) à parler « d'encadrement du fromager », car les responsables des CERP se retrouvaient souvent sous l'ombre de cet arbre propice à la discussion et au repos.

Cette situation qui prévalait dans les années 1960 a, toutefois, persisté jusqu'à la fin des années 1970. Elle a provoqué une profonde déception chez les populations rurales qui en étaient arrivées même à douter du sérieux de l'encadrement local et cette déception a contribué à maintenir le bas niveau de production, car elle détruisait tout effort en faveur de la modernisation agricole. Ces problèmes n'ont pas épargné les autres structures étatiques dont l'action s'inscrivait aussi dans la valorisation des potentialités des zones rurales.

3. Les Centres de Formation et de Perfectionnement agricole (CFPA)

La formation des paysans est une nécessité pour le développement économique et social du Sénégal en ce sens qu'elle permet une amélioration continue des pratiques culturales. Le gouvernement du président Senghor a alors créé dans les années 1960 et 1970 des Centres de perfectionnement agricole. Ces derniers étaient inclus dans un projet étatique relatif au renforcement des capacités des artisans, des éleveurs, des pêcheurs et des agriculteurs.

Ce projet qui constituait en Afrique d'expression française, la première expérience en matière de formation professionnelle entreprise en milieu rural, était conjointement financé par l'État sénégalais et le PNUD à hauteur de 2 420 000 000 de francs CFA dont 920 000 000 octroyés par cette institution onusienne et 1 500 000 000 F CFA par le budget national (Touré 1978 : 14). Il comportait trois phases au cours desquelles 13 CPA ont été installés dans le pays[1].La Casamance disposait de deux centres (Guérina et Kéréouane) pour former et renforcer les capacités des paysans.

---

[1] La première phase qui s'étendait de 1963 à 1967 a permis la réalisation de cinq centres. Il s'agit, d'abord, de celui de Guérina, localité sise sur la « Transgambienne » à 6 kilomètres de Bignona. Les activités du centre portaient sur la formation d'instructeurs d'agriculteurs, d'éleveurs et sur le perfectionnement des paysans. Nous avons, ensuite, le centre de Kaffrine, spécialisé dans la formation d'instructeurs en artisanat et le perfectionnement des artisans et de Thiès destiné aux renforcements de capacités des monitrices d'économie familiale. Il y avait, enfin, les centres d'Ogo et de Sédhiou qui s'occupaient, respectivement, de la perfection des paysans.et d'une meilleure maîtrise du métier d'artisanat. Cette première phase était suivie d'une deuxième de quatre ans (1968-1972) au cours de laquelle on a assisté à l'extension des activités et au renforcement des infrastructures par la mise sur pied de 5 nouveaux centres dont deux (Kanel et Tivaoune) ont trait au perfectionnement des artisans ; un, celui de Labgar s'était spécialisé dans l'élevage et un autre situé à Kéréouane dans l'agriculture. Le centre de Missirah, quant à lui, recevait, à la fois, les paysans et les artisans. La troisième phase qui s'étendait sur deux ans (1973-1975) se caractérisait

3.1. Les objectifs des structures

La formation professionnelle dispensée dans ces infrastructures a pour objectif de créer des paysans modernes et modèles qui devaient, après un perfectionnement de plusieurs mois, contribuer par, la pédagogie de l'exemple, à renforcer les capacités de leurs concitoyens en leur apprenant ce qu'ils ont appris, et ce, dans le but d'aboutir à un accroissement de la productivité. Ainsi, pour mener à bien une telle mission, des élèves instructeurs sont recrutés par voie de concours ouvert aux agents techniques de l'agriculture, de l'élevage et des Eaux et Forêts. Ce sont donc des individus ayant déjà un certain bagage intellectuel à qui il fallait renforcer les connaissances techniques pour leur permettre d'avoir les capacités requises indispensables à l'encadrement des paysans stagiaires. La formation pratiquée aux centres de Guérina et de Kéréouane ne s'adressait pas à n'importe quel type de paysans. À partir du moment où elle se faisait sous forme de stage de 8 à 9 mois, la préférence portait sur les cultivateurs qui ont une certaine expérience du métier d'agriculteur et dont le poids social et les qualités personnelles (amour du travail de la terre, esprit d'ouverture, capacité d'écoute et de convaincre, etc.) sont avérés aux yeux de tous. En dehors des cours théoriques ayant trait aux leçons d'alphabétisation complétées par des notions élémentaires d'histoire, de géographie, de calcul et d'éducation sanitaire, les stagiaires faisaient des descentes sur le terrain pour réaliser des tâches pratiques concernant la technique des labeurs en billons et à plat, l'utilisation des semences sélectionnées, des engrais et du matériel à traction bovine, la plantation et le greffage des arbres fruitiers, la lutte contre l'érosion, etc. (Cissé 1968 : 54). Ces travaux sont suivis, par la suite, par les paysans stagiaires ; ce qui leur permet de développer le sens de l'observation pour mieux décrire les situations agraires et de tirer des conclusions sur ce qu'ils ont fait et vu faire par les autres camarades de promotion. Cet aspect pratique du stage a pour objectif fondamental d'apporter, après chaque travail d'essai, les correctifs nécessaires afin d'améliorer les résultats de la prochaine séance.

---

aussi par le renforcement et la diversification des activités. Elle est marquée par la création de trois centres : le premier, relatif à l'amélioration des techniques de production des paysans se trouvait à Nioro du Rip ; un autre à Nianga sur le fleuve Sénégal pour s'occuper des cultures irriguées et le dernier, établi à Joal dans la région de Thiès, intervenait dans le domaine de la pêche artisanale.

La formation qui s'étalait sur deux années est divisée en trois phases[2] au terme desquelles un examen était organisé en deuxième année, pour s'assurer que les cours dispensés par les formateurs ont été maîtrisés ou non. Ceux qui réussissaient se voyaient attribuer par l'administration des centres, un Certificat d'aptitude. Celui-ci leur conférait la possibilité d'être affectés dans les structures de perfectionnement agricole ou dans les Écoles d'agents techniques d'agriculture de Louga et de Ziguinchor pour former d'autres sénégalais et Africains et leur donner ainsi les compétences indispensables à l'essor de la production et de la productivité.

Pour mieux convaincre ces paysans stagiaires de la prééminence des techniques culturales modernes, on opposait celles-ci aux méthodes traditionnelles. Les rendements obtenus au cours de trois campagnes agricoles successives ont confirmé cette supériorité comme le prouve le tableau ci-après qui établit la comparaison entre les productions par hectare réalisé au niveau du département de Bignona et celles du centre de perfectionnement de Guérina.

[2] La première, appelée période d'initiation, était le moment pendant lequel les travaux pratiques étaient effectués et suivis ensemble par les élèves instructeurs et paysans stagiaires. Entamées généralement au mois de juin, ces tâches exécutées en tronc commun s'achevaient au bout de 7 mois, c'est-à-dire en janvier. Elles cédaient, alors, la place aux cours de pédagogie qui, à terme, devaient asseoir les compétences nécessaires à l'exercice du métier d'instructeur. De leur côté, les élèves de deuxième année réalisaient, durant la même période, des travaux pratiques, à titre de démonstration sous l'égide des professionnels de l'établissement. Ils recevaient parallèlement une formation théorique, pratique et administrative. Pendant la deuxième phase, les élèves instructeurs de première année qui ont acquis une certaine expérience commençaient à valoriser leur savoir-faire dans la préparation et le déroulement de la campagne agricole de l'année en cours. Les élèves de deuxième année, quant à eux, étaient orientés, soit, vers le recrutement des paysans stagiaires, soit, vers des stages de consolidation des acquis au niveau des CERP ou des structures de perfectionnement agricole sises à l'extérieur de la Casamance. La troisième et dernière phase est une période au cours de laquelle le savoir-faire et le savoir-être sont définitivement installés pour permettre aux élèves instructeurs d'éviter les erreurs de conception et les orientations maladroites des paysans stagiaires.

Tableau : Rendements en kg/ha des productions obtenues au CFA de Guérina et dans les autres concessions agricoles du département de Bignona

Culture	Production de 1965 en kg par ha		Production de 1966 en kg par ha		Production de 1967 en kg par ha	
	Guérina	Département	Guérina	Département	Guérina	Département
Arachide	1812	1000	1911	600	1567	800
Riz Paddy	3200	1400	1670	1200	2200	1200
Mil	1700	800	1600	500	1300	700
Sorgho	1552	800	1806	500	1600	800
Mais	1896	700	3130	800	3160	900
Manioc	2000	900	25 000	10 000	22 000	10 000

Source : Cheikh Cissé, *op. cit.*, pp. 57-58.

En observant ce tableau, on voit tout de suite, la différence fondamentale qui apparaît entre les zones ayant bénéficié d'un encadrement et celles qui en sont dépourvues. Le résultat est brillant dans la plupart des zones où les populations étaient placées sous la tutelle de l'encadrement des projets. Mais, en dehors de ces localités, il est navrant de constater que l'agriculture sénégalaise et casamançaise, en particulier, tardait, encore, à se débarrasser des stigmates qui étaient à l'origine de ses contreperformances. Les rendements des productions en kg/ha sont élevés là où les investissements sont plus importants. Cela veut dire, en d'autres termes, que l'agriculture, pour qu'elle soit véritablement productiviste, doit forcément bénéficier d'un environnement propice à l'accomplissement des différentes tâches.

3.2. Les difficultés de valorisation des compétences

L'absence d'investissements fait que le métier d'agriculteur, bien qu'étant noble, était jugé à tort ou à raison peu rémunérateur par la plupart des paysans formés qui ont choisi, par la suite, de prendre le chemin de l'exode vers d'autres cieux à la recherche de meilleures conditions de vie. Ceux qui étaient restés n'ont pas réussi à faire valoir leurs compétences à cause du climat de médiocrité dans lequel baignait l'agriculture casamançaise. Celle-ci, depuis l'indépendance du Sénégal, faisait face à de multiples contraintes liées essentiellement à l'insuffisance de l'équipement agricole. En nous référent au matériel attribué par la commission régionale d'octroi de prêts pendant l'année 1964, on voit nettement que dans le domaine de la fourniture de l'équipement, la Casamance était mal partie puisqu'avec ses 500 000 habitants environ dont plus de la moitié étant composée de ruraux, elle ne disposait que de 720 paires de bœufs pour la culture attelée, 553 charrues, 132 charrettes, 211 houes, 3 semoirs et 1365 HCA (Joll 1965 : 4). C'est pour cela que les exploitations agricoles sont majoritairement marquées par une forte prédominance de l'utilisation des méthodes purement manuelles qui ne permettaient en moyenne que l'exploitation d'un demi-hectare par habitant rural.

Même si des efforts ont été consentis pour tenter de corriger ce faux départ[3] (Guèye 1970 : 164), force est de reconnaître que la situation était restée encore très alarmante dans la mesure où les calculs effectués par Moustapha Guèye en 1967 montrent qu'il n'y avait qu'un semoir pour 1 000 habitants ruraux, 0,6 semoir pour 1 000 hectares emblavés, 0,5 houe pour 1 000 habitants ruraux et 0,2 houe pour 1 000 hectares emblavés, 1 polyculture pour 1 000 habitants ruraux et 7 charrues pour 1 000 hectares emblavés.

En plus de cela, il y avait un déséquilibre dans la localisation du matériel agricole. Celui-ci, compte tenu de sa meilleure adaptation à la culture de l'arachide était, pour l'essentiel, distribué en Haute et Moyenne-Casamance où les activités de cette filière étaient beaucoup plus fortes qu'ailleurs sur le territoire régional. Ziguinchor n'avait qu'un semoir, 2 polycultures et 20 charrues ; Oussouye ne possédait en tout que de 4 charrettes à bœufs, 4 paires de bœufs et une charrue. Le département de Bignona malgré sa population active évaluée à 62 919 habitants en 1967, ne comptait que 5 semoirs. (Cissé 1968 : 2).

La sécheresse des années 1960 et 1970 est aussi à prendre en compte dans la compréhension des problèmes agraires ; elle n'a pas permis à la majorité des paysans, dépourvus de revenus suffisants, par suite de mauvaises récoltes, de s'engager dans des dettes. Nous avions aussi le sous-cmploi quasi permanent des cultivateurs pendant la saison sèche, la non-viabilité des coopératives agricoles, le faible degré de l'animation rurale dont le rôle était d'amener de façon souple les paysans à être très sensibles à l'importance des innovations technologiques. Du fait de cette situation, les exploitations agricoles casamançaises étaient marquées

[3] 326 semoirs, 3836 charrues, 1450 paires de bœufs, 141 houes, 1 396 charrettes à bœuf, 327 polycultures.

par une forte utilisation d'outils traditionnels qui réclamaient aux paysans trop d'efforts physiques et limitaient les possibilités d'extension des superficies cultivables.

On peut aussi évoquer les tergiversations sur les taux de remboursement et le lourd fonctionnement de l'ONCAD qui ont provoqué une perte de crédit des programmes d'équipement vis-à-vis des paysans. Signalons, enfin, le problème des souches qui s'opposaient à l'utilisation du matériel dans la mesure où elles cassaient les pièces. Le fait qu'il n'y avait pas, sur place, des entreprises pour rechanger les éléments détériorés constituait un motif supplémentaire de découragement des cultivateurs à l'égard des programmes de prêts concernant les outils de production.

4. La coopération rurale

Les Sociétés indigènes de prévoyance (SIP), les Sociétés mutuelles de production rurale (SMPR) et les Sociétés mutuelles de développement rural (SMDR) ont été, entre autres, les premières entités agroéconomiques créées par l'administration coloniale française pour contribuer à l'essor de la production agricole et préserver les populations rurales des effets néfastes pouvant résulter des calamités naturelles et des crédits usuraires. Certes, elles ont joué un rôle important dans ce domaine, mais la portée de leurs actions a été limitée par des pratiques peu orthodoxes dont certains de leurs agents étaient responsables[4]. Vers la fin des années 1950, le gouvernement de Mamadou Dia a ouvertement critiqué le fonctionnement défectueux du mouvement coopératif, car jusqu'ici la coopération rurale, régie par des textes métropolitains, n'a pas été pleinement efficace. De nombreux problèmes de développement économique et social se posaient avec acuité aux nouvelles autorités du Sénégal indépendant. La construction économique, dans le cadre du socialisme africain, a nécessité, par conséquent, la mise en place d'un nouveau type de coopératives inspiré des traditions négro-africaines qui

[4] Certains responsables en ont fait un moyen d'enrichissement illicite, basé sur la malhonnêteté. Le cas de M. Meré, agent à la prévoyance de Kolda était révélateur de cette malhonnêteté. Il a été limogé en 1948, suite à des malversations financières. Chargé de payer les semences sélectionnées achetées par la société, cet agent s'était arrangé pour éliminer la commission qui devait l'assister. Il a fait l'opération tout seul, mais les sommes reçues par les fournisseurs ne correspondaient pas avec celles portées en comptabilité. L'enquête qui a été commanditée à ce sujet a confirmé les accusations de détournements faites à son endroit par ses collègues. Ces derniers, de renchérir qu'il ne rendait aucun service à la société et ses dépenses étaient supérieures à sa solde.

valorisent l'importance des valeurs communautaires qui se percevaient par les classes d'âge et le culte de la solidarité à travers les associations de travail et d'épargne. (Camboulives 1966 : 53).

Il faut donc donner à la coopération un souffle nouveau, à peu près identique à l'organisation ancestrale du village. (Girard 1963 : 137). En choisissant d'agir de cette façon, les tenants du pouvoir cherchaient non seulement à corriger les lacunes de la coopération française transposée en terre coloniale (mauvais fonctionnement des coopératives et commercialisation contrôlée par des commerçants privés), mais à obtenir l'implication des populations rurales à la nouvelle formule coopérative dans laquelle chaque adhérent à son mot à dire et peut s'épanouir conformément aux dispositions règlementaires. C'est dans cet esprit que le gouvernement du Sénégal a pris l'option, à travers le décret du 20 mai 1960, de réorganiser le mouvement coopératif pour aller progressivement vers l'autodéveloppement du monde rural.

4.1. La feuille de route des coopératives agricoles

Le décret stipule, en son article 6, que les exploitants agricoles doivent être constitués à l'échelon du village ou groupe de villages en organismes pré coopératifs dénommés Association d'intérêt rural (AIR). Ces structures ont, par la suite, la possibilité d'évoluer vers des coopératives proprement dites. Mais cela ne peut être effectif que lorsque les AIR parviennent, au bout de deux ans après leur existence, à prouver leur efficacité. En revanche, si au cours de cette séquence temporelle, un capital social[5] suffisant n'est pas constitué, l'AIR peut être dissoute par décision du gouverneur de la région, sur proposition du Comité d'Agrément des Coopératives (article 15). Cette dissolution peut être prononcée aussi lorsque les contrôleurs découvrent une violation des dispositions légales, règlementaires ou statutaires ou une méconnaissance grave des intérêts de la structure.

Pour éviter toute expérience décevante et assurer la promotion du paysannat par la voie coopérative, le législateur sénégalais a jugé nécessaire de fournir à ces associations les moyens techniques et financiers indispensables au contrôle, à l'accroissement et à l'écoulement de la production. Ainsi les articles 6, 7 et 12 du présent décret prévoient

[5] L'article 34 du décret du 20 mai 1960 nous permet de savoir que le capital social était composé des parts sociales souscrites par les membres. Chaque part sociale valait au minimum 1000 francs. La somme globale représentant le capital social de l'entreprise devait être libérée dès la constitution de la coopérative (article 35).

que les exploitants agricoles groupés en AIR basées sur la responsabilité solidaire de leurs membres peuvent bénéficier des services de l'OCA[6], du financement de la Banque Sénégalaise de Développement et de l'assistance technique des CER[7] et des CRAD[8]. Les populations rurales bénéficiaires doivent, à leur tour, participer à l'action économique et sociale mise en œuvre par les organismes d'État sénégalais. Ainsi, les articles 13 et 27 mettent l'accent sur l'obligation qui est faite aux AIR ou aux coopératives d'effectuer toutes leurs transactions commerciales à caractère agricole par l'intermédiaire de l'office de Commercialisation Agricole.

Même si au bout de deux années d'existence, une AIR est promue en coopérative, cela ne veut pas dire que la structure est aussitôt reconnue par les autorités de la République. Elle doit, en effet, solliciter son agrément auprès du ministre de l'Économie rurale et de la Coopération. Lorsque la demande est formulée par les intéressés, l'agent du CERP saisit l'Inspecteur Régional de la Coopération chargé de réunir l'Assemblée générale pour approuver les statuts de la société et désigner les membres du Conseil d'Administration[9].

Telle est l'économie du décret du 20 mai 1960, pris par le gouvernement du Sénégal pour donner une assise solide au mouvement coopératif. Sur le plan théorique, il semble satisfaisant, mais à la

---

[6] L'Office de Commercialisation agricole (OCA) était encore en ce moment-là le seul organisme habileté à commercialiser les produits collectés par les AIR et coopératives. Il lui appartenait en outre de fournir à ces dernières les approvisionnements qui leur étaient nécessaires.

[7] Le CER a pour rôle d'assister les AIR et les coopératives dans la préparation des programmes agricoles, le recensement des besoins en matériel agricole, la vulgarisation technique sur le terrain et la création de ces structures.

[8] Les CRAD ont été créés par la loi n° 60-013 du 13 janvier 1960 en remplacement des SMDR. C'étaient des établissements publics placés sous la tutelle du ministre de l'Économie rurale dont le rôle était exercé au niveau régional par le gouverneur. L'objectif de ces instruments techniques était de contribuer à l'expansion de la production. Ainsi, les missions dévolues aux CRAD, portaient sur la collecte, le stockage et le transport, pour le compte de l'OCA, des produits provenant des coopératives et AIR. Ce service assurait aussi le transport, le stockage et la distribution des produits livrés à l'OCA et destinés aux coopératives. Il stockait et répartissait les semences d'arachide et s'occupait du versement et du recouvrement des prêts consentis par la Banque sénégalaise de développement aux coopératives et AIR. Le CRAD était en outre chargé de distribuer le crédit d'approvisionnement et d'équipement. Pour plus d'informations sur les CRAD, voir annexe Laville Pierre.

[9] Le Conseil d'administration était l'organe exécutif de la coopérative. Ses membres étaient responsables des fautes commises dans la gestion de la coopérative.

lumière des résultats obtenus sur le terrain, il n'a finalement pas réussi à donner un nouvel élan à la coopération rurale.

4.2. Les effets néfastes de la commercialisation agricole

La coopération rurale, au regard des nombreux travaux qui lui sont consacrés, présentait à bien des égards des manquements graves. C'est le cas au niveau des transactions commerciales où les défaillances du service de contrôle des opérations de pesage ont favorisé un taux de déchets nettement supérieur à la tolérance de 0,75 % du poids collecté accordée aux peseurs. (Diouf 1978 : 33). Dans le département de Sédhiou, les contrôleurs, bien qu'ayant à leur disposition une Land Rover pour sillonner toutes les zones de localisation des coopératives et AIR n'opéraient des descentes que dans les secteurs d'accès facile. Les structures sises dans les zones enclavées étaient laissées à elles-mêmes. Or, les bascules et poids se déréglaient très souvent après chaque hivernage. Ces instruments de commercialisation, n'étant pas vérifiés par les services compétents, les peseurs qui s'en servaient durant les prochaines traites faisaient beaucoup de déchets. Ce qui constituait un manque à gagner pour la coopérative.

En plus, le choix des personnes responsables des opérations de pesage continuait, comme à l'époque coloniale, de donner, dans bien des cas, à de multiples tractations où les considérations politiques et religieuses prenaient souvent le dessus sur les critères de mérite et de compétence. (Cissé 1968 : 60). À cela, s'ajoutaient les difficultés liées au transport des produits agricoles et le retard auquel étaient, souvent, confrontés les paysans pour entrer en possession de leurs fonds[10].

Toutes ces raisons conjuguées ont poussé de nombreux paysans à tourner le dos au mouvement coopératif. À en croire Moustapha Guèye, il y avait en 1967 en Casamance 58,60 % de cultivateurs qui n'ont pas jugé utile de fréquenter les coopératives. Ils n'ont pas vraiment pris conscience de

[10] Dans l'esprit de bien des sociétaires, le rôle que jouait la coopérative était nul, car en période de traite, c'étaient les paysans eux-mêmes qui avaient la charge de transporter leur production alors que dans son combat contre les intermédiaires qui appauvrissaient les cultivateurs, l'Etat avait conçu, pour l'ensemble du Sénégal, un schéma fondé sur l'interrelation suivante : paysans – coopératives – service de commercialisation. Non seulement ils étaient soumis à un constant mouvement de va-et-vient que ne favorisait souvent pas la distance entre les champs ou le village et le siège de la coopérative, mais ils perdaient beaucoup de temps pour percevoir leur argent parce que les gestionnaires des seccos n'ont pas suffisamment de liquidités pour faire face à l'offre. Le cultivateur, après avoir livré sa production, recevait, alors, un reçu avec lequel il devait se présenter plusieurs fois au siège du secco avant d'entrer en possession de ses fonds.

l'importance de ces structures qui procédaient chaque année à des distributions insuffisantes de semences d'arachides et à des répartitions de vivres qui rendaient service, certes, à la masse paysanne, mais ne l'incitaient pas à produire suffisamment pour éviter le recours aux prêts vivriers durant la période de soudure. C'était là, par conséquent, une politique néfaste à l'émancipation des producteurs et au rétablissement de l'équilibre entre les cultures.

Les paysans préféraient, alors, traiter avec les intermédiaires ou commerçants privés qui leur offraient la possibilité d'avoir immédiatement après la transaction, de l'argent pour satisfaire les besoins quotidiens. Cette situation expliquait, en partie, la différence notée dans les statistiques relatives à la production et à la vente de l'arachide. Par exemple, sur les 141,910 tonnes produites en Casamance durant la campagne 1964-1965, il a été commercialisé 115 000 tonnes par la voie officielle. Dans le département de Sédhiou, la production totale s'élevait en 1964 à 51,869 tonnes, mais 10 776,798 tonnes seulement ont été commercialisées par les coopératives. (Diouf 1978 : 48). Un tel constat prévalait aussi sur l'ensemble du territoire national : 830 000 tonnes ont été vendues en 1964-1965 sur un total de 950 000 tonnes.

Cette commercialisation hors circuit étatique s'est poursuivie jusqu'aux années 1970. Elle est favorisée par l'existence de marchés hebdomadaires, appelés loumas, particulièrement nombreux le long des frontières entre le Sénégal, la Gambie et les deux Guinées (Bissau et Conakry). Parmi ces loumas, on peut citer ceux de la Gambie, notamment les marchés de Birkama Ba et de Saré Bodjo qui assuraient la collecte des céréales et de l'arachide de part et d'autre de la frontière. D'après Sylvie Fanchette la majorité des vendeurs dans ces loumas était fréquentée par les grands producteurs de la Haute-Casamance. Il y avait, également, le marché de Diaobé créé en 1974 qui n'a cessé, depuis sa création, d'être un débouché pour les paysans de la zone. (Fanchette 2001 : 95). Il s'agissait là d'un lourd handicap pour les coopératives parce qu'elles n'arrivaient pas à avoir de fortes capacités d'endettement. En effet, le montant auquel les groupements coopératifs ont droit est fixé à 25 % de la valeur des arachides commercialisées durant la campagne précédente. Cette commercialisation déterminait, donc, la valeur des prêts dont une coopérative pouvait bénéficier auprès de la Banque sénégalaise de développement (BSD). Autrement dit lorsque le montant des arachides vendues est élevé, la capacité d'endettement l'est aussi ; mais si la quantité commercialisée est faible, les organismes coopératifs n'ont droit qu'à des prêts dont la valeur n'est pas très importante.

Notons, pour illustrer nos propos, que les paysans du département de Sédhiou ont obtenu, après la commercialisation de l'arachide en 1964, un montant de 215 061 673 francs ; ce qui leur a donné une capacité d'endettement de 53 765,418 francs. (Diouf 197 : 42). Ces sommes ont été obtenues non pas à partir de la production totale évaluée à 51,869 tonnes, mais plutôt des 10 776,798 tonnes commercialisées. Elles auraient pu être beaucoup plus élevées si des mesures sérieuses étaient prises pour convaincre les producteurs à sentir l'utilité de passer par les coopératives pour écouler leurs produits.

Le fait que le plafond d'endettement soit uniquement calculé à partir de la vente de l'arachide montre, une fois de plus, que la politique de rétablissement des cultures et de limitation des importations vivrières était un leurre. Il y avait là un écart énorme entre les déclarations d'intention et la réalité sur le terrain, car les mesures d'accompagnement indispensables à l'atteinte de cet objectif étaient loin d'être satisfaisantes : les financements concernant les autres spéculations étaient insuffisants quand ils existaient et très irréguliers, la transformation de la production s'effectuait manuellement et les produits étaient toujours confrontés à des problèmes d'emballage et de conservation.

Cette commercialisation de l'arachide en dehors du circuit public était aussi à l'origine de la défaillance des sociétaires débiteurs. Beaucoup d'entreprises coopératives n'étaient pas parvenues à rembourser à 100 % leurs dettes à l'égard de la B S D. En 1967, il y avait en Casamance 157 groupements coopératifs sur 330 qui ne se sont pas libérés de leur endettement. (Diouf 1978 : 48) ; en 1980, le nombre de coopératives endettées au niveau de cet organisme financier s'élevait à 129. (Diouf 1981 : 34). Cela a provoqué de vives tensions entre les adhérents, car les excédents d'exploitation étaient systématiquement bloqués par la banque en application du principe de la caution solidaire. Les honnêtes paysans n'hésitaient pas à s'en prendre aux sociétaires débiteurs parce que les ristournes dont devait bénéficier leur coopérative ont servi à éponger leurs dettes. Beaucoup de paysans se trouvaient ainsi privés de revenus financiers qui pourraient être réinvestis dans le secteur agricole pour améliorer la production et la productivité, comme le stipulait l'article 39 du décret du 20 mai 1960.

En conséquence, cette situation a sérieusement fragilisé le mouvement coopératif. À ces problèmes découlant de la commercialisation des produits agricoles se greffaient de nombreuses autres difficultés ayant trait au manque de gestion vertueuse des coopératives et au mauvais fonctionnement de ces entreprises. En effet, la coopération rurale a été, depuis la période coloniale, un secteur où les malversations financières sont récurrentes. Après l'indépendance, des individus s'en sont servis pour continuer à utiliser malhonnêtement les bénéfices réalisés par les paysans. Malgré la neutralité politique prônée par les statuts de la coopération rurale et les menaces renouvelées maintes fois contre les pilleurs des coopératives, ces structures ont continué de subir les influences néfastes des partis politiques. Les auteurs de ces malversations venaient souvent des présidents des coopératives et des sociétés étatiques dont la mission était d'assister les producteurs et de faire d'eux de véritables leviers du développement économique du Sénégal. Les CRAD, hautement politisés, étaient de mèche avec les dirigeants des coopératives, pour la plupart membres du parti au pouvoir, pour entretenir et élargir, avec l'argent de ces entreprises, la base électorale de cette formation politique dans le monde rural. (Dieng 2003 : 12).

Malgré cette remise en cause des idéaux coopératifs, les coupables n'étaient pas inquiétés par le gouvernement du Président Senghor. Mamadou Dia qui est le principal artisan de la réorganisation de la coopérative rurale ne pouvait rien faire contre cette exploitation du monde rural. En effet, il n'a pas eu le temps nécessaire pour faire des coopératives des outils de développement stratégique à cause des divergences profondes au sommet de l'État (1962) qui l'a conduit en prison jusqu'en 1974. Les coopératives ont été ainsi freinées dans leur élan par cette disparition prématurée, du président du Conseil, de la scène politique sénégalaise. (Camboulives 1966 : 266). Le fait que les coupables ne soient pas punis pour leurs fautes donne l'impression qu'ils bénéficiaient d'une sorte « d'immunité » qui les mettait à l'abri des poursuites judiciaires. Cette impunité a favorisé la délinquance financière, car les commis peseurs chargés de la collecte et de l'achat des graines d'arachide auprès des paysans ont eux aussi détourné des dizaines de milliards de francs CFA qui leur ont été confiés dans le cadre de cette opération. (Diaïté 2001 : 82).

Les influences politiques se perçoivent également à l'occasion de la mise sur pied des organismes coopératifs, du choix des peseurs et des responsables devant siéger dans les organes d'administration et de gestion. Elles se font sentir aussi dans les emprunts et les remboursements des prêts octroyés par la BNDS. À cela, il faut ajouter le rôle de protection que les dirigeants de l'Union progressiste sénégalaise (UPS) jouaient en faveur des responsables incriminés dans la gestion des coopératifs. (Laville 1967 : 598). Pour mieux étayer les incidences de la politique dans le mouvement coopératif, nous avons choisi, pour illustrer nos propos, d'étudier les difficultés qui ont émaillé le fonctionnement de l'AIR de Tanaff (Sédhiou).

Les évènements de décembre 1962 ont eu des répercussions néfastes dans la vie de cette structure. À la chute de Mamadou Dia, le vice-président de cet AIR qui était son partisan a été destitué et remplacé par quelqu'un du camp adverse.

Mais, lorsque celui-ci a posé un acte contraire à la volonté des adhérents, ces derniers ont réclamé la tenue de l'Assemblée générale pour mettre fin à ses fonctions et à celles du président. Contre toute attente, le préfet du département a agi dans le sens inverse des aspirations des sociétaires en décidant de maintenir tous les deux à la tête de l'AIR. (Laville1967 : 601). Il s'en est suivi une colère noire des adhérents qui ont choisi non seulement de ne pas restituer le matériel de collecte, mais de ne pas vendre, non plus, leur production arachidière à cette coopérative et de ne plus participer aux activités de l'organisme. En conséquence, la quantité d'arachides commercialisée a fortement chuté, passant de 143 tonnes en 1963 à 42 tonnes en 1966.

À côté de l'immixtion de la politique dans les affaires coopératives, il y a lieu de signaler la part de responsabilité des marabouts qui ont profité de l'éviction de Mamadou Dia, pour devenir de grands concurrents pour ces organismes. Ils ont, sans se constituer en coopérative, de vastes exploitations agricoles qui bénéficiaient des prêts de semences et d'engrais. Le statut spécial dont ils jouissaient les avait placés en dehors de la tutelle des organismes étatiques de développement tout en bénéficiant de leurs concours. Leur quotient de bénéfice au kg d'arachide livré dépassait ceux des organismes stockeurs et des coopératives légalement constituées. (Laville 1967 : 606).

Le diagnostic des contreperformances des coopératives laisse apparaître aussi des obstacles linguistiques. Dans les années 1960, le taux d'analphabétisme au Sénégal se situait aux environs de 80. (Laville 1967 : 592). En l'absence d'une politique de promotion des langues nationales, la quasi-totalité des adhérents était dépourvue de compétences en matière de lecture, d'écriture et de comptabilité. Or, les statuts, tout comme les programmes de développement, étaient libellés en français ; donc dans une langue inaccessible pour la majorité des populations.

Pour pallier ces insuffisances, les agents d'encadrement se rabattaient sur les langues locales alors que celles-ci étaient mal maîtrisées. Le résultat, c'est que les termes techniques dont la traduction est difficile, étaient repris comme tels provoquant, par conséquent, le flou dans la tête de ceux et de celles que l'on devait former. En milieu wolof, les concepts de « coopérative » et de « ristourne » par exemple, se traduisaient comme suit par les agents de l'État : *coopérative bi*, *ristourne bi.* (Laville 1967 : 592).

En plus, les opérations comptables étaient, dans la plupart des coopératives, caractérisées par un manque notoire de compréhension en raison de l'utilisation du français dans la rédaction des pièces justificatives. Les techniciens n'ont pas tenu compte, dans l'élaboration des politiques publiques consacrées à l'agriculture de la faiblesse des effectifs scolarisés par le système éducatif colonial qui n'avait aucunement la volonté et le désir d'élargir son offre éducative pour toucher le maximum de populations colonisées (Kabou 2011 : 171). Pire, depuis la fin de la colonisation qui a permis au français de s'imposer dans les territoires anciennement administrés par la France, on n'a pas senti de volonté politique réelle pour mettre fin au constat amer découlant de la négligence des langues nationales. Malgré les travaux scientifiques de Cheikh Anta Diop attestant le bien-fondé de l'utilisation de nos langues pour sous-tendre notre développement économique et social, le régime du président Senghor n'a pu opérer une rupture fondamentale. Les langues nationales n'ont, donc, pas repris droit de cité dans la mesure où le français est encore loin d'être concurrencé.

La preuve est qu'une faute commise dans cette langue étrangère suscite le rire et constitue à la limite même un délit voire un crime. Pourtant une même faute ou un mauvais usage des langues nationales peut passer inaperçu. L'échec est donc patent ; il se justifie, comme nous l'avons déjà dit, par un manque de volonté politique pour donner aux langues nationales le même statut que le français. On s'est convenu, d'annoncer des programmes d'alphabétisation qui piétinaient faute de moyens financiers suffisants, pour une vulgarisation à vaste échelle.

En outre, les adhérents avaient, même, du mal à saisir le sens véritable de la création des coopératives. Ils ne considéraient pas ces structures comme étant les siennes, mais plutôt celles de l'administration. Une telle défaillance s'expliquait par les manquements notés dans la réalisation des tâches confiées aux CRAD.

Pourtant, ces services comportaient des agents très dévoués au travail, mais les insuffisances d'investissements étatiques en termes de personnel et de logistique techniques les rendaient sous-utilisés. De plus, la manière dont certains d'entre eux étaient affectés relève de l'irrationnel. En effet, comment peut-on comprendre que des agents dont la mission est de former aux idéaux coopératifs une population majoritairement analphabète soient envoyés dans un milieu linguistique étranger à ses propres réalités culturelles ? Beaucoup d'agents wolofs étaient affectés en Casamance, tout comme des Diolas étaient, aussi, envoyés dans les autres régions du pays.

Il est vrai que le président Senghor voyait dans cette façon de gérer le personnel administratif comme un moyen de raffermir les liens conformément à sa vision de construction de la nation sénégalaise, mais cette politique manquait de pertinence sur le plan économique parce que les conditions indispensables au développement endogène des territoires étaient, à tous égards, très insuffisantes. Le Sénégal n'avait, donc, pas atteint le stade de développement qui lui permettrait d'agir ainsi dans le domaine économique et c'est cela qui justifiait, comme nous l'avons précédemment souligné, les blocages linguistiques pour expliciter les termes techniques contenus dans les statuts et programmes de dévelop-pement. Dans cet environnement difficile où s'exerçaient leurs actions, les agents du CRAD, formés pour être des hommes de terrain, s'étaient transformés en agents de bureau. Leur passivité a porté un coup dur aux coopératives qui n'ont pas pu bénéficier d'un apprentissage adéquat des règles coopératives. (Laville 1967 : 614).

En outre, on ne peut pas parler des difficultés des coopératives sans pointer du doigt la part de responsabilité de l'ONCAD. Cette structure, née de la fusion des CRAD et de l'Office de commercialisation agricole (OCA) est créée par la loi 66-60 du 30 janvier 1966[11]. Elle avait pour mission d'assurer la commercialisation de l'arachide, l'approvisionnement des coopératives en matériel agricole et en engrais et l'éducation coopérative pour permettre à ces entreprises rurales de jouer un rôle capital dans l'économie nationale. Les paysans inorganisés étaient autorisés à commander les facteurs de production auprès de l'ONCAD qui s'occupait également de la vente des céréales dans certaines zones (par exemple le mil

[11] La fusion de ces deux structures intervient dans un contexte international très difficile pour l'agriculture sénégalaise. En effet, en 1963, la France a fait savoir au gouvernement sénégalais que, par application de la politique agricole de la Communauté économique européenne (CEE) et de la Convention de Yaoundé, les arachides sénégalaises allaient subir à partir du 1er janvier 1968, une modification du tarif préférentiel dont elles bénéficiaient depuis 1933 ; désormais, elles vont être, à la date échue, alignées sur les prix des cours mondiaux. Les pertes de revenus d'exportation qui en résulteraient ont amené le gouvernement du Sénégal à définir et à mettre en œuvre plusieurs stratégies parmi lesquelles figure la création de l'ONCAD pour réduire les frais de fonctionnement des diverses structures déployées sur le terrain et réaliser des économies d'échelle. Voir Fall Cheikh Sadibou, « Impact de la libéralisation commerciale au Sénégal : évaluation de l'accord de partenariat économique sur l'agriculture et les ménages sénégalais », Pau, Université de Pau et des pays de l'Adour, École Doctorale Sciences Sociales et Humanités, année 2015-2016, p. 12. [Thèse de Doctorat de Troisième Cycle d'Économie]

en Haute-Casamance) et de l'importation de grands produits alimentaires, notamment le riz. (Sy 1974 : 56).

L'ONCAD a causé beaucoup de torts aux paysans du fait des interférences entre les différentes tâches qui lui étaient dévolues. Cela a été à l'origine des retards dans l'acheminement du matériel agricole et de l'engrais. (Decupper 1971 : 41). Le fait que les commandes soient livrées tardivement compromettait les programmes et partant les campagnes agricoles et conduisait vers des dépenses supplémentaires parce qu'il fallait reconditionner des milliers de tonnes d'engrais arrivés trop tard à destination et stockés dans des conditions défectueuses.

En plus, de nombreux paysans n'avaient pas confiance à l'ONCAD à cause des tergiversations sur les prix de cession du matériel qui leur a été consenti à titre de prêt. Dans une lettre de l'ONCAD en date du 9 août 1966 on voit que les sociétaires de l'AIR de Yabocounda devaient à cette entreprise 342 962 F CFA ; trois mois plus tard, une autre lettre portait le montant dû à l'office à 391 944 francs. Le 23 février 1967, l'ONCAD par la lettre n° 837 a revu la somme à la hausse passant de ce dernier chiffre à 600 874 francs. (Guèye 1970 : 171).

Cette situation a provoqué l'affolement des cultivateurs et a généré un climat de suspicion qui a poussé ces paysans à renoncer au matériel distribué par l'ONCAD. Il en a résulté une baisse très sensible de la production et de la campagne de collecte. L'AIR de Yabocounda qui a réussi à réunir 258 tonnes durant la traite 1965-1966 s'est retrouvée avec 52,872 tonnes en 1966-1967, soit 205,128 tonnes de moins que la précédente campagne (Guèye 1970 : 171).

L'examen des coopératives agricoles révèle un déficit de formation de la part des sociétaires. Ces derniers ignoraient profondément les idéaux coopératifs ; ils ne retenaient en général que l'aspect commercialisation. L'ONCAD, compte tenu de cette situation, a failli à sa mission d'éducation des coopératives ; il a donné la priorité à ses tâches de gestion pour pérenniser sa mainmise sur ces entreprises rurales. En effet, l'absence de formation des membres du Conseil d'administration qui était l'organe exécutif des coopératives lui permettait d'exercer, pour le compte de ces sociétés, les attributions financières que sont la tenue du bilan annuel et l'établissement du compte d'exploitation. Autrement dit, même si les coopératives disposaient de fonds propres suffisants, elles ne pouvaient se libérer de la tutelle de l'État, donc, de l'ONCAD, car n'ayant pas de cadres capables de les manager.

Cela a engendré des conséquences fâcheuses sur le fonctionnement du mouvement coopératif : absence de procès-verbaux de réunions de l'Assemblée générale ou du Conseil d'administration (Cissé 1968 : 60-61), ignorance des revenus par les sociétaires, non-établissement de reçus réglementaires, absence de comptabilité, non tenue d'une liste des adhérents qui a conduit parfois l'ONCAD à s'attaquer brutalement et injustement à des sociétaires qui n'ont jamais formulé ni de demande de matériel, ni d'engrais (Diouf 1978 : 45.) ; ce qui n'a pas manqué de provoquer le mécontentement de ces derniers et leur méfiance à l'égard de l'ONCAD qui devenait de plus en plus impopulaire en milieu rural du fait de ses pratiques malsaines.

Conclusion

Tout juste après l'accession du Sénégal à la souveraineté internationale, la recherche d'un nouvel équilibre prenant en compte les exigences de développement durable sur les plans économique et social, a amené les nouveaux gouvernants à créer les conditions nécessaires au décollage de l'économie sénégalaise. En ce sens, l'action gouvernementale s'est orientée vers la mise sur pied de structures dont le rôle était de baliser la voie à l'émergence d'une économie rurale véritablement perçue comme une alternative à l'économie de traite. Parmi ces structures, il y avait les CERP, les CAR, les centres de formation et les coopératives.

L'idée qui sous-tendait la création de ces structures est, donc, très pertinente en soi dans la mesure où elle promeut l'autodéveloppement à la base ; ce qui conduirait progressivement le pays vers une satisfaction endogène de ses besoins vitaux sur le plan alimentaire. Cependant, cette philosophie du développement à l'interne a été, dès l'an 2 de l'indépendance, trahie par les divergences de vues entre Mamadou Dia et Léopold Sédar Senghor. Ainsi, toute l'attention qui devait être accordée à ces structures ne l'a pas été. Les CER et les CAR ont, en conséquence, manqué de moyens financiers et logistiques dans l'accomplissement de leurs tâches. Alors, les communautés paysannes étaient restées majoritairement insensibles au renouveau voulu, à l'origine, par les promoteurs de cette politique.

Les centres de formation ont, certes, formé des cultivateurs à la maîtrise des techniques culturales modernes, mais les conditions nécessaires à l'utilisation de ces connaissances pour en tirer profit ont, globalement, souffert de l'insuffisance des investissements productifs. Le résultat, c'est que la léthargie constatée dans les zones de production a alimenté un fort mouvement d'exode rural. En effet, les jeunes qui sont les plus entreprenants ont choisi de quitter massivement ces localités, quasi mortes sur le plan économique, au profit des milieux plus nantis à la quête d'un mieux-être.

Le modèle coopératif, conçu à l'origine pour être une réponse contre l'exploitation des paysans, a perdu sa signification première. Il est devenu prisonnier des commerçants privés, de l'OCA, du CRAD puis de l'ONCAD qui, par leurs agissements malsains, ont freiné toute tendance susceptible d'œuvrer pour la rationalisation de l'agriculture. Les dirigeants de ces structures étaient composés de corrompus et de voleurs qui ont profité de l'analphabétisme des populations paysannes pour piller les coopératives agricoles et s'enrichir illégalement. Ainsi, plusieurs milliards de francs CFA ont fait l'objet de détournements. Ces derniers étaient surtout favorisés par l'appartenance politique des malfaiteurs au parti dominant de l'époque, c'est-à-dire l'UPS puis le PS. Ils se sentaient à l'abri de toute poursuite judiciaire tendant à les dissuader de cette forfaiture.

Au-delà de cet aspect lié aux malversations financières, la politisation à outrance des institutions agricoles se percevait aussi dans le choix des personnes qui devaient présider aux destinées des coopératives. Les critères de compétence et de mérite n'étaient pas mis en avant dans la gestion de ces structures. La référence c'est la loyauté vis-à-vis du PS à travers un puissant leader local. C'est pour cette raison que les présidents et les peseurs étaient, pour la plupart, nommés à ces postes en fonction de leur amitié avec les personnalités politiques influentes du parti au pouvoir. Bref, le secteur coopératif était caractérisé par une mal gouvernance notoire qui a véritablement plombé la vision que Mamadou Dia lui avait donnée.

Références bibliographiques

ANONYME, 1937, « L'œuvre des sociétés indigènes de prévoyance au Sénégal en 1936 », *Bulletin mensuel de l'Agence Économique de l'A.O.F.,* tome XVIII, 180 : 163-164.

BÂ Cheikh Oumar, 1997, « Migrations et organisations paysannes en Basse Casamance. Une première caractérisation à partir de l'exemple de Suel (Département de Bignona) », Ministère de l'Agriculture, Institut sénégalais de recherches agricoles (ISRA). [Mémoire de fin de stage].

BATHILY Demba, 1968, « L'action des CER dans le département de Fatick », Dakar, ENAM. [Mémoire de fin de stage].

CAMBOULIVES Marguerite, 1966, « L'organisation coopérative au Sénégal », Dakar, Université de Dakar. [Thèse de Doctorat en Droit].

CUSENIER Marie-Madelaine, 1964, « *Les paysans sérères et l'option coopérative* », Dakar, Université de Dakar. [Thèse de Doctorat en Droit].

DARÉ William's, 1999, « Nature du rapport entre l'État et le local : Vers une réappropriation du foncier par les systèmes coutumiers dans les aménagements hydro-agricoles sahéliens. Cas de la vallée du fleuve

Sénégal », Paris, École des Hautes Études en Sciences Sociales. [Mémoire de DEA en Environnement].

DIAÏTÉ Moustapha, 2001, *La gestion par défi et le défi du développement*, Dakar, les Éditions la Rupture.

DECUPPER Joël, 1971, « La Casamance va-t-elle enfin décoller », *Africa*, 55 : 35-59.

DIARASSOUBA Waly Charles, 1968, *L'évolution des structures agricoles au Sénégal*, Paris, Ed. Cujas.

DIENG Sette, 2003, *Problématique du travail décent dans l'agriculture au Sénégal*, 59 p.

DIOUF Arona, 1981, *L'exode des jeunes casamançais, Sédhiou*, Centre de perfectionnement agricole (CPA).

DIOUF Fodé, 1978, « La situation économique et morale du mouvement coopératif dans le département de Sédhiou », Dakar, ENAM. [Mémoire de fin de stage].

FANCHETTE Sylvie, 2001, « Désengagement de l'État et recomposition d'un espace d'échange transfrontalier : la Haute Casamance et ses voisins », *Autrepart*, 19 : 91-113.

HESSELING Gerti, 1994, « La terre, à qui est-elle ? Les pratiques foncières en Base-Casamance », François Georges Barbier-Weisser (dir.), *Comprendre la Casamance. Chronique d'une intégration contrastée*, Paris, Karthala : 243-262.

NDIAYE Mamadou Mademba, 1978, « Étude de politique agricole dans le département de Sédhiou : les sociétés d'intervention », Dakar, ENAM. [Mémoire de fin de stage].

NGOM Habibou, 1970, « l'importance des centres d'Animation Rurale, Dakar », ENAM. [Mémoire de fin de stage].

NIANG Mamadou M., 1982, « Réflexions sur la réforme foncière sénégalaise de 1964 », E. Le Bris, E. Le Roy, F. Leimdorfer, *Enjeux fonciers en Afrique Noire* : 219-227.

SALL Ibrahima, 1970, « L'animation rurale dans le département de Bignona », Dakar, ENAM. [Mémoire de fin de stage].

SY Idy Adama, 1974, « Structure d'encadrement du monde rural et culture du coton en Haute Casamance. L'Impact de la SODEFITEX », Dakar, ENAM. [Mémoire de fin de stage].

TOURÉ El Hadji Seydou Nourou (dir.), 2019, *Pilotage des politiques publiques au Sénégal de 1960 à 2012*, Dakar, L'Harmattan.

TOURÉ Moustapha, 1978, « La formation des instructeurs, le perfectionnement des paysans pilotes au Centre de Guérina », Dakar, Centre de Formation et de Perfectionnement Agricole (CFPA). [Mémoire de fin de formation].

TOURÉ Sambou, 1975, « L'action des sociétés d'intervention en milieu rural. Le département de Sédhiou », Dakar, ENAM. [Mémoire de fin de stage].

ZUCCARELLI François, 1966, « l'arrondissement sénégalais ». In : *Annales Africaines publiées sous les auspices de la Faculté de Droit et des Sciences Economiques de Dakar*, Paris, Éditions Pédone : 261-280.

Webographie

DIAKHATÉ Assane, 2017, « L'animation rurale pour l'émancipation des populations : des perspectives pour le développement du Sénégal », Luc Greffier (dir.), *Animation, vie associative, des acteurs s'engagent*, Bordeaux, Carrières Sociales Éditions : 105-114. Consulté le 11 janvier 2022 est disponible sur : Animation, vie associative, des acteurs s'engagent - L'animation rurale pour l'émancipation des populations : des perspectives pour le développement du Sénégal – Carrières Sociales Éditions (openedition.org).

D'OXOBY Jean Daramy, *Les sociétés indigènes de prévoyance, de secours de prêts mutuels agricoles en Afrique-Occidentale française*, p. 3. Consulté le jeudi 14 juillet 2022 sur :

https://gallica.bnf.fr/ark:/12148/bpt6k33410081.texteImage#.

Loi n° 64-46 du 17 juin 1964 relative au domaine national, p. 2. Ce document est consulté le 04 janvier 2022 sur le site :
snarga_loi_nc991.pdf (au-senegal.com).

MBOW Thierno Idrissa, 2009, *Une revue critique des politiques agricoles au Sénégal*, Paris, Université Paris-sud 11, Séminaire de recherche du master : Développement agricole durable. Ce document est consulté le 10 septembre 2022 sur : Une revue critique des politiques agricoles au Sénégal (2) - Blog Interactif Sociologie économique (over-blog.com).

TIQUET Romain, 2021, « Développement socialiste et mise au travail rural : les politiques d'investissement humain dans le Sénégal de Senghor et Dia ». In : *Socialismes en Afrique*, Paris, Éditions de la Maison des sciences de l'Homme : 301-318. Consulté le 11 janvier 2022 sur : Socialismes en Afrique – Développement socialiste et mise au travail rural : les politiques d'investissement humain dans le Sénégal de Senghor et Dia – Éditions de la Maison des sciences de l'homme (openedition.org).

La Douane sénégalaise : libre-échangisme et mécanismes de sécurisation de l'espace économique national (1981-2012)

Daouda Diop
Université Cheikh Anta Diop, Sénégal
daouda20.diop@ucad.edu.sn

Résumé

La problématique des espaces et des mécanismes de sécurisation des territoires a toujours intéressé les États-nations. Bien avant le début des années 1980, l'accélération des échanges et l'expansion économique ont intégré très tôt, l'Afrique au sud du Sahara, au commerce sous régional. La ville de Sidjilmasa, celle de Tombouctou ou encore de Tripoli, a servi de carrefour et de réservoir (sel, or, esclaves) aux caravaniers du Nord et aux groupes ethniques spécialisés (Arabes, Frisons, Juifs, Grecs…) qui, constamment, se sont activés dans la demande en matières premières des cours princières.

Plus tard, cette complémentarité entre espaces économiques restera vivace au XXe-XXIe siècle, accélérée par l'ère du libre-échangisme qui, sous le prisme de la mondialisation, défend une politique économique qui préconise la suppression des restrictions douanières pour une meilleure circulation des biens et des services. Ce contexte nouveau va accélérer en Afrique de l'Ouest et plus particulièrement au Sénégal, le processus de la porosité des frontières, précipitant ainsi l'avènement des économies ouvertes.

Dans ses missions régaliennes de protection de l'économie nationale et des activités productives, la Douane sénégalaise, principale administration de régulation des échanges chargée de faciliter et de sécuriser les flux de marchandises, s'est adaptée aux évolutions du commerce et des réseaux de transport afin de jouer pleinement sa partition dans la politique de stabilité économique de l'espace national.

Mots-clés : Espace, libre-échangisme, Douane sénégalaise, économie, sécurité.

Abstract

The issue of spaces and mechanisms for securing territories has always interested nation states. Well before the beginning of the 1980s, the acceleration of trade and economic expansion soon integrated sub-Saharan Africa into sub-regional trade. The city of Sidjilmasa, that of Timbuktu or even Tripoli, served as a crossroads and a reservoir (salt, gold slaves) for caravanners from the North and specialized ethnic groups (Arabs, Frisians, Jews, Greeks, etc.) who constantly are activated in the demand for commodities from the princely courts.

Later, this complementarity between economic spaces will remain alive in the 20th and 21st centuries, accelerated by the era of free trade which, under the prism of globalization, defends an economic policy which recommends the abolition of customs restrictions for a better circulation of goods and services. This new context will accelerate in West Africa and more particularly in Senegal, the process of border porosity, thus precipitating the advent of open economies.

In its sovereign missions to protect the national economy and productive activities, Senegalese Customs, the main trade regulation administration responsible for facilitating and securing the flow of goods, has adapted to changes in trade and transport networks. in order to fully play its role in the policy of economic stability of the national space.

Keywords: Space, free trade, Senegalese customs, economy, security.

Introduction

À partir des indépendances, le Sénégal s'est donné les moyens de renforcer la sécurité de son espace économique. Si la politique d'ajustement structurel qui a débuté en 1985 a eu comme corollaire, l'exposition progressive des économies sous-régionales et la concurrence internationale, il faut tout de même noter que les programmes qui se sont succédé ont permis, par le biais de mesures gouvernementales, de réussir considérablement, la baisse des droits de douane et la suppression des barrières non tarifaires. Sous cet élan il convient de prendre en compte, le contexte de l'époque ainsi que l'application dans les espaces économiques nationaux, des principes fondamentaux du libre-échangisme. Autrement dit, il s'agit désormais, de « laisser faire » le marché tout en supprimant les entraves à l'instar des fixations de quotas ou encore des droits de douane. Cet esprit d'ouverture des économies à l'échelle internationale s'oppose alors au protectionnisme. Mieux encore, en se fondant sur les théories d'Adam Smith (Smith 2018) et de David Ricardo (Ricardo 1819), l'on a pensé que le libre-échangisme reste le meilleur système favorable à la croissance économique des nations. Cette thèse, bien qu'irréfutable durant cette période, est aujourd'hui, à l'heure de l'hypertrophie des finances et de la recrudescence des inégalités, remise en cause par beaucoup de chercheurs qui y trouvent les limites de l'économie capitaliste.

Dans une approche recourant à la méthode analytique, nous essayerons de comprendre, face à la récurrence du libre-échangisme et des enjeux qui s'y dégagent, le rôle de la Douane sénégalaise dans la sécurisation de l'espace économique national. Il convient de noter que notre segment temporel [1981-2012] est loin d'être fortuit. Cette fourchette chronologique part du départ du président Léopold Sédar Senghor, grand défenseur de la politique économique socialisée portée plus tard par son dauphin et successeur Abdou Diouf. Devenu le deuxième président de la République du Sénégal, ce dernier a essayé d'entamer la « libéralisation » progressive de l'économie et la « décentralisation » qui, à dire vrai, prendra effet sous l'ère du président Abdoulaye Wade et de Macky Sall. De 2000 à 2012, c'est l'avènement de la doctrine libérale qui, à l'inverse du modèle socialiste, vise désormais à réformer le système de propriété de production et d'échange basé sur son appropriation par la collectivité.

C'est ainsi que la présente réflexion tentera de comprendre, après avoir mené un travail de cartographie de l'espace économique nationale depuis 1981, l'impact du libre-échangisme sur les enjeux sécuritaires au cours des années qui témoignent de l'avènement du post-socialisme. Nous nous intéresserons à la politique régalienne de défense et de sécurisation de l'espace national sénégalais face à la fluidité des échanges et à la porosité des frontières, dans un contexte marqué par la mondialisation. C'est la raison pour laquelle, dans l'étude des défis sécuritaires, il est important de prendre en compte la typologie des frontières (frontière terrestre, maritime, aérienne ou virtuelle).

1. L'espace économique sénégalais et la politique douanière (1981 à 2000)

Le regard des historiens de l'économie dans l'analyse des espaces d'échange ne doit pas, à priori, être surprenant. En effet, les études économiques liées aux territoires ne peuvent pas évacuer de leur champ d'investigation, tout l'intérêt que suscite la problématique de la circulation des biens et des services. L'interprétation du langage cartographique dans le temps permet au chercheur de situer le challenge de la Douane dans son élaboration nationale d'un plan stratégique de sécurisation. C'est ainsi qu'entre 1981 et 2000, elle décline une période qui s'étale sur deux phases : une première qui s'étend de 1981 à 1990 et une seconde allant de 1990 à 2000.

La première phase est inséparable des réalités économiques qui découlent de la politique commerciale du Sénégal et de son héritage. Elle est, en réalité, marquée par des mouvements tendanciels qui soumettent le pays aux exigences du marché international. Si l'on en croit Nabil Annabi *et al.* (Annabi *et al* : 119-120), la politique de substitution des importations, adoptée après l'indépendance (1960-1980), est fondée sur des tarifs douaniers élevés, des subventions aux exportations et la création en 1974 d'une zone extraterritoriale à Dakar. Si ce protectionnisme étatique a pu protéger les entreprises nationales, il a cependant eu un impact négatif sur la part des marchés, voire sur la performance des exportations. C'est pour cette raison que, dans le cadre des programmes d'ajustement structurel, l'État du Sénégal va tenter, dès 1980, de réussir une répartition plus efficace des ressources, afin d'améliorer la performance économique nationale en boostant le taux de croissance. Cette politique a pris naissance pendant la période du premier choc pétrolier. En effet, le pays va en profiter dès 1973, et structurer son tissu industriel dans le but d'accompagner le secteur primaire, créant ainsi une zone franche en 1974 pour encourager les exportations et rendre positif son solde commercial. Cependant, la globalisation de l'économie mondiale s'est accompagnée d'une déréglementation et d'une surchauffe des marchés. Cette conjoncture va entraîner l'endettement public, l'absence de rentabilité financière et la « détérioration des termes de l'échange » qui s'accompagne de longues années de paupérisation des campagnes. C'est d'ailleurs le début en Afrique de l'Ouest, d'une vaste campagne d'ajustement structurel et d'un recadrage macro-économique grâce à un « socialisme libéral ». La fin de l'État-providence donne ainsi naissance à la privatisation des secteurs publics et parapublics de 1980 à 1984.

À partir de 1980, non seulement des espaces identitaires et des frontières psychologiques ou mentales se créent, mais l'on assiste à l'accentuation de la fraude, au trafic international de produits prohibés et à la contrebande le long des frontières. Dakar est restée, durant ces deux décennies qui suivent les indépendances, une « ville mythe inachevée », un axe d'échanges ouvert sur les routes aériennes, maritimes et terrestres, point stratégique d'entrée et de sortie pour commerçants et hommes d'affaires de la sous-région. Nous comprenons alors, pourquoi, à partir des années 1980-90, le pays fait face à une généralisation du phénomène migratoire qui atteint les autres régions du pays qui, jusque-là, sont perçues comme des espaces entièrement à part. Durant cette période, la dichotomie *kaw kaw- nitu taax* qui définit en wolof le villageois déconnecté aux réalités mondaines et le citadin « éveillé » se cristallise. Cette mythologie urbaine et cette quête d'autonomie, de mobilité, de liberté et de volonté d'affirmation comme modèle de réussite dans la pyramide sociale, n'est pas sans conséquence. Entre 1980 et 1990, le trafic, la vente et la consommation des drogues et autres produits stupéfiants ont réellement pris de l'ampleur dans les villes du Sénégal.

Cette période est aussi celle qui marque sur le plan national, la fin d'une économie entièrement rurale basée sur la traite arachidière. En effet, les populations vont non seulement voir les espaces économiques se reconfigurer, mais elles doivent, en même temps, affronter la longue période de transition vers d'autres systèmes productifs alternatifs. En effet, les "sociétés paysannes" porteuses dès le début des indépendances de la doctrine du socialisme qui défend la propriété publique ou des entreprises coopératives sous le prisme de l'arachide dans une économie de marché, doivent désormais s'ouvrir au système capitaliste, dans un contexte où règne le pessimisme né des conséquences des dramatiques séries de sécheresses. C'est l'époque du transfert des populations agricoles vers d'autres secteurs productifs et du remodelage d'une carte économique qui soumet les acteurs à la réalité d'autres espaces de production. Ceux-ci sont censés ne plus dépendre significativement du seul secteur primaire. Par conséquent, la recherche d'une nouvelle interconnexion économique à l'intérieur du pays, et le nouvel état d'esprit d'ouverture né du passage graduel du keynésianisme au néolibéralisme, exige désormais, un contrôle strict à la fois des acteurs et des espaces. Il s'agit ici de comprendre que l'accélération de la mondialisation et l'accès aux nouvelles technologies vont profondément changer la donne économique de la planète. Ce contexte à l'échelle mondiale, n'épargne pas l'Afrique de l'Ouest et le Sénégal en particulier. Effectivement, le libéralisme ou « néolibéralisme » va supplanter *posthac*, le keynésianisme et le rôle de l'État national, pensée qui, sur une longue durée, s'est imposée comme celle dominante.

Ensuite, bien avant la dévaluation du franc CFA en 1994 qui constitue une page historiographique importante dans ce processus de réformes et l'adhésion du Sénégal à l'Organisation mondiale du commerce (OMC) en 1995, le début de ces années s'annonce très bouleversant. L'accélération des espaces connectés, les conséquences des politiques d'ajustement structurel, la chute du mur de Berlin en novembre 1989 et la récession comme conjoncture économique mondiale profitent largement au règne de l'explosion des fraudes et des trafics illicites. C'est d'ailleurs à partir des années 1990 que l'Afrique de l'Ouest devient véritablement une voie de transit majeure de la drogue en provenance d'Amérique du Sud à destination des marchés européens. Il est important de rappeler que les premiers signes qui ont alerté et confirmé l'existence du narcotrafic en Afrique remontent aux années 1960. Durant cette époque, le Nigeria s'est érigé en carrefour du trafic de drogue en provenance du Liban et destinée aux cartels des États-Unis. Ensuite, s'activeront dans ce circuit illicite, les trafiquants du Niger et du Ghana qui, eux, se concentreront sur le trafic de cannabis vers l'Europe. Non seulement les cartels sud-américains s'invitent en Afrique au sud du Sahara, mais ils réussissent à intégrer dans son sillage, le régime conflictuel des djihadistes, phénomène jusque-là inconnu des populations. Cette longue bande de plus de 2 750 000 km^2 qui part de l'Atlantique (par l'embouchure du fleuve Sénégal) jusqu'aux terres soudanaises, plus connue sous l'appellation de « Haut Nil » (frontières de l'Érythrée par la mer rouge), s'érige comme l'espace de tous les trafics illicites. Face à cette situation alarmante, l'État du Sénégal a dû, par conséquent, faire face à ce phénomène récurrent, en luttant contre l'immigration illégale et le trafic de drogues dans cette « région des trois frontières ». Toutefois, force est de noter que ce combat n'a pas pu être réduit à de simples mesures défensives qui s'appliquent aux seules frontières physiques. Mieux encore, au-delà des points de passage officiels, il a été donc nécessaire, pour la Douane sénégalaise, de s'attaquer aux sources de ce trafic illicite. Il s'agit par exemple des organisations criminelles internationales ou encore des réseaux de trafiquants qui s'activent au Sahel depuis la fin des années 1990 et qui profitent de ce climat d'insécurité et d'instabilité. C'est pour cette raison d'ailleurs que depuis cette date, la Douane sénégalaise s'intéresse davantage à la transparence de l'information sur le flot transfrontalier, à l'audit international et au contrôle à distance à l'aide des technologies modernes capables de surveiller les frontières virtuelles.

Par ailleurs, l'espace frontalier n'embrasse plus uniquement les zones qui se situent le long des zones de délimitation nationale, mais s'intéresse de plus en plus aux régions intérieures. Il s'agit de comprendre que le développement des infrastructures boostant les circuits commerciaux internationaux et l'évolution des systèmes de communication finissent par créer d'autres frontières à l'intérieur des

États. L'existence des zones dédouanées autour des aéroports ou encore des ports internationaux illustre bien que la frontière nationale ne soit plus représentée par la seule ligne de démarcation des limites du territoire physique ou naturel. C'est l'une des raisons qui explique au Sénégal, l'essor florissant du marché de la cocaïne, du cannabis, des produits pharmaceutiques et alimentaires sur la période qui s'étend de 1990 aux années 2000. C'est dans cette foulée qu'il faut comprendre, sous le magistère du président Abdou Diouf, le vote de la loi 97-18 du 1er décembre 1997 portant sur le Code des Drogues. Elle voit le jour, trois décennies après l'élaboration par les Nations unis, de la convention unique sur les stupéfiants en 1961 et celle sur les substances psychotropes en 1961 (Code Drogues-Loi et annexes 1997). D'autre part, l'exemple d'une carcasse d'un Boeing 727 calciné, retrouvé au nord de Gao au Mali en novembre 2009, révèle aussi, l'ampleur du concept « Air cocaïne », une nouvelle menace qui se profile à l'horizon et qui met en relation mouvements extrémistes du Sahel et trafiquants de drogue d'Amérique du Sud (Lounnas 2013 : 111-128).

C'est aussi le lieu de noter la poussée des grandes agglomérations, signe d'une transition urbaine jamais égalée suite à la démographie galopante. Celle-ci accentue la configuration socio-spatiale avec l'allongement d'un nouveau tissu périurbain. Par conséquent, l'on assiste à la multiplication de gangs organisés et équipés, au phénomène de la violence et de l'insécurité, corollaire des réseaux de trafics illicites. C'est pour ainsi dire qu'une étude de la cartographie de l'espace économique national et de la politique douanière de 1981 à 2000 montre bien qu'à la veille du XXIe siècle, les territoires restent confrontés à un défi sécuritaire immense et réel.

2. Libre-échangisme, capitalisme « transnational » et enjeux sécuritaires au début du XXIe siècle

Le libre-échangisme vient accélérer l'évolution des circuits commerciaux et la circulation des personnes, deux facteurs qui se sont imposés progressivement au fil des décennies du XXIe siècle. L'existence d'un *global village* conjuguée à l'impact des technologies de l'information et de la communication (TIC), va changer considérablement la donne économique de la planète. Kalidou Sy (2015 : 21) a bien raison d'insister sur le fait que durant cette période, l'érection de grands ensembles politiques, financiers et socio-économiques participe à l'agrandissement des perspectives de développement de l'humanité, à la réunification des États et à l'union des peuples. Effectivement, cette massification des communautés unifiées élargit le champ d'action des entreprises et finit par promouvoir le libre-échange comme modèle économique qui s'impose à travers les continents.

Non seulement le libéralisme, voire le néolibéralisme, va supplanter le keynésianisme qui est resté pendant longtemps, la pensée dominante du marché, mais le rôle de l'État national est remis en cause. Par ailleurs, la fin du XXe et le début du XXIe siècle sont marqués par plusieurs phénomènes majeurs qui viennent bouleverser l'ancien ordre économique : il s'agit du risque d'insuffisance en ressources énergétiques, de la pénurie de produits alimentaires, du réchauffement climatique, de l'accroissement des inégalités et d'un fort dividende démographique dans les pays du Sud. L'avènement du capitalisme « transnational » sera à l'origine des dysfonctionnements et des déséquilibres dus au gonflement des flux internationaux de capitaux. Au Sénégal, ce dividende démographique qui devrait être un atout économique, représente une proportion relativement importante de personnes en âge de travailler, et qui, malheureusement, sont confrontées à l'absence d'une capacité d'investissement, d'autonomisation et de formation pour faire face à l'oisiveté.

Les espaces économiques de l'Afrique de l'Ouest, et le Sénégal en particulier, n'échappent pas à cette conjoncture d'un cadre macroéconomique qui ne cesse de se détériorer. Il s'y ajoute le fait que toutes les stratégies de développement proposées par les « experts » sont toujours inspirées par des modèles théoriques à connotation universelle. Celles-ci ignorent jusque-là, les héritages historiques, les patrimoines et les sociétés humaines africaines. Affectée et emportée par la misère, la pression démographique, le mythe de l'opulence et les crises successives de toute sorte (économiques, politiques, sociales, environnementales, etc.), une bonne frange de la population sénégalaise s'offre illégalement l'espace national, comme un terreau de survie permettant de développer des activités illicites. Par conséquent, en s'insérant dans le marché du libre-échangisme et du capitalisme « transnational », elle établit non seulement un *link* avec les espaces interrégionaux, mais s'ouvre au réseau des trafics illégaux internationaux. Le développement du commerce électronique vient réduire les distances et concurrencer la rapidité des infrastructures physiques de dernière génération, permettant ainsi aux différents acteurs de créer une véritable toile souvent incontrôlée. La densité et le développement de ce monde virtuel s'accompagnent de l'essor des hypermarchés en ligne. L'existence des vendeurs notés par leurs clients grâce au système Bitcoin. Il s'agit de cette crypto-monnaie qui sert de système de paiement en ligne créé en

2008 par un Japonais sous le pseudonyme Satoshi Nakamoto, devise qui échappe au contrôle des États, et qui devient un véritable engouement d'acteurs en quête de nouvelles opportunités souvent illégales.

L'ouvrage d'Alioune Dione (Dione 2015) est assez révélateur de l'urgence de tout le besoin de considérer davantage ces réseaux d'échanges souterrains prospérant avec des frontières immatérielles établies. Par conséquent, depuis le début du XXIe siècle, les enjeux sécuritaires sont multiples et exigent une adaptation et une cohérence entre l'évolution des techniques et l'habilité des acteurs sociaux à se donner les moyens modernes d'exploiter les espaces économiques nationaux. À cela, s'ajoute la prolifération de vente d'armes dans un contexte de montée de l'extrémisme et des coups d'État en Afrique de l'Ouest. L'existence de ces flux et réseaux d'ordre frontalier et transfrontalier, exige le renforcement des capacités sécuritaires, de gestion et d'ingéniosité grâce à des ressources matérielles modernes, capables de relever le défi de la « prévention-anticipation ».

3. La Douane sénégalaise face à « l'échec » de la mondialisation et à la porosité des frontières (2000-2012)

Il est communément connu que la mondialisation est considérée par les historiens-économistes, comme l'instauration d'un marché global des biens et des capitaux imposant ainsi un mouvement de planétarisation par l'intégration croissante des économies. Si d'aucuns y voient un processus bénéfique, d'autres pensent qu'elle ne fait qu'augmenter, en tout cas pour le cas des pays sous-développés, les inégalités sociales, les dépendances et l'incapacité à combler leur retard ; parce que soumis à l'entrave du progrès et la dégradation du tissu social. En Afrique par exemple, la mondialisation est à l'origine de l'abandon de l'agriculture vivrière pour unc monoculture destinée aux marchés internationaux.

Les enjeux de la post-mondialisation qui devaient consister à asseoir un modèle construit en fonction d'un marché mondial plus décentralisé et soumis à une gouvernance mondiale n'ont pas eu les résultats escomptés. Autrement dit, l'on a voulu, avec l'avènement de la post-mondialisation, sauver les interconnexions économiques afin de sauvegarder l'intensification et la fluidification des échanges. Mais, force est de constater qu'il existe des obstacles à réussir un tel défi. Dans les pays dits « attardés », nous pouvons en guise d'exemple, constater l'absence de mesures efficaces visant à assurer la stabilité macroéconomique par l'investissement et l'épargne, du développement des secteurs de l'éducation, de la formation et de la recherche afin de stimuler la productivité. Il en est de même pour la question du cycle infernal de la dette extérieure à laquelle les pays africains sont confrontés sur les marchés financiers internationaux et qui, sans moratoire, ne permet pas de mobiliser les ressources suffisantes capables de réussir une « économie positive ».

C'est dans cette conjoncture difficile qui marque plus d'une décennie de libéralisme (2000-2012) que le Sénégal entreprend de trouver les mécanismes de sécurisation de son espace économique. À la recrudescence de la libéralisation commerciale, à la croissance des inégalités sociales et de la pauvreté, vient se greffer la porosité des frontières nationales, principales voies des activités illicites. En étudiant les frontières, il est important d'aller au-delà des simples délimitations physiques. Par conséquent le facteur immatériel est à considérer pour plus de marche de manœuvre lorsque l'on s'intéresse aux défis sécuritaires des temps modernes. C'est dans ce sillage que s'inscrit la politique sécuritaire de la Douane sénégalaise qui, hormis sa vocation fiscale, se donne pour mission régalienne, de sauvegarder un environnement économique propice aux activités productives et commerciales licites. Les multiples bureaux, brigades, postes et subdivisions des Douanes (Dakar, Kaolack, Kaffrine, Karang, Keur Ayib, Diourbel, Fatick, Tanaf, Matam, Saint-Louis, Tambacounda, Rosso, Ziguinchor, Kolda etc.), témoignent de l'existence d'un dispositif stratégique capable de faire face aux différentes menaces. Par conséquent, face aux phénomènes de transformation des relations économiques et commerciales entre les États et la place non négligeable des acteurs sociaux dans ce processus historique d'extension progressive du système capitaliste, de nouvelles pratiques et stratégies douanières de surveillance et de contrôle aux frontières se sont imposés. Les travaux de cheikh Diouf (Diouf 2009) montrent à quel point, la création d'une zone de libre-échange entre l'Union européenne et les pays d'Afrique, des Caraïbes et du Pacifique (ACP), au-delà des enjeux économiques pour la Communauté économique des États de l'Afrique de l'Ouest (CEDEAO), incite la Douane sénégalaise à repenser l'aspect sécuritaire des frontières nationales. Leur extrême porosité constitue un véritable problème qui pousse à penser que la coopération sous-régionale est la seule solution pour renforcer le contrôle des mouvements de biens et de personnes.

L'un des défis majeurs dans un contexte de libéralisation consiste à respecter l'établissement d'un marché commun fonctionnel, principales priorités de la CEDEAO et de l'UEMOA. Il s'agit notamment de la libéralisation des échanges et la libre circulation des personnes et des biens, prévues par les traités. À ce facteur s'ajoutent les impératifs de sécurité nationale pour les États membres. Voilà pourquoi, la Douane s'est donnée comme défi de garantir la mobilité des personnes et des biens tout en luttant contre les passages et trafics illégaux. Le problème découle cependant d'un constat montrant un écart entre les normes et règlements officiellement adoptés par les pays membres des organisations régionales et leur application effective dans les zones frontalières. Toutefois, il est indéniable que les États ouest-africains ne parviennent guère à contrôler les flux illicites traversant leurs frontières. Les impératifs sécuritaires se traduisent souvent au niveau national, par une recrudescence des points de contrôle le long des corridors d'échange, constituant parfois une entrave à la libre circulation des marchandises. Or, la facilitation du commerce ne peut se faire que si les mouvements régionaux sont contrôlés, faute de quoi les activités illégales et criminelles se développent. Cette facilitation du commerce mise en œuvre par les États ouest-africains a-t-elle conduit à un renforcement de leurs frontières ? N'a-t-elle pas engendré une détérioration de leur capacité à contrôler les mouvements régionaux ?

Le rapport de l'Office des Nations unies contre la drogue et le crime (ONUDC) montre clairement, en guise d'exemple, ce vaste réseau d'un échange illicite qui prospère et qui devient pour l'Afrique de l'Ouest, un véritable fléau qui affecte tous les États du continent (ONUDC), rapport 2009).

Routes et saisies de cocaïne en Afrique de l'Ouest

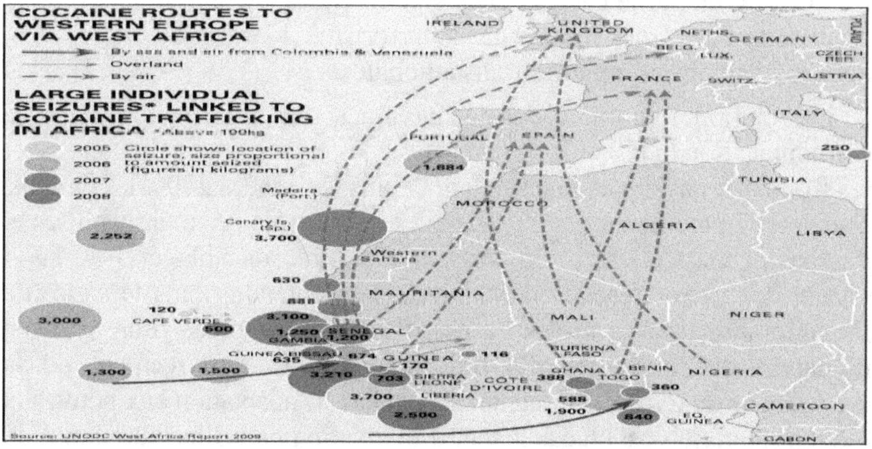

Source : Office des Nations unies contre la drogue et le crime (ONUDC), rapport 2009

En effet, le champ de la sécurité se structure depuis longtemps à travers l'exigence d'échanges d'informations transnationaux grâce à des réseaux pluriels structurés et délimités par des socialisations professionnelles et des corps de métier. Cette solidarité professionnelle entre nations s'impose de plus en plus, permettant ainsi de nourrir une perception plus transversale du champ de la sécurité dans un État territorialisé. Si suite à la première réforme de 1972 l'on pose l'acte précurseur des libertés locales avec la création des communautés rurales affirmant la promotion de la déconcentration, la régionalisation et de la planification, l'Acte III qui à son tour vise, dès 2012, à « organiser le Sénégal en territoires viables, compétitifs et porteurs de développement durable à l'horizon 2022 », peine, faute de moyens, à contribuer à la politique sécuritaire nationale.

Par conséquent, face à des « ennemis mouvants de l'illégalité », une courroie de transmission pour l'échange d'informations entre États sahéliens, demeure incontournable. L'on s'interroge alors sur quels mécanismes déployer pour plus de capacités d'anticipation et de réponses efficaces face aux différentes menaces et pratiques déloyales. Au-delà des représailles exclusivement tarifaires ou des sanctions pénales, l'intérêt stratégique que suscite la notion de défense est à reconsidérer. C'est dans ce registre qu'il faut ranger tout l'engagement de la Douane sénégalaise en charge de la protection des intérêts économiques et financiers nationaux. La coopération douanière entre les États-Unis et le Sénégal signée ces dernières années pour marquer un accord d'assistance mutuelle administrative rentre dans ce cadre (Protocole d'Accord 2015). Ce qui permet, par le canal d'efforts permanents, de réussir le défi de la sécurisation des frontières contre le terrorisme, le trafic de la drogue et les organisations criminelles transnationales.

L'évolution fulgurante des technologies de l'information et de la communication (TIC) et la digitalisation des espaces, laquelle fait sauter les frontières physiques, interpellent depuis les années 2000, les nations, à se doter de méthodes et de techniques de contrôle des marchandises et des passagers. Celles-ci s'intéressent en outre, au ciblage et au suivi virtuel des vastes réseaux d'échange. Bien entendu, dans le cadre de l'amélioration des contrôles, s'inscrit la mise en place d'un système d'analyse du risque (SIAR) qui témoigne du renforcement de la surveillance du territoire douanier sénégalais. L'adaptation aux nouveaux moyens matériels est un catalyseur d'innovation pour l'instauration d'un contrôle rapide, efficient et sécurisé. Les recherches de Daniel Ventre (2011) montrent que le cyberespace représente un moyen par lequel les menaces comme l'espionnage et l'attaque informatique peuvent porter atteinte au potentiel économique et aux intérêts vitaux nationaux. C'est la raison pour laquelle, investir pleinement ce nouveau champ stratégique, qui mêle acteurs civils, militaires et structures étatiques est une urgence pour la Douane sénégalaise.

Le diagnostic des conséquences de la porosité des frontières à l'ère de la post-mondialisation repose en outre sur le constat que les compétences s'acquièrent de plus en plus dans d'autres contextes que le système formel d'enseignement et de formation, notamment par le développement de la recherche scientifique. On constate que l'université, hormis son apanage qui traduit l'éducation et l'innovation, ne cesse de représenter un des acteurs principaux à l'intersection de la recherche qui est au cœur du processus de l'économie de la connaissance à partir de besoins exprimés par les acteurs locaux. Même si certains chercheurs ont décrié et décrient encore les études de Slaughter et Leslie (Slaughter et Leslie 1997) qui ont donné naissance au capitalisme académique, force est de reconnaître que l'engagement des institutions universitaires, dans la recherche d'utilité visible et immédiate, est à jamais indispensable. L'adage *xam-xam, xamle* (le savoir est à dispenser) illustre bien que nos sociétés ont toujours accordé une place capitale à la « société du savoir ».

Il s'y ajoute le besoin de joindre à la primauté de la cartographie des risques et menaces, le principe de la prévention par la citoyenneté. En effet, la participation citoyenne est à consolider, car elle permet :

– d'établir une relation régulière de confiance entre les populations et les agents de la Douane ;

– d'accroître la réactivité des interventions contre toute menace susceptible de remettre en cause la stabilité des frontières et des espaces nationaux (exemple trafic de véhicules, de faux médicaments, d'êtres humains, vente de drogue, contrebande, vols à main armée des navires, piraterie maritime, la cybercriminalité, le blanchiment d'argent, le financement du terrorisme, etc.) ;

– de générer la solidarité entre communautés tout en renforçant la sécurité face à l'inventivité et le génie des fraudeurs ;

– de renforcer le civisme fiscal des citoyens appelés à s'impliquer dans le développement des nouvelles méthodes de contrôle adaptées aux situations transfrontalières et au libre-échangisme.

En définitive, si l'approche transnationaliste s'intéresse de plus en plus aux modes de contournement de l'ordre étatique, les processus d'interconnexion des échanges entre nations et territoires engendrent une sorte de redéfinition des perceptions de la sécurisation des frontières. Ainsi, le processus de zonalisation des contrôles et d'hybridation des territoires nationaux reconsidère, au quotidien, l'organisation du service de surveillance douanière.

Par conséquent, comprenons pourquoi le territoire sénégalais tend à perdre son caractère linéaire du fait de l'abandon des contrôles douaniers sur la frontière-ligne sur laquelle s'exerce la souveraineté distincte. Il en est de même avec l'application adaptée du principe de libre franchissement et de proportionnalité des contrôles. On assiste à l'émergence et à la structuration de nouveaux modes de contrôle non territoriaux dans un contexte où les frontières sont devenues plus poreuses. Selon Bruno Domingo (Domingo 2005 : 187-205) qui traite la problématique du territoire européen, cette nouvelle période voit les frontières « atomisées », révélant ainsi, le besoin de légitimités politiques plurielles et multifonctionnelles. Ce qui vient susciter tout l'intérêt des études historiques et anthropologiques.

Enfin, si l'administration des Douanes s'est résolument engagée contre la corruption, le Sénégal, comme beaucoup de pays africains, voit toujours ce phénomène prospérer. Non seulement d'importants moyens doivent être consacrés aux programmes soutenant les capacités institutionnelles, mais le cadre analytique qui permet d'explorer la cartographie des risques est à renforcer. Selon l'Organisation mondiale des Douanes (OMD 2020 : 2-4), la corruption conduit, entre autres, à la réduction de la confiance du public et de la conformité, à la perte des recettes ou à l'insécurité permanente dans un circuit sans intégrité douanière. C'est pour cette raison que l'OMD dans son plan stratégique 2019-2022 entend renforcer l'éthique et le professionnalisme des douanes en coopération avec les parties prenantes externes. Les études de Cheikh Tidjane Dièye (Dièye 2018 : 18) révèlent que depuis longtemps, se pose un débat conceptuel autour des notions de bureaucratie, de bonne gouvernance et surtout de corruption. Effectivement, les facteurs explicatifs d'un tel phénomène et les solutions qui en découlent sortiront sans aucun doute de l'investigation d'un impératif scientifique.

Conclusion

Les crises économiques et sociales qui se sont succédé ces dernières décennies imposent désormais aux États et plus particulièrement au secteur douanier d'entamer des réformes probantes capables de lutter contre les dynamiques endogènes prédatrices pour la sauvegarde des biens communs tout en s'ouvrant à la perspective d'un monde progressiste responsable.

En effet, dans un tel contexte, la Douane se dresse comme un élément clé de la modernisation et de l'expansion économique. Sous cet angle, les structures traditionnelles et le circuit des échanges hérités de la colonisation voient le temps d'un ordre nouveau fondamentalement caractérisé par l'exportation des matières premières, l'importation de biens de consommation, la circulation des hommes, au cœur de marchés intérieurs et régionaux qui manquent de contrôle même s'ils confèrent un poids décisif à la fluidité des opérations commerciales. C'est pour cette raison, qu'au-delà de l'existence d'une source importante de contributions des recettes nationales, il est crucial de considérer davantage la sécurisation des espaces économiques nationaux en y mettant les moyens et en s'adaptant à la dimension mondiale. En franchissant la barre historique des 1000 milliards, de francs CFA en 2020, 1 176 milliards en 2021, la Douane sénégalaise ne cesse d'enregistrer un niveau de performance jamais atteint (Diallo 2022). Et selon Amadou Tidiane Cissé (Cissé 2022 : 25), le budget général de l'État du Sénégal pour l'année 2020 s'élevait en recette à 3122 milliards cinquante-cinq millions de francs CFA contre des recettes fiscales douanières arrêtées à 967 milliards trois cents millions. Ce qui témoigne de l'importante contribution fiscale de la Douane dans un contexte international marqué depuis 2008 par une crise structurelle.

Et cette politique repose sur une construction radicalement novatrice. En d'autres termes, elle doit être le fruit de la méthode dite « communautaire » combinant démarches supranationales, intergouvernementales et recherche scientifique.

Références bibliographiques

Code Drogues-Loi et annexes, 1997, loi 97-18 du 1er décembre 1997 portant Code des Drogues, Dakar, décembre, 30 p.

Office des Nations unies contre la drogue et le crime (2009), rapport.

Protocole d'Accord d'assistance mutuelle administrative en matière douanière (2015), Dakar, Direction générale des Douanes, sise au Bloc des Madeleines.

ANNABI Nabil *and al.,* 2008, « Libéralisation commerciale, croissance et pauvreté au Sénégal : une analyse à l'aide d'un MEGC microsimulé dynamique », *Économie & prévision*, vol. 186, 5 : 119-120.

CISSÉ Amadou Tidiane, 2022, *Terrorisme. La fin des frontières ? Nouveaux enjeux de la coopération douanière en matière de sécurité au Sahel*, L'Harmattan, Paris.

DIALLO Abdoulaye, 2022, ministre des Finances et du Budget, journée internationale de la Douane (Jid).

DIÈYE Cheikh Tidiane, 2018, *La corruption bureaucratique au Sénégal : trajectoires, ressorts et représentations populaires*, Dakar, L'Harmattan.

DIONE Alioune, 2015, *Le droit douanier, le commerce électronique et la dématérialisation*, Paris, L'Harmattan.

DIOUF Cheikh, 2009, *La création d'une zone de libre-échange entre l'UE et les pays ACP : les enjeux pour la CEDEAO*, Dakar, École nationale d'administration (ENA)/Section Douane.

DOMINGO Bruno, 2005, « Vers de nouvelles pratiques et stratégies douanières de surveillance et de contrôle aux frontières », *Douanes, États et Frontières dans l'Est des Pyrénées de l'Antiquité à nos jours*, Perpignan, Presses universitaires de Perpignan, 2005 : 187-205.

LOUNNAS Djallil, 2013, « Le Trafic de Drogue comme Menace Al-Qaida au Maghreb Islamique et le trafic de drogue au Sahel », Maghreb – Machrek 2013/2, 216, *Documentation française, Centre d'étude des relations internationales, Section monde arabe, Direction de la documentation*, Paris, Éditeur La Documentation française : 111-128.

OMD (2020), « Programme anticorruption et promotion de l'intégrité des douanes » : 2-4.

RICARDO David, 1819, *Des principes de l'économie politique et de l'impôt*, vol. 1, trad. de l'anglais par F. S. Constancio, avec des notes, par J. B. Say, Paris.

SLAUGHTER Sheila. and LESLIE Larry, 1997, *Academic Capitalism*, *Johns Hopkins University Press*, 1997.

SMITH Adam, 2018, *Recherches sur la Nature et les Causes de la Richesse des Nations : Livres 1 à 3*, Éditions Cdbf, Traduit par Germain Garnier, Adolphe-Jérôme Blanqui.

SY Kalidou, 2015, *Douanes sénégalaises, vies et vues du brigadier de brousse*, Paris, L'Harmattan.

VENTRE Daniel, 2011, *Cyberattaque et cyberdéfense*, Paris, Lavoisier.

Les réfugiés libériens et la dégradation de l'environnement dans le sud de la Guinée (1989-2002)

Fodé Bangaly Keita
Université de Kindia, Guinée
keitafodebangaly9@gmail.com
keitafodebangaly@ymail.com

Résumé

En 1989, la guerre éclate au Libéria. De nombreux Libériens fuient leur pays pour trouver refuge dans le sud de la Guinée. En 1990, ils étaient estimés à 82 000 personnes. Mais de 1992 à 1996, cette proportion a été portée à 800 000 personnes. Ainsi, la plupart de ces réfugiés n'ayant pas de qualifications se sont lancés dans l'exploitation des ressources locales. Des tensions vont éclater entre les populations locales et ces réfugiés. Pour régler ces conflits, l'aide internationale du HCR n'aurait pas suffi. Les acteurs humanitaires et les autorités locales ont dû mettre en œuvre des programmes de développement local participatif. Il s'agit des activités de restauration du couvert végétal et des programmes d'autosuffisance alimentaire.

Mots-clés : libériens, réfugiés, humanitaire, environnement, Guinée.

Summary

In 1989, war broke out in Liberia. Many Liberians are fleeing their country to seek refuge in southern Guinea. In 1990, they were estimated at 82,000. But from 1992 to 1996, this proportion was increased to 800,000 people. Thus, most of these refugees, who are unskilled, have embarked on the exploitation of local resources. Tensions will erupt between the local populations and these refugees. To resolve these conflicts, UNHCR's international assistance would not have been sufficient. Humanitarian actors and local authorities have had to implement participatory local development programmes. These include canopy restoration activities and food self-sufficiency programmes.

Keywords : Liberians, Refugees, Humanitarian, Environment, Guinea

Introduction

En 1989, une guerre fratricide éclate au Libéria faisant fuir la majeure partie des citoyens dont l'essentiel a trouvé refuge dans le sud de la Guinée, région géographiquement proche du nord du Libéria (Damme 1999 : 2). L'accroissement du flux des réfugiés et le manque d'accompagnement adéquat par les acteurs humanitaires et les pouvoirs locaux ont poussé ces derniers à se tourner vers l'exploitation des ressources environnementales locales. L'écosystème du sud de la Guinée va ainsi subir une grande pression humaine de 1989 à 2002 (Keita 2018 : 208). Pour les populations d'accueil, les réfugiés libériens étaient porteurs de malheurs, d'où l'éclatement d'une vive tension entre les Libériens installés dans les périphéries urbaines et les populations autochtones, notamment dans les préfectures de N'Nzérékoré, Lola, Macenta, Yomou, Beyla, Guéckédou et Kissidougou (Loriere 2013 : 15). Partant de ce constat, nous nous demandons quelles ont été les modalités d'installation et d'intégration de ces réfugiés dans le sud de la Guinée ? Les solutions internationales ont-elles été adaptées aux situations qui prévalaient ? Comment les pouvoirs locaux ont-ils géré les tensions communautaires ?

Pour répondre à ces questions, la méthodologie de travail a reposé d'abord sur l'exploitation de l'historiographie. Nous avons examiné les travaux antérieurs pour voir comment les chercheurs ont abordé la question de prise en charge des réfugiés en Afrique de l'Ouest. Trois moments dominent les travaux : l'accueil des réfugiés dans l'urgence, leur installation, souvent dans un contexte de conflits d'intérêts avec les populations locales et leur rapatriement. Ensuite, nous avons exploité des rapports provenant des entretiens réalisés avec d'anciens acteurs locaux. L'analyse de ces rapports d'entretien nous a permis de comprendre les dynamiques à l'œuvre de 1989 à 2022. Ces données orales ont été aussi confrontées avec celles provenant des sources écrites du HCR et de Human Rigth Watch.

Ainsi dans cet article, notre objectif est de montrer que l'action humanitaire internationale n'est jamais isolée. Au sud de la Guinée, elle a reposé sur un processus de solutions locales spontanées, mais parfois insuffisamment mises en œuvre (Schloms 2005 : 85-102). L'analyse de notre sujet repose donc sur deux centres d'intérêt. Le premier s'intéresse à l'installation des réfugiés, l'agression de l'écosystème et le second examine les actions des humanitaires et des pouvoirs locaux au secours de l'environnement guinéen et des réfugiés libériens.

1. L'installation des réfugiés libériens et l'agression de l'écosystème guinéen de 1989 à 2002

Dans le but d'examiner la relation entre les arrivées massives des réfugiés libériens dans le sud de la Guinée et la dégradation de l'écosystème, nous expliquerons dans un premier temps, les modalités d'installation des réfugiés et leur intégration dans le tissu social et économique dans les zones d'accueil. Dans un deuxième temps, nous examinerons les impacts des actions anthropiques sur l'écosystème environnemental.

1.1. L'installation et l'intégration des réfugiés libériens de 1989 à 1998

Jusqu'en 1989, la Guinée n'avait pas connu de grands mouvements de populations exilées. Mais, l'insurrection de 1989 au Libéria a provoqué la fuite de plusieurs centaines de milliers de personnes vers le sud de la Guinée, en région forestière (Loriere 2013 : 65). Pendant l'installation et l'intégration de ces personnes, les pouvoirs locaux ont rencontré trois types de problèmes à savoir, la menace du nombre, le poids des représentations sociales qui ont conduit à la construction des stéréotypes sur les réfugiés et la question d'accès aux ressources locales (Camara 2011 : 77).

En 1996, le nombre de réfugiés a été estimé à plus de 600 000 personnes par le HCR (1994 : 22). Ils se sont installés majoritairement dans les préfectures de Guéckédou, Lola, Macenta, Nzérékoré et Yomou. Dans la répartition de ces réfugiés, Guéckédou est de loin la préfecture la plus convoitée avec 83 % de réfugiés accueillis. Il s'agit essentiellement des installés en milieu rural, dont 55 % du total de la population rurale. Macenta vient en seconde position avec une concentration sensiblement plus urbaine de 45 %. Yomou vient en troisième position avec une répartition largement rurale de 15 % contre 20 % du total des réfugiés. Nzérékoré a reçu une population totale de réfugiés proche de celle de Yomou avec une concentration urbaine. Les ruraux, représentant 4 % étaient dispersés dans des petits camps. Le nombre total de réfugiés a été dans son ensemble beaucoup moins que dans les quatre préfectures citées plus haut (Dimanche 1996 : 12).

On voit une grande hétérogénéité dans cette répartition, car, Guéckédou doit sans doute son record d'affluence à des conditions géographiques et à sa position en pointe entre les deux pays, aussi grâce à son accessibilité. Cette hétérogénéité a été marquante dans la proportion de la population urbaine et rurale à Nzérékoré. Il convient cependant de souligner que ces appréciations de proportion de la population rurale et urbaine d'après les statistiques du HCR sont indicatives et doivent être prises avec des réserves pour des raisons méthodologiques. En ce qui concerne la population urbaine, il s'agit là d'un enregistrement administratif, car, la résidence la plus fréquente des réfugiés a été souvent éloignée (Bah 2006 : 25). Une partie précieuse, mais bien notable de la population a été en fait très mobile, suivant les disponibilités du marché de l'emploi et d'autres paramètres socio-économiques (Dramou 2006 : 50).

Dans la répartition des réfugiés par sous-préfectures, l'importance de Guéckédou a été démontrée. Trois de ses sous-préfectures viennent en tête du classement. Elles totalisent 177 546 réfugiés, soit 68 % de ruraux. Il est aussi significatif que cette liste par ordre d'importance ne comprend que des sous-préfectures de Guéckédou, Macenta et Yomou. À l'exception de Lola et de Bossu, classées au deuxième rang, ces agglomérations sont proches de la frontière libérienne. Ces données permettent de mieux apprécier l'impact local de l'afflux des réfugiés et de souligner la grande variation des cas. Elles montrent aussi à quel point Guéckédou s'est accru, car, les rapports sur la population totale (réfugiés compris) révèlent plus de 3 à 7 % d'augmentation par an. De Fangamadou à Kolomba, les villages ont littéralement explosé avec l'afflux des réfugiés, passant de 5 000 à 45 000 habitants (Dramou 2006 : 50). Les augmentations ont été moindres à Yomou et Macenta, mais malgré cela, la population a doublé en moyenne dans ces villes. Dans les milieux ruraux de N'zérékoré et Lola, les accroissements sont de l'ordre de 10 % à 30 % sauf à Bossu (Lola) (Dimanche 1996 : 13).

Notons que c'est à Guéckédou surtout, Macenta et Yomou, dans une moindre mesure que l'afflux des réfugiés a accru considérablement la population de ces zones. Les augmentations ont été moindres à Yomou et Macenta, mais la population a doublé en moyenne dans ces villes. Dans les milieux ruraux de N'zérékoré et Lola, les accroissements ont été de l'ordre de 10 % (Dimanche 1996 : 13). Il faut cependant émettre des réserves sur les valeurs des surfaces ainsi que parfois sur celles des populations, car, à quelques reprises, nous avons eu des différences de l'ordre 1 %. On ne manque pas de rappeler les réserves faites sur la valeur réelle des données du HCR pour présenter une population mobile et active, loin de son lieu d'inscription. Les constats essentiels s'en déduisent aisément. En moyenne à Guéckédou, la densité a dépassé les 100 habitants par km² (Dramou 2006 : 51). Mais à Fangamadou (sous-préfecture de Guéckédou), elle a été encore bien supérieure, avec 415 habitants par km² (Dramou 2006 : 51). Ce cas a été tout à fait exceptionnel et probablement dû à une agglomération comme (Kolomba) et peut être d'autres. D'ailleurs sans elle, assimilée à une agglomération urbaine, la densité ne dépassait pas souvent les 227 habitants par km² (Dramou 2006 : 52). Selon la même source, à Yomou, la densité moyenne était en dessous de 50 habitants par km², seul Banié et Bignamou qui se sont situés au-delà. À Macenta, la densité moyenne a été encore légèrement inférieure, ne dépassant pas les 50 habitants par km², sauf à Sérédou et Koyama. Nzérékoré présentait un cas particulier dans la mesure où, elle avait déjà une densité élevée avant l'afflux des réfugiés et n'avait que peu augmenté dans les petits centres du milieu rural. Ainsi à Bounouma, la densité initiale de 54 est passée à 72 % avec un afflux de 6 058 réfugiés. À Yalenzou, elle est passée de 61 à 69 %, avec un afflux de 3 279 réfugiés et à Koulé, elle est passée de 51 à 62 %, à la suite de l'arrivée de 3 016 réfugiés (Dramou 2006 : 52). À Lola le cas exceptionnel de Bossu été cité à plusieurs reprises, se traduisant par une très forte densité de 157 habitants par km² (Dimanche 1996 : 13).

Selon cette répartition, nous pouvons distinguer trois situations. Une très forte croissance dans la préfecture de Guéckédou dans laquelle la densité de la population a atteint des valeurs considérablement locales. Un accroissement notable à Yomou et à Macenta, puisque la population y a doublé en moyenne. Cependant, elle ne se traduit pas d'une manière générale, mais ponctuellement dans quelques sous-préfectures. Par ailleurs, seul à Bossu (Lola) où cet accroissement a été comparable à celui de Guéckédou et qui s'exprime également par une grande densité, sinon le cas général se présente comme la dispersion de petits points à faible augmentation.

Ainsi, le problème qu'a suscité cette menace du nombre a été inéluctablement celui de l'intégration (Dimanche, 1996 : 12). En raison de l'augmentation de la population et la pression que celle-ci mettait sur les ressources environnementales, les réfugiés étaient vus par les communautés locales comme des « porteurs de malheurs ». Dans une certaine mesure, les assistances du HCR avaient fini par donner une impression d'ascendance sociale des réfugiés sur les communautés locales. Ceci posait le problème de leur acceptation et de leur intégration locale. Or, en signant les traités et les conventions, le rôle des élus locaux était d'assurer une protection des réfugiés. C'est pourquoi, la politique des acteurs humanitaires avait été de jeter les bases d'un développement local participatif, puisqu'aucun retour immédiat des réfugiés dans leur pays n'était envisageable. En l'occurrence, le HCR a négocié avec les communautés locales pour la participation des réfugiés à la vie socio-économique, l'accès à l'éducation, aux ressources environnementales et aux emplois (Keita 2018 : 206). La politique du HCR visait à conquérir l'autonomie des réfugiés afin qu'ils puissent devenir indépendants le plus vite que possible. Une démarche basée sur la communauté et sur la conquête de l'autosuffisance avait été initiée. Elle visait l'exploitation des ressources de la population locale contre quelques qualifications professionnelles de certains réfugiés. Cette démarche a eu toutes les chances de rapprocher les réfugiés et les populations autochtones et d'ouvrir la voie à l'intégration locale (Keita 2018 : 206).

Dans les préfectures d'accueil, le HCR a obtenu des autorisations pour que les enfants des réfugiés puissent obtenir des places dans les écoles et recevoir les cours dispensés à la population autochtone. La cohabitation pacifique entre les membres des collectivités d'accueil et les réfugiés avait permis de lancer des projets générateurs de revenus. Comme on peut le constater, pendant les phases opérationnelles de l'urgence (le soin, l'entretien et les solutions durables), les acteurs humanitaires centrent leur effort sur la communauté (Agbadje 2005 : 62). Dans le cas présent, ils ont conçu une dynamique d'entraide dans le travail et dans les services à la communauté. Les compétences professionnelles des réfugiés avaient toujours été mobilisées à chaque fois qu'il y avait des possibilités au niveau des services de l'économie locale. Les activités communes et la pratique des groupes locaux (autochtones et réfugiés) avaient été constamment observées (Barry et Camara 1999 : 30). Il faut souligner que les réfugiés qui n'avaient pas de qualifications requises s'enfonçaient dans les forêts classées de l'État pour faire face à leurs besoins en logement et en bois de chauffe.

1.2. Les conséquences des actions anthropiques sur l'environnement de 1989 à 2002

Pendant leur séjour, les réfugiés libériens ont intensifié la pression sur les ressources environnementales. Ils se sont introduits dans les forêts classées des collectivités d'accueil en réduisant la densité forestière, suivie d'une perte de la diversité (Barry et Camara, 1999 : 32). Cette situation devenait inquiétante dans la mesure où une forte convoitise des réfugiés avait été constatée dans l'acquisition des bois d'œuvre, des bois de construction, des abris et du rotin. En plus de l'existence des carbonisations illégales, on constatait un raccourcissement des jachères dans les domaines agricoles. Ceci explique en partie la perte de fertilité des sols, la surexploitation agricole et l'inadéquation des techniques agricoles comme les feux de brousse. La pression démographique des réfugiés a provoqué un manque de terres dans les villages. Des défrichements abusifs ont été effectués sur les pentes fortes des coteaux. La conséquence directe a été le recul du couvert végétal et l'appauvrissement de la biodiversité forestière, à la suite de la satisfaction abusive des besoins économiques des réfugiés (Barry et Camara 1999 : 33).

Dans les zones rurales, des dégâts ont été constatés dans les plantations de rente aux palmerais naturels. Des défrichements des galeries forestières et la dégradation des bas-fonds non aménageables ont été causés par la couverture des besoins domestiques, alimentaires et énergétiques des réfugiés. La biodiversité a été menacée du fait que certaines espèces végétales étaient menacées, comme les rotins, les palmiers et les raphias. Sur les palmiers nains naturels, l'impact était inquiétant, car, les mauvaises pratiques d'exploitation étaient visibles. On constatait des coupes accentuées de rameaux à travers les forêts pour la couverture des toits de cases. Pour la satisfaction des besoins économiques et alimentaires, certaines espèces animales protégées ont été tuées par les braconniers dans les brousses à travers des pièges et les feux de brousse. Des espèces de gorilles et de chimpanzés ont disparu à cause des chasses incontrôlées et la prolifération des fusils de chasse (Barry et Camara 1999 : 35).

Sur les eaux, le tarissement des cours, la pollution causée par le déboisement, les feux de brousse, le déversement des eaux usées, le rejet des matières fécales, l'utilisation de substances chimiques dans les activités artisanales au bord des rivières ont été plus inquiétants.

Au même moment, on assistait à un changement plus ou moins spontané de comportements et de modes vestimentaires chez les jeunes. À cela s'ajoute un changement de mentalité en défaveur des forêts sacrées, observé à la suite de la pression démographique des réfugiés. Il y a eu une perturbation des mœurs dont les conséquences ont été les divorces, la multiplication des sectes religieuses, l'apparition de la délinquance, les abus d'alcool, la prolifération et l'introduction des maladies contagieuses (Camara 2011 : 13).

L'environnement socio-économique a été marqué par une diminution des revenus liés à la baisse de la fertilité des sols et l'existence de différentes réalités sociales. La conséquence a été un déséquilibre entre l'offre et la demande, du fait de l'augmentation d'une population dont le taux d'accroissement naturel était, jusqu'en 2002, progressivement croissant. L'abondance de la main-d'œuvre à bon marché a provoqué le développement de certains métiers artisanaux comme la fabrication des meubles en rotin et la production du savon. La baisse des prix des biens de consommation pendant les assistances alimentaires aux réfugiés a impacté négativement les producteurs locaux (Camara 2011 : 15). On a constaté un changement de régime alimentaire à cause de l'introduction dans les aides alimentaires de certains produits importés comme de l'huile d'arachide, des haricots verts et des riz importés. Les populations locales n'arrivaient plus à écouler l'entièreté de leurs produits alimentaires sur le marché.

Ainsi, face au sentiment d'ascendance sociale des réfugiés jugés bien traités, des tensions ont éclaté dans certains camps. Car, les populations locales trouvaient inconcevable que les réfugiés tirent leur subsistance dans l'exploitation des ressources environnementales locales. Leur intégration a dû se faire en prenant des mesures d'atténuation des actions anthropiques sur l'écosystème environnemental. Une approche de solution proposée par le HCR consistait à limiter les dégradations par des actions de reboisement et la mise en œuvre des programmes d'autosuffisance alimentaire (Barry et Camara 1999 : 35).

2. Les humanitaires et les pouvoirs locaux au secours de l'environnement et des réfugiés de 1996 à 2002

Il a été remarqué que beaucoup de réfugiés libériens n'avaient pas de qualifications professionnelles et tiraient leurs subsistances dans l'exploitation des ressources environnementales locales. Ceci a occasionné une grande pression sur les ressources locales. Ainsi, l''accès aux ressources environnementales locales opposait souvent les réfugiés aux populations autochtones, provoquant ainsi des conflits. C'est pourquoi une approche de solution durable a été initiée par les acteurs humanitaires en vue de limiter les dégradations des forêts. Elle s'est articulée autour de deux activités, le reboisement et la mise en œuvre des programmes d'autosuffisance alimentaire. De 1996 à 2002, les acteurs humanitaires ont fait en sorte que l'environnement ne soit pas isolé des autres secteurs de l'action humanitaire.

2.1. Les actions de limitation des dégradations environnementales

En 1996, le HCR a organisé une série de formation à l'endroit des populations locales et des réfugiés pour la maîtrise des modules concernant les techniques de la foresterie, de l'agriculture et de l'environnement. Le but était de limiter les dégradations environnementales, surtout dans les zones occupées par les réfugiés. D'autres réponses concrètes ont résulté des initiatives isolées, prises par des individus pour faire face à cette déforestation. Ainsi de 1997 à 2002, des campagnes de reboisement ont été organisées et des centaines d'hectares de futaies clairières ont commencé à remplacer les zones forestières affectées. Mais, il serait injuste de présager une réussite des initiatives isolées, en ce sens que la politique environnementale n'a eu que très peu d'impacts sur l'écosystème forestier, à l'exception de quelques réfugiés qui avaient été bien informés. Ces derniers se sont impliqués par endroits, pour une courte période dans un système plus organisé de choix et de planification des sites (Dramou 2006 : 52).

En 2000, les résultats obtenus après les séries de formation n'ont pas été satisfaisants. Des études montrent qu'il y a eu des faiblesses dans l'approche de reboisement utilisée par certains acteurs intervenants. Selon Mato Touré (2006 : 12), « Les espèces d'arbres replantés ne correspondaient pas exactement aux besoins de la population locale »[1]. Il signale aussi le manque d'entretien après la plantation, donnant souvent libre champ aux dégâts causés par les feux de brousse, les termites, le pâturage non contrôlé des récoltes en cachette. La possibilité de régénération naturelle a été sous-estimée, étant donné que certaines écozones bénéficiaient d'une capacité élevée de restauration.

Selon le constat d'une mission d'observation du HCR (1999 : 30) « Les résultats des études relatives à la capacité de régénération naturelle du couvert végétal au niveau du camp de Nonah n'expliquent pas la négligence des dégâts causés ». En 2002, une mission environnementale a visité certains camps pour apprécier le potentiel de régénération naturelle après le rapatriement des réfugiés. Parmi les différents camps visités par cette mission, Nonah a surtout retenu l'attention par une forte reprise de la couverture ligneuse et herbacée dans l'ensemble. Ensuite, l'ancien terrain de football a connu une régénération de la végétation. Les techniciens de l'État et ceux du HCR à Nzérékoré ont approfondi ces constats par des études comparatives de la composition floristique de l'ancien camp par rapport à sa périphérie. Pour déterminer la composition floristique du camp de Nonah et des environs immédiats, les études ont pris en compte quatre sites principalement : le terrain de football à l'intérieur du camp, une jachère de 3 ans après le manioc, une jachère de quatre ans dans la zone

[1] Mato Touré a été directeur du projet réhabilitation des zones affectées par les réfugiées en Guinée forestière.

périphérique du camp, parcelle herbeuse et une jachère de quatre ans après le manioc (Keita 2018 : 206).

Sur chaque site, les observateurs ont retenu 400 m² comme la superficie du cadre de l'étude expérimentale. Selon certaines normes, cette portion parcellaire a été un échantillon légèrement raisonné, en raison de l'étendue de la surface à explorer. Les résultats ont montré clairement l'existence de 35 espèces ligneuses réparties entre 18 familles sur l'ensemble des quatre sites. La jachère de quatre ans, anciennement utilisée pour la culture de manioc a enregistré la diversité floristique la plus remarquable en termes de superficie et de famille, soit respectivement 18 et 12 % (Mathieu 2013 : 8). Il est intéressant de noter, pour étayer le propos d'Herman Ketel[2], qu'au niveau du terrain de football, supposé être la zone la plus affectée (défrichement de toute la végétation, sol suffisamment tassé et compacté sous l'action anthropique), 9 espèces ligneuses ont été recensées, réparties en 7 familles.

Après deux ans de rapatriement des réfugiés, l'inventaire floristique a permis d'apprécier la rapidité avec laquelle la végétation s'est reconstituée dans les conditions naturelles au niveau du site de l'ancien camp de Nonah. La proximité d'une forêt classée (Diécké) et de sa zone tampon pourrait être un des éléments explicatifs de cette régénération relativement impressionnante.

Selon Mohamed Camara[3], pour atténuer les coupes de bois et éviter les feux de brousse, le HCR a distribué des foyers améliorés aux réfugiés et aux populations locales. Mais, selon les conclusions d'une mission d'observation, la distribution de ces foyers améliorés aux familles ne semblait pas très réussie, car, leur utilisation pratique au niveau des ménages a été très limitée. Ceci voudrait dire que malgré son intervention, l'effet d'atténuation des dégâts environnementaux en diminuant l'utilisation des bois de feu devrait être remis en question.

2.2. La recherche de l'autosuffisance alimentaire

Un autre axe d'intervention important du HCR a été la mise en œuvre des projets de développement de la riziculture dans les bas-fonds de la Guinée forestière. L'objectif général était d'aider les réfugiés à pouvoir se prendre en charge à travers les activités génératrices de revenus. Mais, malgré sa contribution à l'autosuffisance alimentaire, les

[2] Herman Ketel est consultant en environnement à Conakry.

[3] Mohamed Camara était directeur du Centre de recherche en environnement à Nzérékoré.

méthodes de défrichement et de désherbage des champs ont été mal utilisées. Pendant le défrichement et la préparation des bas-fonds pour la riziculture par exemple, les réfugiés détruisaient une grande quantité de biodiversité. Or les bas-fonds dans les zones d'accueil des réfugiés sont des « biotopes » qui hébergent une grande variété de faunes et de flores importante aussi bien pour l'usage ménager (médecine naturelle et rotin) que pour la protection des espèces. Ainsi, l'intensification des pratiques agricoles traditionnelles dans les bas-fonds aménagés a eu des impacts négatifs sur l'écosystème forestier (Mathieu 2013 : 9).

C'est pourquoi, après une longue période d'entretien des réfugiés en Guinée forestière, le HCR s'est engagé dans leur rapatriement dans une certaine urgence, occasionnée par la nécessité de leur déplacement vers l'intérieur du pays. Mais avant, un examen particulier a été fait sur les activités d'identification et de sélection des sites d'accueil. C'est dans cette phase que certaines conditions ont été créées concernant les impacts environnementaux futurs et les effets sur l'insécurité alimentaire. Selon la Direction Nationale de l'Environnement (DNE) de la Guinée, « Une stratégie a été définie pour la mise en œuvre de la politique environnementale et la DNE a préparé un plan national d'action environnementale (PNAE) dont l'exécution a connu des difficultés » (Barry et Camara 1999 : 40). Le PNAE a pris très tôt en compte les préoccupations environnementales liées à la présence des réfugiés.

Les services techniques de la direction se sont efforcés d'exécuter leurs tâches, suivant les moyens de bord et en étroite collaboration avec les autres organisations et structures comme la Direction Nationale de Forêt Forte (DNFF) et l'Institut de Recherche et d'Action Économique et Forestier (IRAEF) pour la protection de l'environnement. Les services déconcentrés dans la région ont à leur tour rédigé un rapport sur la dégradation de l'environnement ainsi que les dispositions à prendre. Par exemple, le constat sur l'impact de la présence massive des réfugiés au niveau de la préfecture de Guéckédou par le chef de la section environnement à Guéckédou a aidé le ministère guinéen de l'Environnement à prendre des décisions (Barry et Camara 1999 : 41). C'est ainsi que dans les préfectures d'accueil, les sections et cellules de l'environnement au sein des directions préfectorales, du développement rural et de l'environnement ont accordé la priorité aux activités de réhabilitation. Malheureusement, leur non-accompagnement ne leur a pas donné souvent la possibilité de suivre toutes les actions. Certains services de l'État comme la DNFF répondaient souvent à la place de la DNE. Malgré cela, à quelques endroits, les services faisaient reconnaître leur rôle de facilitation et de coordination dans l'exécution de la protection et de la prévention contre les risques de dégradation. Ils s'associent souvent aux équipes techniques pluridisciplinaires, afin d'élaborer des projets de réhabilitation, mais, qui ont toujours souffert de l'absence de soutien pour leur exécution.

Beaucoup de services étatiques s'occupaient de l'environnement, ceci faisait que le rôle de la direction était difficile à jouer. Les interventions de ces services et d'autres organismes ou (y compris le HCR) se faisaient souvent d'une manière verticale. Le manque de moyens suffisants pour la réalisation de certaines activités de recherche a fait que le programme national d'aménagement environnemental (PNAE) n'avait pas été finalisé. Aussi, la majeure partie des cadres n'était pas suffisamment formée par rapport à la mission environnementale.

Dans la recherche de solutions durables, l'idée était de réduire les effets des méthodes culturales caractérisées par le déboisement intensif et les brûlis pratiqués, entraînant la perte progressive des ressources forestières et des terres cultivables. Aussi, d'éviter le développement des phénomènes d'érosion, car, les rendements agricoles étaient toujours faibles (Mathieu 2013 : 14).

D'autres intervenants de l'environnement estimaient que le transfert de technologie aux paysans pouvait être une des solutions durables à cette destruction des végétations. Parmi les intervenants, la Banque mondiale (BM) a ciblé la Guinée et d'autres régions subsahariennes de l'Afrique pour exécuter le projet « Accélérer le Transfert des Technologies aux Producteurs de Riz ». En Guinée, l'amélioration de la production et de la productivité du riz fluviale a été un défi majeur pour les services nationaux de recherches agricoles. Bien que le riz soit l'aliment de base pour les populations urbaines et rurales, les faibles rendements faisaient que le pays dépendait largement des importations. D'ailleurs, les 80 % de la population pratiquaient l'agriculture avec des méthodes anciennes qui consistaient à défricher chaque saison des surfaces importantes (Bamba 2023 : 113). Ceci a été un facteur de dégradation de la biodiversité et de baisse progressive de la fertilité des sols et même des terres, grâce à l'érosion qui provoquait l'ensablement des cours d'eau.

Pour pallier cela, la Banque mondiale s'est engagée dans l'accompagnement des initiatives allant dans le sens du développement de la riziculture responsable. C'est ainsi que l'association pour le développement de la riziculture en Afrique occidentale (ADRAO) va bénéficier d'un appui technique et financier. Elle a réussi une certaine expérience sur le terrain en mettant au point des variétés interspécifiques de riz (Barry et Camara 1999 : 47). À l'origine, la variété « ORYZA SATIVA » à haut rendement, originaire d'Asie et celle « ORYZA GLABRERINA » originaire d'Afrique, ont été les combinaisons des meilleures catégories de riz obtenues par cette association. Au cours de la première expérience de 1997, 117 paysans provenant de 8 préfectures de la Guinée ont bénéficié de formations de la part de l'ADRAO. À l'issue de ces formations, les paysans ont réussi à faire la combinaison d'une nouvelle variété.

L'approche participative utilisée engageant les paysans et les agents vulgarisateurs sur les terres agricoles a profité à tous. Elle a permis aussi de démultiplier d'autres formations méthodiques. Mais, la forte convoitise des paysans pour l'acquisition de nouvelles terres a malheureusement accentué l'érosion hydrique sur les fortes pentes. En plus des surcharges sur les terres agricoles, les défrichages pouvaient expliquer aussi d'autres causes de dégradation (Barry et Camara 1999 : 53). Les zones d'accueil des réfugiés ont fait l'objet des mêmes natures de dégradation. Car, poussées à la migration agricole vers les forêts, certaines personnes se permettaient de défricher tout sur leur passage. Et les défrichements égratignaient les forêts. Ils brûlaient aussi les arbres pour se faire une place dans le milieu or, les brûlis font des clairières autour des villages.

Conclusion

Contrairement à ce qui a été mis en avant par certains chercheurs, les solutions internationales du HCR, composées d'aide d'urgence et de solutions durables pour la prise en charge des réfugiés libériens n'étaient pas suffisants. Néanmoins, elles sont venues s'ajouter à des formes locales de solidarité et d'entraide. Ainsi, au regard de ce qu'on vient de développer, on voit bien que la majeure partie des réfugiés libériens avaient rencontré des difficultés dans leur installation et dans leur intégration dans le tissu social et économique. Ceci montre bien que les solutions du HCR avaient eu des limites. Pour autant, face aux conflits d'intérêts qui naissaient pendant l'occupation des sols et l'exploitation des ressources environnementales, les acteurs humanitaires ont su explorer les mécanismes locaux de régulation sociale. Nous voyons que malgré les solutions durables, les conflits persistaient pour deux raisons. D'abord, parce que les communautés locales réagissaient face à la dépravation de leurs mœurs. Car, l'installation des petits campements de réfugiés dans les périphéries des villages et des villes avait favorisé la vente et la circulation des stupéfiants. La consommation de l'alcool, de la drogue et la délinquance juvénile avaient pris des proportions inquiétantes. Au même moment, la prostitution battait son plein. La deuxième raison était liée à l'accès des réfugiés aux ressources locales. Le fait que les réfugiés coupaient des rameaux de palmiers dans les forêts pour la couverture des toits de cases, pour la satisfaction des besoins économiques ou pour d'autres raisons, ceci posait le problème de déforestation. Les coupes de bois étaient accentuées de telle sorte que certains lieux sacrés avaient été démantelés. Ces volets n'avaient pas été pensés et pris en compte par l'action humanitaire internationale du HCR.

Mais de nos jours, deux décennies après le rapatriement des réfugiés, les entreprises forestières continuent de couper les arbres pour les vendre aux industries. Elles n'abattent que des essences dans le fouillis de la forêt (acajou au bois dur, okoumé pour le contreplaqué). Ceci ne constitue pas une activité de déforestation, même si on sait qu'elles n'exploitent qu'un à deux arbres à l'hectare ? Le manteau forestier n'est-il pas menacé par les coupes abusives et importantes de bois de nos jours ?

Sources et références bibliographiques

Sources orales

CAMARA Fodé Louncény, 2005, 56 ans, ancien directeur national de l'environnement, entretien réalisé à Conakry, ministère de l'Environnement et des Eaux et Forêts.

CAMARA Mohamed, 2005, 52 ans, ancien directeur du centre de recherche en environnement, enquête réalisée à Conakry.

SIDIBE Noumoukè, 2011, 72 ans, ancien préfet et ancien professeur d'histoire, entretien réalisé à Conakry, Université Général Lansana Conté de Sonfonia.

TOURE Mohamed, 2006, 61 ans, ancien directeur du projet de réhabilitation des zones affectées par les réfugiés en Guinée forestière, entretien réalisé à Nzérékoré.

Références bibliographiques

ADAHA Dotzi Togbédji Romaric, 2009, « Approches de solutions durables de prise en charge des réfugiés », Benin, Université Cavaley-Abomey, [Mémoire de fin d'études supérieures].

CAMARA Doussou Amara, 2011, « La rébellion libérienne et son impact sous-régional (1989-2003) », Guinée, Université de Sonfonia, [Mémoire de Maîtrise].

DRAMOU Jean Emmanuel, 2006, « Le conflit libérien et la dégradation de l'environnement en Guinée Forestière : cas des préfectures de Guéckédou, Macenta, Lola, Yomou et Nzérékoré », Guinée, Université de Sonfonia, [Mémoire de Maîtrise].

HUMAN RIGHTS WATCH, 2002, « Les réfugiés libériens en Guinée : refoulement, militarisation des camps et autres problèmes de protection des réfugiés », vol.14, n°8(A).

KEITA Fodé Bangaly, 2018, « Enjeux et spécificités de l'Union du fleuve Mano dans les dynamiques d'intégration régionales en Afrique de l'Ouest de 1959 à 2014 », Paris, Université Denis Diderot [Thèse de Doctorat].

BARRY Moussa et CAMARA Fodé Lonceny, 1999, *Évaluation de l'impact environnementale dans les zones anciennement occupées par les réfugiés*, Rapport de fin de mission, Conakry.

DIMANCHE Pierre, 1996, *Projet de réhabilitation des zones affectées par les réfugiés en Guinée forestière*, Rapport d'exécution de projet, Conakry.

SCHLOMS Michael, 2005, « Le dilemme inévitable de l'action humanitaire ». *Cultures & Conflits*, n° 60, consulté sur journal Open éditions,

SIMONE-LORIERE Helenne, 2012, « Enquête auprès des réfugiés libériens à Conakry : approche par les réseaux sociaux », *E-Migrinter*, 9, consulté sur journal Open éditions,

VAN DAMME Win, 1999, « Les réfugiés du Libéria et de la Sierra Leone en Guinée forestière (1990-1996) » *Déplacés et réfugiés ; mobilité sous contrainte*, Paris, IRD : 343-381.

L’axe Dakar-Bamako, maillon fort de l’économie sénégalo-malienne (2002-2022)

Ousseynou Guèye
Université Cheikh Anta Diop, Sénégal
ogueye44498@gmail.com

Résumé

Le Sénégal et le Mali sont deux pays unis par l’histoire et la géographie. Cette unification s’est faite dans le temps et dans plusieurs ensembles depuis l’empire du Ghana jusqu’à la CEDEAO et l’UEMOA en passant par la Fédération du Mali. Ayant un passé colonial commun sous la tutelle française, le Sénégal et le Soudan obtiennent séparément leur indépendance finale en 1960 à la suite de l’éclatement de la Fédération du Mali qui les regroupait ensemble. À partir de ce moment, les deux pays voisins entrent dans une logique de coopération et entretiennent des relations commerciales très complémentaires, car le Sénégal constitue le port naturel du Mali et le Mali à son tour est la porte d’entrée du Sénégal vers les marchés sous-régionaux. Par ailleurs, l’axe Dakar-Bamako s’érige comme un hub pour la dynamisation des échanges commerciaux ; des échanges qui ont pris une ascendance dans les années 2000 avec la crise ivoirienne. Aujourd’hui, la question des relations commerciales entre les deux pays est de plus en plus intense malgré les différents goulots d’étranglement.

Mots-clés : Sénégal, Mali, commerce, économie.

Abstract

Senegal and Mali are two countries united by history and geography. This unification took place over time and in several groups from the Ghana Empire to ECOWAS and UEMOA via the Federation of Mali. Having a common colonial past under French tutelage, Senegal and Sudan obtained their independence following the break-up of the Federation of Mali which brought them together. From that moment on, the two neighboring countries entered into a logic of cooperation and maintained very complementary trade relations because Senegal is the natural port of Mali and Mali in turn is Senegal's gateway to sub-regional markets. In addition, the Dakar-Bamako axis is emerging as hub for boosting trade; Exchanges that took ascendancy in the 2000s with the Ivorian crisis. Today, the issue of trade relations between the two countries is increasingly intense despite the various bottlenecks.

Keywords: Senegal, Mali, trade, economy.

Introduction

À l'heure de la mondialisation, presque tous les États du monde sont dans une dynamique de coopération. D'autant plus que les nations ne sont plus en autarcie, l'internationalisation en vue d'un monde globalisé demeure incisive. Dans cette logique, les nouveaux États, c'est-à-dire ceux qui sont indépendants en 1960, précisément pour le cas des pays africains ne font pas exception à la règle. Ces derniers à l'heure des indépendances se sont retrouvés dans une logique d'intégration sous-régionale et régionale.

Dans cette logique d'internationalisation, des ensembles sont créés comme l'Organisation de l'Unité africaine (OUA) en 1963 qui deviendra l'Union africaine en 2002, la CEDEAO, l'UEMOA, etc. Tout compte fait, ces organisations visent à rendre les économies plus viables des pays membres en régulant le commerce sous-régional. C'est sans doute cette vision d'unité qu'ont ressentie les dirigeants africains afin de se lancer dans cette dynamique d'intégration au niveau de ces instances.

Le Sénégal et le Mali, partageant le même espace géographique et ayant des liens historiques séculaires, sont au confluent de ce rapprochement. Ces deux États qui sont depuis longtemps réunis dans des ensembles depuis l'empire du Ghana jusqu'à la Fédération[1] en passant par l'AOF entretiennent des relations politiques, diplomatiques et commerciales.

---

[1] La Fédération du Mali verra le jour au bout d'un processus déclenché dès novembre 1958 et qui aboutira le 4 avril, 1959 : en effet, c'est à la suite de la rupture interne au sein du RDA en novembre 1958 à propos de la question de la fédération primaire que commence en réalité ce qu'on pourrait appeler la marche vers la Fédération du Mali [...] Dès le 29 décembre 1958, les Fédéralistes se réunissent à Bamako pour leur première conférence. Au bout de huit heures de débat, la conférence décide de créer la Fédération du Mali. (Diouf 1994). Cette Fédération regroupait les deux anciennes colonies françaises, le Sénégal et le Soudan actuel Mali de 1959 à 1960. Cet ensemble s'éclatait prématurément à cause des dissensions entre les autorités soudanaises et sénégalaises, donnant ainsi les indépendances séparées.

Ces relations commerciales se sont rendues possibles grâce à l'existence des voies d'interconnexion terrestre. C'est alors un réseau de connexion bimodal qui a existé depuis plusieurs décennies avant que le chemin de fer ne voie son utilisation réduite à cause de la montée en puissance du réseau routier. La mise en place des voies de communication moderne pour l'Afrique remonte à l'époque coloniale. En effet, ces voies permettaient surtout d'élargir les espaces de la traite et de renforcer la pénétration européenne. Elles étaient aussi destinées à transporter les matières premières de l'intérieur vers le littoral. Il y avait en outre des besoins d'intégration coloniale dans le cadre de l'AOF (Afrique-Occidentale française). Pendant cette époque l'infrastructure de transport terrestre au Sénégal, constituée essentiellement par la voie ferrée grâce aux volumes importants de marchandises transportées. Dès 1854, Faidherbe entreprit une grande artère Saint-Louis à Niamey par Kayes, Bamako, Koulikoro, Ségou et Mopti. Les Français se lancèrent dans ce vaste projet ferroviaire, le Dakar-Niger qui devrait passer par Kayes. Il faudrait noter par ailleurs que pendant cette période le fleuve Sénégal offrait des possibilités de joindre le Soudan. Et ce n'était pas pendant toute l'année, c'était seulement pendant des moments de crue du fleuve que la jonction entre Saint-Louis et Kayes était possible. Ainsi, l'année 1907 marque le début de la construction de la voie ferrée Thiès-Kayes (Souleymane Ndiaye 1977 : 3). En 1907 et 1908, les travaux commençaient aux deux extrémités, à Thiès et à Kayes, grâce aux ressources fournies par un emprunt de 100 millions contractés par le gouvernement général de l'Afrique-Occidentale française. Deux autres emprunts ont été conclus depuis pour l'achèvement de la ligne (Gallois 1924 : 88). Cette ligne est commencée par les deux extrémités, le premier tronçon Kayes-Ambidédi destiné à éviter aux bateaux un important seuil rocheux, entrepris en 1908-1909, terminé par le génie militaire en février 1912, le second Thiès-Ambidédi construit de 1907 à 1923 exécuté par les services des travaux neufs du Thiès-Kayes. Ces travaux, interrompus pendant la Première Guerre mondiale 1914-1918, ont repris en 1923 et furent terminés le 31 décembre 1923. Les chemins de fer Thiès-Kayes et Kayes-Niger fusionnèrent en 1924 pour donner Thiès-Niger qui plus tard en 1934, avec l'adjonction du DSL, constituèrent le Dakar-Niger. Avec un début laborieux, des difficultés vont surgir dans l'exploitation du chemin de fer. Les problèmes d'acheminement des produits agricoles de rente à cause de la vétusté des infrastructures ont favorisé l'émergence et le développement d'un réseau routier. Car contrairement au chemin de fer qui représente un trajet imposé, la route apparaît plus flexible et plus adaptée aux conditions des marchés locaux. Ainsi, la route connut un essor rapide.

Jadis implanté par les autorités coloniales dans le but de mieux exploiter les colonies, le chemin de fer a été pendant longtemps le moyen de communication prédominante.

1. Les enjeux du corridor Dakar-Bamako

L'axe Dakar-Bamako, l'un des réseaux routiers les plus importants de l'Afrique de l'Ouest, est un axe stratégique pour les deux États. Le corridor offre d'énormes possibilités. Pour mieux analyser l'importance de cet axe, nous étudierons les enjeux politiques et les enjeux socio-économiques.

1.1. Les enjeux politiques

Les moyens de communication sont essentiels dans la configuration de la mondialisation. Ils réduisent les distances et permettent à chaque pays du monde d'entrer en contact avec les autres tout en renforçant leurs liens politiques, diplomatiques et/ou économiques. Dans ce cadre, le Sénégal et le Mali ont eu à préserver leurs relations politiques de longue durée. L'axe Dakar-Bamako joue un rôle remarquable dans ce processus. Jérôme Lombard et Ninot estiment que : « les échanges et les transports sont soumis au même bouleversement et deviennent le symbole de la consolidation de la mondialisation du Sénégal » (Lombard, Ninot 2010 : 16). En outre, le rapport de l'USAID sur les coûts du transport décrit l'importance de cet axe routier entre les deux pays voisins en ces termes : « Le développement de corridors de commerce, de transport particulièrement, sur l'axe Dakar-Bamako, est de plus en plus perçu par le gouvernement du Sénégal comme d'importance stratégique nationale » (USAID 2011). Toujours dans le même rapport, il est déduit que : le Sénégal tient à garder le Mali comme client clé dans ses projets d'expansion régionale commerciale.

Par ailleurs, le Mali est un carrefour pour le commerce sénégalais vers le marché de l'UEMOA et de la CEDEAO, parce qu'une part importante de ce commerce traverse le Mali avant de transiter vers le marché sous-régional. Ceci engendre sans doute un renforcement des stratégies pour conserver les acquis du marché sous-régional. Premier fournisseur du Mali, le Sénégal élabore des politiques allant dans le sens de maintenir ce client potentiel. Et cela ne date pas d'aujourd'hui, dès 1963, le Sénégal avait aménagé une partie importante du Port autonome de Dakar pour le transit malien. Alors dans ce même registre, le Sénégal s'est nettement lancé dans une concurrence avec ses voisins dans le domaine portuaire pour mieux servir le Mali et faire du PAD (Port autonome de Dakar) le port numéro 1 de l'Afrique de l'Ouest. Cette compétitivité accrue qui a fait du Sénégal un lieu opportun pour le commerce malien. Et la crise ivoirienne des années 2000 a entraîné des flux importants de marchandises entre les deux pays. Le conflit ivoirien de 2002 qui a entraîné la fermeture du port d'Abidjan malgré les tracasseries douanières le long du corridor, le Mali concentre pour la majorité de son trafic international sur le port de Dakar. Le Sénégal tient à garder son premier partenaire commercial ouest-africain. C'est un partenaire clé dans les projets d'expansion commerciale régionale. C'est pourquoi le développement du corridor de commerce est perçu par les autorités sénégalaises comme un véritable levier de la croissance de l'économie. Jusqu'en 2002, 80 % des importations et exportations du Mali passaient par le port d'Abidjan. Cependant avec la crise ivoirienne de 2002, ce taux est tombé à 33 % en 2008. La volonté du Mali de diversifier ses ports d'attache (Nouakchott, Conakry, Lomé, Dakar, Abidjan) n'a pas encore ébranlé le monopole des corridors ivoiriens et sénégalais. En 2008, 33 % du trafic malien passait par la Côte d'Ivoire et 51 % par le Sénégal (BAD 2012). D'un côté comme de l'autre, les États se sont organisés pour préserver les avantages de cet axe tout en essayant d'exécuter les réglementations pour la bonne marche de leurs rapports. Le renforcement des liens commerciaux est tout à fait opportun pour les deux pays, car ce corridor renferme des enjeux économiques.

Tableau 1 : Balance commerciale des échanges entre le Sénégal et le Mali

Rubriques		2000	2001	2002	2003
Importations	0	2	8	10	
Exportations	30 384	39 799	58 580	62 223	
Solde commercial	3083	39 796	58 571	62 212	
Taux de couverture	14 576 115 %	1 902 188 %	662 624 %	583 731 %	

Source : Direction du commerce extérieur

Schéma 1 : Les exportations du Mali vers le Sénégal et les autres pays 2006-2009

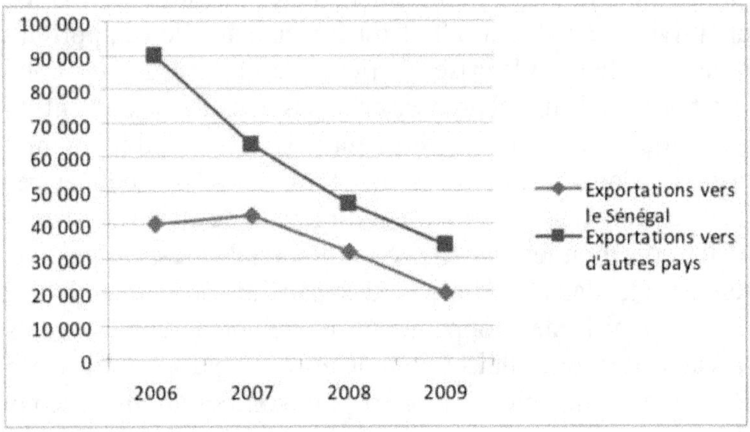

Source : USAID

Schéma 2 : Exportations et importations du Sénégal vers le Mali et autres pays

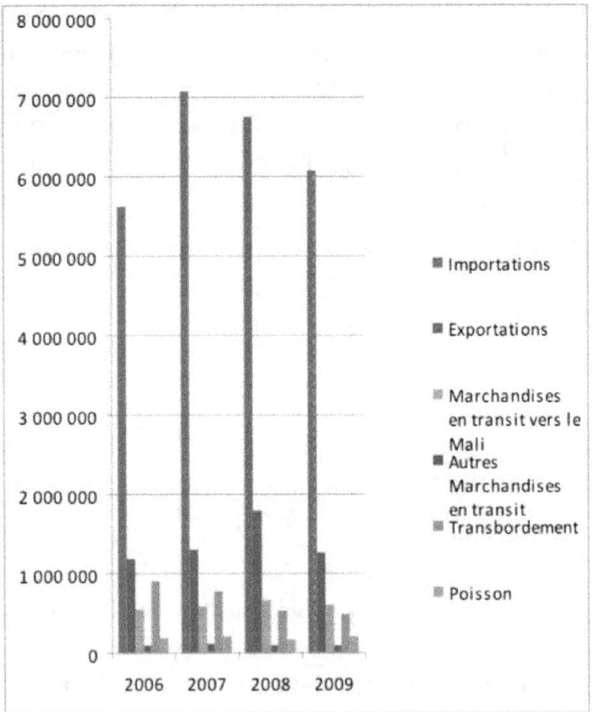

Source : USAID

1.2. Les enjeux économiques

La position géographique du Sénégal fait de lui un véritable point stratégique du commerce malien. Et pour assurer son commerce extérieur, le Mali coopère avec le Sénégal pour ses échanges internationaux. Or, cette liaison entre les deux États ne cesse d'être primordiale dans leurs relations commerciales. L'axe Dakar-Bamako joue sciemment un rôle très important dans le domaine économique.

Au niveau économique, les enjeux sont énormes. L'axe Dakar-Bamako est un axe majeur de commerce transfrontalier. Le corridor est un point stratégique du commerce entre le Sénégal et le Mali. Le commerce participe grandement au développement économique de ces deux pays. De ce fait l'axe Dakar-Bamako contribue à la redynamisation de leur économie. Pourquoi cet axe routier est opportun pour l'économie de ces deux États ? L'axe Dakar-Bamako se situe entre deux voies de communication, le chemin de fer et la route. Celles-ci sont directement reliées au Port de Dakar. Au niveau de cet axe, d'importantes quantités de marchandises y transitent chaque jour. Plus de la moitié des échanges maliens avec le monde extérieur passent par le Sénégal, soit par la route, soit par le chemin de fer. Le commerce extérieur du Mali se fait en grande partie à l'aide du corridor Dakar-Bamako. Tout comme le Mali, le Sénégal aussi tire profit de ce corridor, car il assure non seulement ses échanges avec le Mali, mais aussi il est le point de passage des produits sénégalais vers la sous-région. Dans ce sens, le Bulletin d'information économique analyse les volumes d'échanges sur cet axe : les exportations sénégalaises en direction du Mali représentent plus de la moitié de celle à destination de l'ensemble de l'Afrique de l'Ouest. Dans le cadre du commerce intracommunautaire, le Sénégal constitue le partenaire privilégié du Mali.

Par ailleurs, cet axe est aussi un avantage pour les entreprises sénégalo-maliennes dans le domaine import-export. C'est un moyen stratégique pour les entrepreneurs de pouvoir commercer dans les délais avec leurs partenaires. Ceci rentre dans le cadre de la redynamisation des économies et renforce les capacités d'adaptation au marché. Le corridor Dakar-Bamako renforce les performances des entreprises, car elle participe considérablement à la réduction des coûts en assurant les transactions commerciales dans les meilleurs délais.

2. Les échanges commerciaux entre le Sénégal et le Mali entre 2002-2022

Les échanges entre le Sénégal et le Mali sont dominés par les produits industriels et alimentaires. Avec le développement des infrastructures routières et conséquemment l'accroissement régulier du flux de transport, le niveau des échanges s'intensifie de plus en plus. Le trafic international de marchandises sur l'axe Dakar-Bamako consiste principalement d'importations et exportations maliennes, et secondairement d'échanges entre le Sénégal et le Mali (colas, céréales, produits alimentaires, sel, engrais, ciment et hydrocarbures). Les importations maliennes sont assez variées, tandis que le coton compte pour presque 70 % des volumes qui sont transportés en direction du Sénégal pour l'exportation (ministère de l'Infrastructure, de l'Équipement et des Transports 2003).

2.1. Les produits en provenance du Sénégal

Les exportations sénégalaises en direction du Mali sont dominées par les produits traditionnels d'exportation tels que : les poissons de mer, les produits sucrés, le ciment hydraulique, les produits pétroliers, les engrais minéraux et chimiques et les produits alimentaires. Également d'autres produits moins réguliers sont exportés vers le Mali ; il s'agit de la farine de froment, des conserves de poissons, du sel brut, des poissons séchés, salés ou en saumure (Direction des transports terrestres 2005). Le trafic national de marchandises est principalement composé des phosphates et produits chimiques des ICS, de phosphates de Thiès, de phosphates d'Alou-Kagne, d'hydrocarbures. Des quantités importantes de marchandises en provenance d'autres pays tels que l'UE, les Amériques et l'Asie passent naturellement au Sénégal via le port de Dakar avant leur acheminement au Mali.

2.2. Les produits en provenance du Mali

Le Mali a une économie ouverte avec laquelle le commerce représente une part importante dans le PIB (environ 58 %). Le Mali est un pays à vocation agropastoral. Le secteur de l'élevage représente le troisième poste d'exportations du pays, dominé essentiellement par le bétail. Les exportations du Mali vers le Sénégal sont caractérisées par des produits de l'élevage surtout avec les moutons pendant la période de la Tabaski (*Eid al fitr*). Dans ce domaine, le Sénégal représente le principal client du Mali. Chaque année à l'approche de la grande fête de la Tabaski, des centaines de milliers de bêtes quittent le Mali pour le

Sénégal. Grâce à ces exportations de moutons de Tabaski, le Mali assure une partie de la consommation du pays. Dans cette coopération, les produits agricoles ne sont pas en reste, car le Mali exporte du coton et des légumes au Sénégal. Par ailleurs, les tissus maliens à l'instar du *cuub* et des bazins riches sont très prisés au Sénégal où les grands commerçants maliens en exportent des quantités considérables pour le bonheur des femmes sénégalaises.

3. Le volume des échanges commerciaux à la même période

L'avènement des voies de communication entre le Sénégal et le Mali ont facilité le transport des marchandises des deux côtés. Ainsi, des quantités importantes de marchandises venues des deux États transitent le long du corridor.

3.1. La crise ivoirienne et le décongestionnement du commerce extérieur malien vers le port de Dakar

Dans les années 2000, une crise politique[2] secoue la Côte d'Ivoire qui va se traduire par une crise économique. Étant l'un des principaux fournisseurs des pays de l'Afrique de l'Ouest, la Côte d'Ivoire a été profondément bouleversée par la crise. Celle-ci affectait les économies de plusieurs pays ouest-africains surtout ceux de l'hinterland à l'instar du Mali. Cette crise a redistribué les cartes dans la compétition accrue des pays au niveau portuaire.

Cependant, à cause de la fermeture du Port d'Abidjan occasionnée par la crise, Dakar assure une part importante du commerce malien. Ce rôle qu'il avait perdu depuis la grève des cheminots en 1938 au détriment de la Côte d'Ivoire. Dès le début de la crise, le Mali a décongestionné son trafic vers Dakar pour l'essentiel de son commerce international.

Dans son article, Soulé confirme les difficultés des économies des pays de l'hinterland à cause de la crise ivoirienne, la déstabilisation de la Côte d'Ivoire met en péril l'économie des pays de l'hinterland et bouleverse les économies régionales. Ils se tournent vers d'autres

[2] Il s'agit d'un conflit qui sévissait en Côte d'Ivoire au début des années 2000 suite à une tentative de coup d'État contre le président Laurent Gbagbo en voyage en Italie. Le 19 septembre 2002, des rébellions ont secoué simultanément Abidjan, Korhogo dans le nord et Bouaké au centre du pays. Selon RFI, ce coup d'État fera plus de 300 morts, dont le ministre de l'Intérieur Émile Bogo Doudou et le Général Robert Guéi. La Côte d'Ivoire est littéralement en deux, au nord, la zone occupée par la rébellion, au sud, la zone contrôlée par le gouvernement.

partenaires côtiers pour écouler leur marchandise et importer les produits qui transitaient auparavant par Abidjan, le Togo, le Ghana, le Bénin et le Nigeria profitèrent de cette opportunité pour se positionner dans l'espace économique ouest-africain (Soulé 2003 : 102).

La Côte d'Ivoire étant l'épine dorsale du commerce transfrontalier en Afrique de l'Ouest perd sa place au détriment de ses concurrents. Ses principaux clients se sont tournés vers les autres pays côtiers. Ayant longtemps monopolisé ce commerce ouest-africain avec un port leader, avec des chiffres signifiants à l'exportation, se voit dépasser par les autres pays à façade maritime :

> Avec 40 % du PIB, 59,4 % des exportations et 42,1 % des importations, elle s'impose comme la locomotive de l'UEMOA. La Côte d'Ivoire constitue le socle de l'intégration régionale et animatrice principale des échanges commerciaux dans son ensemble économique, voire l'échelle de l'Afrique de l'Ouest. Sur les 700 Milliards de FCFA en 2000, elle en a placé pour plus de 650 auprès de sept autres partenaires de l'union. Les plus gros consommateurs de produits ivoiriens sont le Mali (147 milliards), le Sénégal (103 milliards), le Burkina Faso (91 milliards) et le Togo (60 milliards). (Soulé 2003 : 103).

Le Mali a été pendant longtemps l'un des principaux clients de la Côte d'Ivoire. Il a donc fallu la crise pour que Dakar prenne le dessus sur Abidjan.

3.2. Le volume des échanges post-crise ivoirienne

Ainsi, le conflit ivoirien qui a entraîné la fermeture du port d'Abidjan, malgré les tracasseries douanières le long du corridor, le Mali concentre pour la majorité de son trafic international au Port autonome de Dakar. Le Sénégal, grâce à sa situation géographique, a fait face à la concurrence avec comme atout indispensable la route et le rail.

Jusqu'en 2002, 80 % des importations et exportations du Mali passaient par le port d'Abidjan. Cependant avec la crise ivoirienne de 2002, ce taux est tombé à 33 % en 2008. La volonté du Mali de diversifier ses ports d'attache (Nouakchott, Conakry, Lomé, Dakar, Abidjan) n'a pas encore ébranlé le monopole des corridors ivoiriens et sénégalais. En 2008, 33 % du trafic malien passait par la Côte d'Ivoire et 51 % par le Sénégal. En effet, le Bulletin de l'information économique nous donne les chiffres des exportations et importations entre le Sénégal et le Mali entre 2008 et 2010 :

> En 2009, les exportations d'animaux vivants vers le Sénégal représentent à elles seules 58,8 % du total des exportations d'animaux vivants du Mali. Mais ces exportations sont en baisse depuis 2008. Elles sont passées de 30,7 milliards en 2008 à 17,1 milliards en 2010, soit une baisse de 44 % en 3 ans. L'exportation du coton vers le Sénégal connaît également une légère baisse depuis 2008. Elle est passée de 15,1 milliards en 2008 à 11,8 % en 2010, soit une baisse de 22 %. De 2008 à 2010, les importations du Mali en provenance du Sénégal ont atteint la valeur de 658,6 milliards de FCFA avec un pic de 256,7 % en 2008. Depuis lors, elles ont baissé de 37 % en 2009, puis elles augmentent de 48 % entre 2009 et 2010. En 2010, les importations d'hydrocarbures et autres produits provenant du Sénégal s'élèvent à 131,4 milliards soit 55 % des importations totales venant de ce pays. Le volume de ces importations a baissé depuis 2008. En ce temps, elles s'élevaient à 181,5 milliards de FCFA. (Bulletin d'informations économiques 2011 : 3).

Par la même occasion, la Banque africaine de développement avance les chiffres des transactions commerciales entre les deux pays en 2010 :

> Les exportations sénégalaises en direction du Mali représentent plus de la moitié de celles à destination de l'ensemble de l'Afrique de l'Ouest. En septembre 2010, par exemple, elles sont évaluées à 16 858 000 000 francs CFA, c'est-à-dire en hausse de 67 % par rapport au mois de septembre de l'année précédente. Pour la même période, les échanges du Mali avec le Sénégal se sont chiffrés à 8 346 234 284 francs CFA, en hausse de 87,62 % par rapport au mois de septembre de l'année précédente où il a été enregistré un montant de 7 313 238 737 FCFA. En 2010, le Mali a importé des marchandises d'une valeur de 239,6 milliards de FCFA contre les exportations d'une valeur de 43, 5 milliards de FCFA. Ces échanges se traduisent par une balance commerciale de +196, 1 milliard (BAD 2012 : 3).

Les quantités de marchandises qui transitaient entre les deux pays ont fléchi à cause de l'arrêt du trafic du chemin de fer qui avec la route faisaient de l'axe Dakar-Bamako un corridor très dynamique. Les tracasseries douanières, les longs fils d'attente des camions maliens au niveau du port de Dakar et la dégradation de la route ont fait que les chiffres diminuent considérablement.

Par ailleurs, avec l'achèvement des travaux en 2008 des tronçons entre le Sénégal, le Mali et la Guinée, le volume des échanges va connaître une hausse surtout dans les années 2010. Cette nouvelle route

Kidira (Sénégal) et Mossala (Mali), une partie du corridor Dakar-Bamako joue un rôle crucial dans le trafic entre les deux pays. Celle-ci va écourter le trajet Dakar-Bamako de 200 km et permettre un gain de temps de 3 h sur le trajet qui transite par Tambacounda et Kidira. Ainsi donc avec la modernisation du port autonome de Dakar et les nouvelles politiques de l'État sénégalais pour faire du port, la locomotive portuaire au sein de l'UEMOA a fait que des exportations vers le Mali augmentent de plus en plus. Entre 1997 et 2012, le transit malien par Dakar passe de 310 000 à 1 724 600 tonnes (Port autonome de Dakar 2013). L'arrivée du Président Sall au pouvoir avec le Plan Sénégal émergeant (PSE), la construction d'infrastructures de haut standing a vu le jour. Ceci se manifeste par la modernisation du port de Dakar, mais aussi la réfection des routes qui traversent les frontières avec les pays voisins. Cette politique infrastructurelle a facilité le transit de marchandises en réduisant les distances et les coûts et favorise l'essor des transactions commerciales entre le Sénégal et le Mali au cours de cette dernière décennie. Ainsi entre 2017 et 2021, le Sénégal a exporté vers le Mali une quantité de marchandises de 11 575 830 millions de tonnes. Par contre, les exportations du Mali vers le Sénégal durant la même période tournent autour de 23 204 millions de tonnes.

La balance commerciale du Sénégal vis-à-vis des pays de la CEDEAO est ressortie à +599,2 milliards de FCFA en 2021 contre +440,9 milliards de FCFA en 2020. Cette performance est liée au renforcement de l'excédent vis-à-vis du Mali (+580,3 milliards de FCFA contre +473,2 milliards de FCFA en 2020) (ANSD 2022). Selon le quotidien national (*Le Soleil* juillet 2022 : 3), 68,2 % du trafic malien (plus de quatre millions de tonnes en 2021) passent par le port autonome de Dakar, soit environ 1000 camions par jour dans les deux sens.

3.3. Le commerce sénégalo-malien face à la crise de Covid-19 et l'embargo de la CEDEAO

Depuis les années 2010, le commerce a pris une augmentation accrue en matière de volume et les chiffres le montrent à bien des égards. Des centaines de camions transitent tous les jours dans l'axe Dakar-Bamako. Malgré tous ces chiffres, il a fallu attendre 2020, avec la crise du Covid-19 pour que le commerce entre les deux pays prenne une nouvelle tournure. Le Coronavirus, une pandémie originaire de la région de Wuhan en Chine en fin 2019, a fait le tour du monde en moins d'une année. Cette maladie virale a eu des conséquences sur les économies mondiales surtout les pays en voie de développement.

La crise sanitaire a engendré une crise économique occasionnée par la fermeture des frontières terrestres et aériennes. Plus de la moitié de l'humanité était confinée. Dans ce contexte, la mondialisation a fait que toutes les économies ont subi de plein fouet cette crise. Celles-ci étaient mal en point pendant toute la période de Covid-19. Dans le cadre de nos deux pays, les transactions commerciales sont revenues à un niveau inférieur aux deux dernières décennies. Les chiffres ont chuté, car les camions qui étaient censés assurer le transport de marchandises ne roulaient plus. De même que les bateaux qui assuraient le fret maritime international ne naviguaient plus.

C'est un coup d'arrêt fatal pour l'économie mondiale et les économies des pays en voie de développement, quoique fragiles, ces pays devraient faire preuve de résilience face à cette situation. Cet arrêt a eu des conséquences très néfastes sur l'économie du Sénégal et du Mali. Ce dernier dont son commerce international se passe en grande partie au Port de Dakar avait d'énormes difficultés pour assurer ses importations au niveau mondial. Durant cette période, les marchandises qui devraient être acheminées au Mali sont restées pendant des mois au Port de Dakar ou dans les conteneurs. Cette situation stoppe les transactions commerciales entre les deux pays. Les pertes sont énormes aussi bien pour le Sénégal que pour le Mali.

Tableau 2 : Exportations du Sénégal vers les pays de la CEDEAO en valeur (en millions FCFA)

	2016	2017	2018	2019	2020
Mali	271 055	347 092	388 682	562 138	474 811
Côte d'Ivoire	79 352	81 699	72 911	91 948	110 319
Guinée République	50 115	61 392	70 800	78 817	85 381
Gambie	50 409	62 813	54 237	45 418	64 554
Guinée-Bissau	31 211	34 791	38 028	38 374	32 876
Burkina Faso	30 986	33 482	38 471	38 039	29 978
Nigeria	5 918	12 601	16 547	14 995	13 722
Niger	13 291	9 932	15 886	8 967	11 791
Togo	14 917	14 543	11 720	16 747	11 032
Bénin	11 342	9 522	10 216	12 050	9 905

	2016	2017	2018	2019	2020
Ghana	9 906	9 319	13 298	6 248	8 830
Sierra Leone	10 037	7 954	9 072	8 385	6 986
Libéria	4 186	3 894	4 163	1 699	1 782
Îles du Cap-Vert	1 907	2 398	2 320	1 656	1 061
TOTAL	584 632	691 433	746 350	925 481	862 998

Source : ANSD/DSECN/DSC/BEE

De cette crise mondiale affectant les deux pays voisins, une autre crise sévit au Mali par le biais du second coup d'État militaire survenu en 2021.

Ainsi, le Mali est secoué par une série de coups d'État militaires. Après celui du 18 août 2020 qui a chassé Ibrahima Boubacar Keita du pouvoir, un autre coup d'État est survenu un peu plus de 9 mois plus tard évinçant le président de la transition Bah N'daw et son Premier ministre Moctar Ouane. Ce putsch est survenu après la publication de la liste du nouveau gouvernement. La junte aurait été écartée par le président de la transition dans le choix de ladite liste. Assimi Goita, vice-président de la transition et chef de la junte militaire, a fait payer à Bah N'daw son acte. C'est ainsi que le 24 mai 2021 qu'un nouveau coup d'État sévit au Mali et Assimi Goita détient les rênes du pays.

Suite à ce putsch, la CEDEAO a infligé des sanctions au Mali. Ainsi, le 9 janvier 2022, un embargo a été imposé à ce pays. Ses frontières avec ses voisins ont été fermées et les transactions commerciales stoppées. Le Mali se trouvait dans une situation délicate, car mise à part la crise politique, une crise économique met au rabais le pays. Pire encore la frontière entre le Sénégal et le Mali était fermée, la circulation des marchandises n'étant plus possible à moins qu'il soit des produits de première nécessité ou des hydrocarbures. Cette situation a été mal vécue par le Sénégal qui est le premier partenaire commercial du Mali. Le Mali avait déjà envisagé des alternatives pour son commerce international en voulant tourner le dos au PAD où plus de 70 % de ses exportations passent par le Sénégal. Le quotidien national, *Le Soleil* (2022) atteste que les entreprises sénégalaises ont perdu beaucoup de parts de marché ces six derniers mois parce que le Mali était jusque-là le premier partenaire commercial du Sénégal.

Le Sénégal a perdu des centaines de milliards durant cette période de crise. Des quantités considérables de marchandises ont pourri et les camions sont restés cantonnés au port de Dakar ou dans les escales, car le trafic a été suspendu. Tout le trafic entre les deux pays est ainsi lourdement pénalisé, alors que le Mali est le premier partenaire commercial du Sénégal. Selon l'Agence nationale de la statistique et de démographie (ANSD), au mois de janvier 2022 près de 23 % des exportations sénégalaises étaient destinées au Mali. Ces sanctions n'arrangent personne puisque les économies des deux pays sont typiquement liées.

Le Mali, en proie à une insécurité avec l'ancrage du jihadisme sur son territoire, devrait faire face à d'autres défis majeurs, à savoir les difficultés économiques liées à la pandémie et aux sanctions récentes de la CEDEAO. Néanmoins, le gouvernement de la transition a adopté un plan de riposte contre les sanctions économiques infligées par la CEDEAO et l'UEMOA.

En réponse aux conclusions des sommets extraordinaires des deux organisations sous-régionales tenus à Accra au Ghana, le 9 janvier 2022, le gouvernement malien a tenu, un conseil des ministres le lendemain. À la sortie de ce conseil des ministres, le gouvernement de la transition « décide de l'élaboration d'un plan de riposte pour sauvegarder notre souveraineté et préserver l'intégrité de notre territoire national » (Communiqué du conseil des ministres du 10 janvier 2022). C'est un plan transversal qui comporte des questions diplomatiques, géopolitiques, économiques et financières ainsi que des questions sociales détaillent le colonel Abdoulaye Maïga. Le Mali a aussi à son tour décidé de fermer ses frontières avec les pays de la CEDEAO. Du point de vue commercial, le Mali avait décongestionné son trafic vers les ports de Conakry et de Nouakchott pour assurer son commerce extérieur. Rappelons que jusqu'ici plus de la moitié du commerce extérieur malien passait par le port de Dakar. Les autorités maliennes ont pu contourner les sanctions de la CEDEAO et de l'UEMOA en liant des partenariats avec la Guinée et la Mauritanie voisines.

Conclusion

Étant deux pays voisins, le Sénégal et le Mali entretiennent de bons rapports. Mis à part la frontière qu'ils partagent, ils ont une histoire commune. Ce passé commun est la base du solide ancrage des relations diplomatiques, politiques et commerciales entre les deux pays depuis les indépendances jusqu'à nos jours. Même si l'expérience redoutable de l'éclatement de la Fédération avait instauré un climat d'instabilité dans les rapports, la dépendance économique a fait que les relations commerciales vont être très rapidement rétablies.

Dès lors, les deux pays restent de sérieux partenaires commerciaux et le port de Dakar en est l'instigateur de ce partenariat marqué notamment par une politique infrastructurelle importante des deux pays. Au-delà des infrastructures portuaires du Sénégal très compétitives, les infrastructures routières constituent un élément essentiel pour le développement du transit entre Dakar et Bamako. Si depuis longtemps, la Côte d'Ivoire était la locomotive du commerce sous-régional, qui dominait le marché malien, il a fallu attendre la crise des années 2000 pour que la situation se renverse au profit du Sénégal. À partir de ce moment, le Sénégal devient le principal client du Mali. Aujourd'hui, près de 70 % du commerce malien transite au port de Dakar. Force est de constater que ces avancées connaîtront des ruptures notamment entre 2020 et 2022 à cause de la pandémie de Covid-19 et l'embargo de la CEDEAO contre le Mali au début de l'année 2022. Ces crises ont véritablement affecté les économies des deux pays et rompu les transactions commerciales entretemps. Cependant, le Mali a pu extérioriser son commerce vers d'autres ports pour se résilier aux sanctions de la CEDEAO et de l'UEMOA. Les autorités maliennes avaient alors mis en place un plan de riposte pour ne pas subir de plein fouet ses restrictions commerciales et financières imposées par les deux institutions sous-régionales.

Force est de constater que ces deux pays sont économiquement liés et le moindre souci économique sur l'un pourrait se rabattre sur l'autre. Dans l'avenir, les deux États gagneraient à prendre des dispositions nécessaires pour juguler toutes sortes d'entraves à leurs relations commerciales.

Références bibliographiques

BANQUE AFRICAINE DE DÉVELOPPEMENT, 2015, « Problématique de la facilitation du transport en Afrique de l'Ouest et plan d'action, Abidjan ».

Bulletin de l'Information économique, n° 906 du 31 mai au 10 juin 2012.

GALLOIS Lucien, 1924, « L'achèvement du chemin de fer Thiès à Kayes (Afrique occidentale française) », *Annales de Géographie*, 181 : 88-90.

Groupe de la Banque africaine de développement, 2012, « Programme d'aménagement routier et facilitation du transport, le corridor Dakar-Bamako ».

DIOUF Mamadou, 1989, « L'éclatement de la Fédération du Mali. Gestion prématurée ou sabordement prémédité ? », Dakar, UCAD [Mémoire de Maitrise d'Histoire].

LOMBARD Jérôme, 2015, *Le monde des transports sénégalais. Ancrage local et développement territorial*, Marseille, IRD Éditions.

LOMBARD Jérôme, NINOT Olivier, 2010, « Connecter et intégrer les territoires et mutations des territoires en Afrique », *Bulletin de l'association des géographes français* : 69-86.

BIO G. Soulé., 2003, « L'impact de la crise ivoirienne sur le commerce régional », *Politique africaine*, 89 : 102-111.

Rapport de la Direction des transports terrestres, « Contributions du directeur des transports terrestres au séminaire sur la sensibilisation et l'information de la convention TRIE-CEDEAO du 25 janvier 2003 ».

Rapport du Ministère de l'Infrastructure de l'équipement et des transports, 2003, « Évaluation environnementale et sociale du secteur du transport ferroviaire sur l'axe Dakar Bamako et sa mise en concession ».

Restructurer la gouvernance de l'embouchure du fleuve Sénégal

Cheikh Abdoul Ahad Mbacké Ba
Université Cheikh Anta Diop de Dakar
cheikh25.ba@ucad.edu.sn

Résumé

Depuis une quinzaine d'années, la région de l'embouchure du fleuve Sénégal est fragilisée par une succession de risques hydrologiques face auxquels les politiques ne sont pas parvenues à spécifier des actions adaptatives pertinentes. Une décolonisation des imaginaires environnementaux semble nécessaire. L'article est une analyse de la trajectoire de gouvernance de l'embouchure du fleuve Sénégal dans sa globalité. Le cadre analytique s'appuie sur l'aménagement de la brèche artificielle de 2003, pour montrer la nécessité de refonder l'appareil de gouvernance. La première partie de ce travail est une revue de la littérature sur la structuration de son appareil de gouvernance. Tandis que la seconde questionne les imaginaires et les alternatives possibles pour réorienter le modèle de développement.

Mots-clés : estuaire du Sénégal, savoirs endogènes et vernaculaires, Gandiol, autochtonie.

Summary

For the past fifteen years, the region at the mouth of the Senegal River has been weakened by a succession of hydrological risks in the face of which policies have not been able to specify relevant adaptive actions. A decolonization of environmental imaginaries seems necessary. The article is an analysis of the governance trajectory of the mouth of the Senegal River as a whole. The analytical framework is based on the development of the artificial breach in 2003 to show the need to overhaul the governance apparatus. The first part of this work is a review of the literature on the structuring of its governance apparatus.

While the second questions the imaginaries and possible alternatives to reorient the development model.

Keywords: Senegal estuary, Endogenous and vernacular knowledge, Gandiol, Indigeneity.

Introduction

Considérées comme priorité par les instances de régulations internationales depuis la fin du XXe siècle (Billé 2007), la gestion et la préservation des paysages littoraux et fluviaux sont des champs d'investigation devenus prioritaires avec l'accentuation des changements globaux (Rahmstorf 2007). Paysages habités et valorisés, les zones littorales sont marquées par une augmentation considérable des inégalités socio-économiques (Gupta et Bavinck 2017). Ces espaces sont également altérés par des aléas hydroclimatiques – inondations, submersions marines – et une gouvernance parfois calamiteuse conduisant les effets désastreux d'une « mal adaptation »[1] (Magnan 2013 : 2). L'embouchure du fleuve Sénégal est devenue une zone très sensible face aux aléas climatiques attirant une grande prévenance des pouvoirs locaux, instances internationales et le monde académique à cause de son anthropisation qui ne cesse de s'amplifier (Vedel *et al.*, 2015). Ces situations multifactorielles fragilisent les cadres de gouvernance des risques hydrologiques (Ba 2019).

Les recherches antérieures ont documenté les risques, les aléas, les vulnérabilités et les logiques de gouvernance qui affaiblissent l'estuaire et globalement les paysages naturels du fleuve Sénégal (Sy 2015). Elles analysent particulièrement les conséquences de l'anthropisation du fleuve – barrages de Diama, de Manantali et l'embouchure artificielle sur le cordon littoral de la Langue de Barbarie en 2003[2] – et des problèmes de gouvernance - la gestion du bas delta du fleuve Sénégal (Ba 2019).

---

[1] « La maladaptation désigne un processus d'adaptation qui résulte directement en un accroissement de la vulnérabilité à la variabilité et au changement climatiques et/ou en une altération des capacités et des opportunités actuelles et futures d'adaptation » (Magnan 2013 : 2).

[2] En 2003, à Saint-Louis du Sénégal, l'ouverture d'une brèche artificielle pour évacuer le trop-plein d'eau du fleuve Sénégal avait attiré une série de critiques. Une partie de la population locale réclamait une meilleure intégration des populations riveraines dans les instances décisionnelles (Ba 2019).

L'analyse de ces travaux a montré l'existence de jeux d'échelles composites provoqués par les articulations complexes d'une pluralité de politiques du développement à l'échelle locale – pouvoir local, pouvoir déconcentré et pouvoir supranational – OMVS[3], partenaires et bailleurs internationaux – depuis l'accession à l'indépendance des pays transfrontaliers partageant en commun les ressources du fleuve Sénégal. Les travaux cités orientent notre réflexion sur l'implication des populations locales, en dehors des sphères conventionnelles (pouvoir local, déconcentré et supranational). Ils nous incitent à nous interroger sur la participation des citoyens dans la prise de décision.

Le débat autour du renforcement des cadres de gouvernance des risques hydrologiques, par des connaissances territoriales, a attiré notre attention. Une question principale mérite d'être posée : quels modèles de gouvernance des risques hydrologiques devrons-nous mettre en place pour mieux saisir les enjeux territoriaux (culture du risque, savoirs vernaculaires, connaissances du territoire, organisation traditionnelle, initiatives citoyennes et stratégies locales) à l'échelle de l'embouchure du fleuve Sénégal, dans un contexte de changement climatique ? L'objectif que nous affichons est de réfléchir sur des formes de collaborations possibles entre les acteurs dans cette région du fleuve Sénégal.

1. Cadrage théorique

L'étude des dispositifs de gouvernance des risques hydrologiques à l'échelle de l'embouchure du fleuve Sénégal est d'une importance capitale dans le champ de la gouvernance. La gouvernance est constituée principalement par le gouvernement proprement dit, mais aussi la contribution d'autres acteurs, pour autant qu'ils jouent un rôle dans les orientations politiques stratégiques et les options de politique publique : acteurs politiques non gouvernementaux, composante de la société civile, parmi lesquelles les entreprises, les syndicats, les associations ou les acteurs individuels (Lévy et Lussault 2013). Dans le cas d'étude que nous présentons, notre ambition est de montrer qu'il est nécessaire de réfléchir sur les possibilités de contributions (savoirs et connaissances) dans les orientations politiques stratégiques en matière de gouvernance des risques climatiques en saisissant les initiatives locales et citoyennes. Partant de là, la perspective de l'écologie des savoirs nous pousse à réfléchir sur les initiatives citoyennes et les visions alternatives enracinées dans les communautés locales, depuis l'embouchure du fleuve

[3] Organisation pour la mise en valeur du fleuve Sénégal (OMVS).

Sénégal. L'écologie des savoirs part du postulat qu'il n'existe pas de connaissance ou d'ignorance dans l'absolu. Elle considère « qu'acquérir certains savoirs peut en faire oublier d'autres et, par conséquent, peut rendre ignorant de ces autres savoirs. » (Santos 2011 : 39). Notre propos tente de montrer qu'en dehors des dispositifs officiels de gouvernance (savoir décisionnel), il est possible d'explorer d'autres formes de savoirs alternatifs situés à l'échelle des communautés locales. L'approche que nous proposons se fonde sur la notion d'écologie des savoirs (Santos 2011) pour analyser les possibilités d'amélioration des connaissances territoriales dans les dispositifs de gouvernance existants.

2. Justification de la zone d'étude

L'embouchure du fleuve Sénégal est un site intéressant. Le cadre d'étude est pertinent pour plusieurs raisons. Elle est l'ancienne capitale politique de l'Afrique-Occidentale française (AOF) (Sinou 1993), la région de Saint-Louis est une métropole « moyenne » dont les aptitudes adaptatives sont insuffisamment saisies par les archives académiques, alors que celles des grandes métropoles urbaines « mega-cities » (Birkman 2016 : 1-3) sont plus ou moins bien documentées. Dans un contexte de catastrophes écologiques planétaires, de multiplicité d'aléas hydroclimatiques, d'incertitude (Barthe *et al.*, 2014), la gouvernance de l'embouchure du fleuve Sénégal semble n'évoluer que de manière incrémentale, en apparente contradiction avec l'urgence d'une situation qui se dégrade (Ba 2019). Les politiques publiques urbaines formulées par les pouvoirs locaux et déconcentrés de formes « co-productives » (Vedeld *et al.*, 2017) ne produisent que des conséquences minoratives et sont bloquées par des phénomènes d'ex-territorialité inscrivant l'échelle locale dans un rapport de domination vis-à-vis des niveaux supérieurs (Ba 2019).

3. Méthodologie

Pour répondre à notre problématique, nous avons exploité une première série de rapports techniques, de documents administratifs et des travaux de chercheurs et chercheuses. En fait, un nombre important de documents relevant de la littérature grise rassemblent des contenus solides dédiés essentiellement aux grandes problématiques environnementales et politiques de l'estuaire du Sénégal. Ce matériel est la première source de données pour instruire notre problématique de recherche. Pour ce faire, nous avons élaboré plusieurs syntaxes de recherche des articles à exploiter sur les moteurs de recherche académiques.

Une deuxième source de données est constituée principalement des documents recueillis auprès de la Direction de l'Environnement et des établissements classés (DEEC) et de la Direction de l'Hydraulique et de l'assainissement de Saint-Louis (Sénégal). La documentation constituée permet de mieux saisir les enjeux hydrauliques et environnementaux à la suite de l'aménagement artificiel de la brèche de 2003 sur le cordon de sable de la Langue de Barbarie.

Une troisième source d'informations constituée principalement des résultats des entretiens qualitatifs a été utilisée. Pour les conduire, nous avons déployé de manière exploratoire une trentaine d'interviews illustrées dans une perspective de récits de vie des populations locales, de certains acteurs du pouvoir local et des services déconcentrés. Ce type d'entretien est une méthode biographique (Pruvost 2011). Dans le cadre de cet exercice, nous avons demandé à des habitants de l'embouchure du fleuve Sénégal de se remémorer et de raconter des expériences propres, dans un contexte de production d'aléas (inondations) dans le passé. L'objectif est de faire une historiographie exploratoire sur les stratégies, les connaissances et les initiatives citoyennes alternatives qui peuvent alimenter les cadres de réflexion des dispositifs de gouvernance qui existent face aux changements climatiques et aux aléas naturels. L'approche consiste à ne pas prévoir des questions/réponses classiques à partir d'une grille d'entretien. Il consiste à inviter le narrateur à faire un récit chronologique sur sa manière d'habiter les paysages littoraux et ses relations avec les milieux naturels.

Les résultats obtenus ont permis de structurer notre argumentaire en deux temps d'analyse : le premier présente la région d'étude et fait une analyse critique de sa trajectoire de gouvernance des risques hydrologiques ; le second expose les principes d'un modèle de gouvernance basé sur une écologie des savoirs.

4. L'embouchure du Sénégal

L'estuaire (Fig. 1) du fleuve Sénégal est circonscrit dans une petite zone entre le barrage de Diama et le cordon sableux de la Langue de Barbarie. Avant la mise en eau du barrage de Diama (1986) la remontée saline était sensible, en période d'étiage, jusqu'à Podor, à environ 300 km de l'embouchure. L'estuaire du Sénégal est limité aujourd'hui, en amont, par le barrage anti-sel de Diama, tant que ses vannes restent fermées, et en aval, par son embouchure, exutoire par lequel les eaux marines remontent dans le fleuve. Depuis 2000, il est classé patrimoine mondial de l'humanité par l'UNESCO. Cependant, elle est une région particulièrement vulnérable à cause d'une multiplicité d'aléas climatiques – inondations, crues, submersions marines, barrages – et sa position géographique[4]. La vulnérabilité de cette région est renforcée par une adaptation locale insoutenable face aux aléas naturels. Dans cette partie, nous revenons sur les caractéristiques de la région géographique du fleuve Sénégal de manière globale, ensuite nous mettons en perspective les enjeux qui l'entourent, afin de questionner l'opérationnalité de sa trajectoire de gouvernance.

Figure 1. Une vue de la région de l'embouchure

Source : Ba 2019

4.1. Esquisse géographique du fleuve Sénégal

Le fleuve Sénégal est l'un des grands écosystèmes de la façade atlantique de l'Afrique de l'Ouest. Il descend des massifs gréseux du Fouta-Djalon puis traverse le plateau mandingue. Il résulte de la confluence de 2 branches mères (le Bafing et le Bakoye), à Bafoulabé.

[4] Dans la Collection Architectures traditionnelles – Parenthèses/*Orstom* – sous la direction de Jacques Soulilou, Alain Sinou disait : « qu'elle était la première île choisie par les Français en 1633 dans l'embouchure du fleuve Sénégal ne peut être attaqué par surprise par des navires ennemis ou par des bandes de pillards maures, mais elle est fréquemment inondée en saison de crues. Aussi, dix ans plus tard, les Français déménagent sur une autre île mieux protégée (…) » (p. 35).

À partir de Bafoulabé, le fleuve Sénégal se dirige vers le nord-est en passant par Kayes. Long de plus de 1700 kms, il draine un bassin versant de 290 000 km² dans les territoires du Sénégal (21 000 km²), du Mali (155 000 km²), de la Guinée (31 000 km²) et de la Mauritanie (75 000 km²) (Fig.2).

Figure 2. Le delta (la zone d'estuaire) du fleuve Sénégal

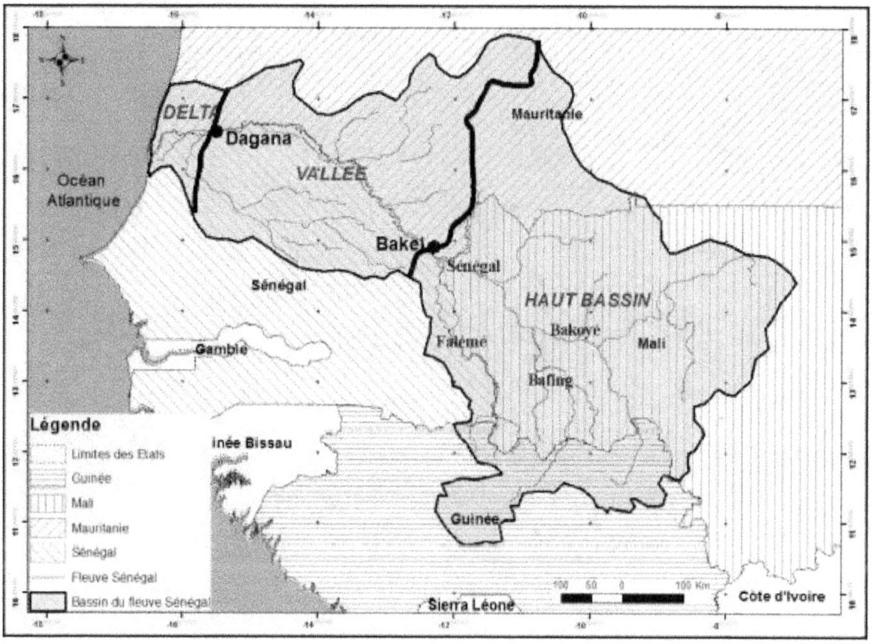

Source : Faye 2015

Avant la mise en eau du barrage de Diama (1986), la remontée saline était sensible, en période d'étiage, jusqu'à Podor, à environ 300 km de l'embouchure. L'estuaire du Sénégal est limité aujourd'hui, en amont, par le barrage anti-sel de Diama, tant que ses vannes restent fermées, et en aval, par son embouchure, exutoire par lequel les eaux marines remontent dans le fleuve. L'estuaire du fleuve Sénégal appartient à la catégorie des estuaires lagunaires microtidaux fermés par une flèche sableuse. La Langue de Barbarie est orientée nord-sud et s'étire sur près de 40 km sur une largeur variant de 200 à 400 m. La houle joue un rôle fondamental dans la morphologie des littoraux. La propagation de la côte sénégalo-mauritanienne jusqu'à la Presqu'île du Cap-Vert est classée parmi les côtes à forte énergie de houle. Les houles du Nord-Ouest assurent un important transport de sable qui contribue à la propagation de la Langue de Barbarie (Fig.3).

Figure 3. La Langue de Barbarie

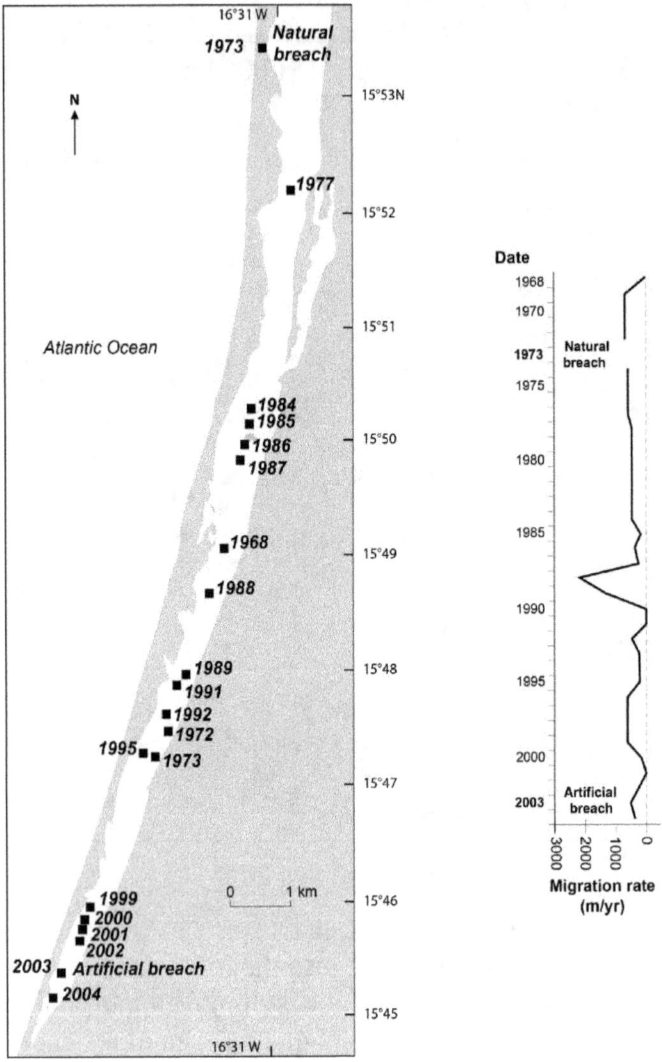

Source : Sadio 2017

Des ruptures naturelles de cordon marquent l'évolution de la Langue de Barbarie (LB) depuis 1850 jusqu'à une période récente, soit 24 ruptures entre 1850 et 1980 (Taveneau *et al.*, 2021). Elle semble suivre à l'époque un cycle évalué entre 11 ans et 14 ans. Les ruptures les plus importantes depuis 1900 (1906, de 1923, de 1936, de 1948, de 1959 et de 1973) se sont toujours produites au sud de la ville de Saint-Louis (Taveneau *et al.*, 2021). Elles ont maintenu l'embouchure du fleuve très nettement au sud de la cité depuis plus d'un demi-siècle et jouaient un rôle important sur le risque inondation. Elles pouvaient atténuer pendant un temps l'impact des crues sur la cité en favorisant une évacuation plus rapide des eaux fluviales vers l'océan jusqu'à ce que la brèche soit colmatée (par les apports conjoints de la dérive littorale et du fleuve) et que la progression vers le sud reprenne. Aucune rupture naturelle n'a eu lieu depuis 1973. On peut expliquer cela par la conjonction de deux facteurs : i) une absence de grandes crues entre les années 1950 et 1990, associées à une « péjoration climatique » ; ii) une réduction de « l'effet de chasse » des crues depuis la construction du barrage de Diama en 1986, qui permet une certaine régulation des débits (Kane 2002). L'ouverture artificielle de la Langue de Barbarie en 2003 afin de répondre à une situation hydraulique critique (inondations répétées) constitue un événement singulier qu'il convient de cerner dans toute sa complexité afin d'appréhender son éventuel potentiel disruptif.

Localisé sur la côte septentrionale sénégalaise (la grande Côte), à 400 km au nord de la région de Dakar. Même si l'attrait de ses plages et son patrimoine colonial en font un des principaux pôles touristiques du Sénégal. L'estuaire du Sénégal est altéré par de fortes contraintes naturelles et anthropiques. Il s'est historiquement construit, urbanisé et développé dans un paysage hydrique. Un panorama marqué d'une part, par des débits d'eau aux volumes alternatifs et une forte dynamique marine (océan Atlantique). Donc, il apparaît clairement vulnérable, dans un contexte de crise écologique conjuguée à l'échelle planétaire. Le retour progressif des crues à partir du XXe siècle (Di-Baldassare *et al.*, 2010) est un élément qui renforce les vulnérabilités (e.g. les inondations) dans cette partie du Sénégal, nécessitant des actions des puissances publiques.

En 2003, le retour pluviométrique a été marqué par une vague de nouvelles crues importantes liée à une abondance pluvieuse, dans l'ensemble du bassin du fleuve Sénégal (Dumas et Mietton 2006). Cette forte pluviométrie entraîne une première onde de crue dès le début du mois d'août, mais qui est écrêté par le barrage de Diama (ce qui préserve temporairement Saint-Louis des inondations). Toutefois, les fortes précipitations persistant dans tout le bassin versant, l'eau demeure à un niveau élevé les jours suivants. Le seuil d'inondation à Saint-Louis (1,2 m) est dépassé à partir du 8 septembre et l'eau monte progressivement lors des jours suivants pour atteindre 1,35 m le 28 septembre et se maintenir à 1,33 m jusqu'au 4 octobre. Il en résulte de très fortes inondations, à la fois dans la ville moderne ainsi que sur la rive orientale du fleuve et de la cité coloniale. Dans cette dernière, l'eau se propage à partir des zones les plus basses du Nord et de l'Est de l'île. Encore plus préoccupante, la montée de la crue risque d'entraîner l'ouverture naturelle d'une brèche à la racine de la Langue de Barbarie (Sy 2015), soit à 5 km au nord de la ville, ce qui constituerait une menace pour tous les quartiers situés immédiatement au Sud.

Dans un contexte de pression de plus en plus forte venant de la part de la population, exaspérée par la répétition des inondations lors des années précédentes et par le maintien d'un niveau élevé des eaux pendant plus d'un mois, les autorités locales décident d'agir le plus rapidement possible (Sy 2015). Le 1er octobre 2003, la municipalité de Saint-Louis avertit les autorités nationales et les gestionnaires de la Direction de l'aménagement hydraulique de l'ampleur des inondations présentes et à venir dans la ville. Elle demande la prise d'une mesure en urgence pour faire baisser le niveau des eaux. Après une brève reconnaissance sur le terrain, une brèche artificielle de 4 m de large sur 1,5 m de profondeur est créée le 3 octobre dans la Langue de Barbarie (Fig. 4), à 7 km au sud du pont Faidherbe, là où la flèche littorale était la plus mince, atteignant une largeur de 100 mètres environ (Kane 2002).

Figure 4. L'aménagement de la brèche artificielle de la Langue de Barbarie en 2003

Source : Service régional de l'hydraulique, 2003

Les différents travaux menés dans ce secteur ont montré que la brèche a très rapidement joué le rôle qui lui a été assigné. En l'espace de 48 h, le niveau du fleuve s'est abaissé de près de 0,50 m, retombant en dessous de la cote de 1 m et il a décru ensuite progressivement de 0,40 m supplémentaire en une dizaine de jours. Conjointement, la brèche s'est élargie. Sa largeur est passée de 4 m le 3 octobre à 80 m dès le 5, puis 330 m moins de trois semaines plus tard. Dans les mois qui ont suivi, le renforcement des houles lors de la saison sèche a accentué l'érosion sur la rive sud. Huit mois après son ouverture, la largeur de la brèche atteint finalement près de 800 m. Elle fait aujourd'hui plus de 5 km et continue sa progression vers le Sud depuis 2003 (Fig. 6) (Ndour *et al.*, 2018).

Figure 5. Carte de l'évolution actuelle de l'aménagement de la brèche 2003

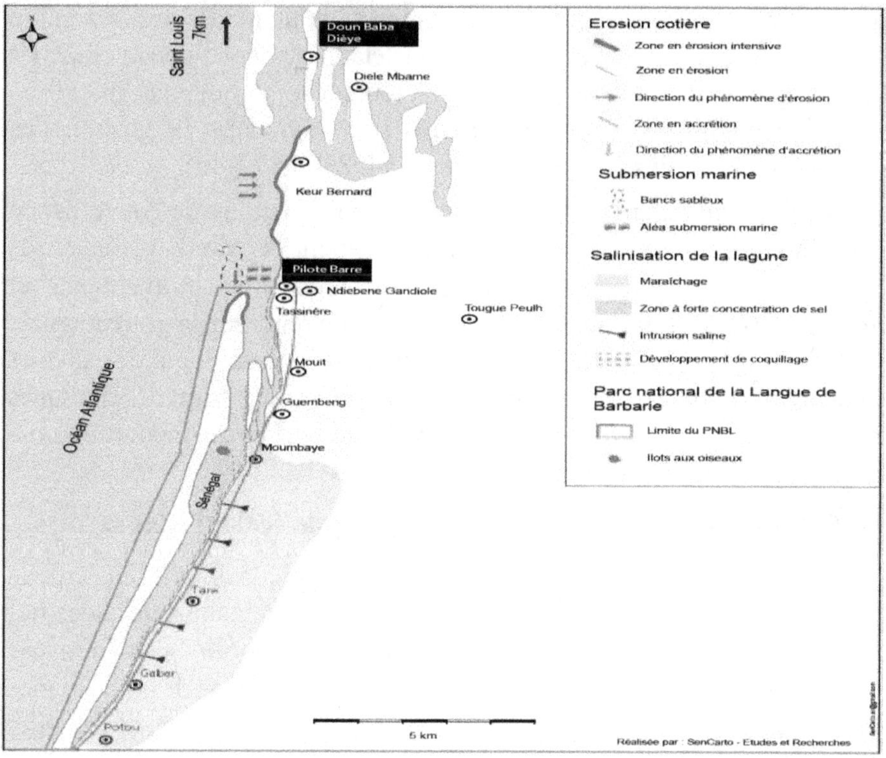

Source : Fanget, 2016

La décision politique prise en urgence a donc profondément modifié le comportement hydrologique du fleuve à Saint-Louis. L'accroissement de la sensibilité des zones urbanisées à l'aléa submersion est établi. Les apports sédimentaires dans les estuaires ne sont en effet généralement pas suffisants pour compenser l'élévation de la mer, mis à part là où les sédiments peuvent se déposer librement, zones de vasières littorales non anthropisées (Lageat 2009). De plus, depuis son ouverture, la brèche ne s'est toujours pas stabilisée, avec notamment une dynamique combinant élargissement et mouvement d'ensemble vers le sud en direction du Gandiol où le village de Doun Baba Dièye a déjà été effacé en 2010. D'autres localités plus au Sud sont donc exposées.

Loin de se révéler comme une véritable action publique à l'échelle locale, chargée de potentiels disruptifs ou comme un événement disruptif (Dill et Pelling 2010), capable d'infléchir la gouvernance adaptative de l'estuaire, dans une trajectoire soutenable, en surmontant les inerties à l'œuvre. Elle s'apparente plutôt à une « politique du désastre » (Pelling et Wisner 2012 : 4). Cependant, elle est révélatrice. La crise écologique de 2003 montre les limites d'un dispositif de gouvernance marqué par une forte centralité et un maillage assez faible entre les différentes parties concernées. L'établissement d'une intelligence territoriale collaborative entre les acteurs est bloqué par une frêle « justice cognitive »[5] (Visvanathan 2016 : 4-8) dans la gestion des « problèmes publics » - écologiques (Zask 2008 : 77-80).

Au final, au regard de la scène de 2003, la trajectoire de gouvernance de l'estuaire du Sénégal, n'est pas entièrement cernée dans toutes ses complexités – cadres géophysiques, mécanisme de gouvernance et logiques expertes. Ainsi, il est fondamental de repenser sa gouvernance. C'est dans ce sillage, que nous plaidons pour une écologie des savoirs (Escobar 2018), *via* une reconnaissance et une valorisation des pratiques individuantes autochtones, qui pourrait être une étape incontournable de construction des transitions (Ballouche *et al.*, 2019).

5. Repenser la gouvernance : une possible écologie des savoirs

Apparue au cours d'un contexte social-écologique qui met en écriteau les mauvaises pratiques des classes politiques dominantes décalées des réalités locales – la « crise » de l'embouchure du Sénégal – n'a pas constitué un point de basculement vers un nouveau régime de gouvernance (Dill et Pelling 2010). Aujourd'hui, il est peut-être nécessaire de refonder le système de gouvernance des risques de l'embouchure du Sénégal. Une refondation qui peut se faire à partir de la réinvention de la résilience et de la valorisation des savoirs endogènes.

[5] La justice cognitive reconnaît le droit des différentes formes de savoirs à coexister, mais ajoute que cette pluralité doit aller au-delà de la tolérance ou du libéralisme et prôner une reconnaissance active de la nécessité de la diversité. Elle exige la reconnaissance des savoirs non seulement comme méthodes, mais aussi comme modes de vie. La connaissance est considérée comme ancrée dans une écologie des savoirs où chaque savoir a sa place, sa prétention à une cosmologie, son sens comme forme de vie. En ce sens, un savoir ne peut être détaché de la culture comme forme de vie ; il est relié à des moyens de subsistance, à un cycle de vie, à un mode de vie ; il détermine les chances de vie.

5.1. Repenser les actions collectives face aux risques hydrologiques

L'Afrique de l'Ouest en général et le Sénégal en particulier, ont subi les effets des philosophies réformatrices (décentralisation et gouvernance) à partir des années 1970-80. Au moment où les communautés africaines sortaient du chaos (et non du néant), les principes d'organisation auraient dû émerger de l'intérieur de la société (et non de l'extérieur) (Le Roy 1999). Les réformes issues de ces politiques ont de fait perturbé le fonctionnement des sociétés traditionnelles au lieu de les consolider. Ces dernières ont perdu leur légitimité face à l'émergence de structures bureaucratiques produites par les réformes territoriales importées d'une autre culture. Fortement influencées par l'Occident, les institutions du développement ont dès lors symbolisé la force providentielle organisatrice du vide originel (*Ibid.* 1999). Elles ont ainsi bloqué l'entretien et le développement des savoirs traditionnels ou vernaculaires dans les sociétés africaines (un « trop plein » que les politiques de développement importées de l'Occident ne pouvaient voir).

Aujourd'hui, face aux défis écologiques et climatiques et au relatif échec des politiques d'adaptation, il est nécessaire de réinventer les stratégies d'action collective dans l'estuaire du fleuve Sénégal. Mais cette volonté de recréation doit éviter l'appropriation téléologique systématique de trajectoires empruntées et inadaptées aux réalités sociales, économiques et culturelles du territoire à réinventer.

Une telle perspective nécessite d'être au clair sur les notions de savoirs indigènes et modernes. Dans les années 1950, les travaux en ethnosciences combinés aux travaux de Claude Lévy-Strauss (1962) avaient démontré que les savoirs vernaculaires sont une construction intellectuelle et ne se réduisaient pas uniquement à une praxis issue de l'expérience empirique (Collignon 1996). Ils sont subjectifs, contextualisés et pluriels et renvoient à l'expression des cultures singulières. Ce qui les différencie des savoirs scientifiques, c'est le fait qu'ils ne reposent pas sur une démarche analytique.

Il est question de réfléchir sur les possibilités d'intégrer les savoirs portés par les communautés traditionnelles dans les dispositifs de gouvernance. Il s'agira de valoriser les savoirs endogènes en matière de préservation de la nature et de lutte contre le changement climatique. Un tel processus va nécessiter, dans un premier temps, la négociation de transitions socio-institutionnelles qui respecte de manière scrupuleuse la non-commensurabilité des savoirs à l'œuvre (endogènes et experts), mais n'exclut pas l'émergence de solutions soutenables de leur éventuelle mise en regard. Bello-Bravo (2020) parle à cet égard de

« mission collective ». Instruit d'une telle perspective et tirant les conclusions des échecs des programmes, des réformes et des stratégies antérieures, nous proposons d'analyser comment les experts sénégalais envisagent de piloter les transitions socio-institutionnelles dans l'estuaire du fleuve Sénégal et, en particulier dans la région du Gandiol. Il s'agit alors de considérer la place et la portée des savoirs des communautés dans un tel processus.

L'articulation de la diversité des savoirs diversifiés et incommensurables est pensée la plupart du temps à l'aune du pluralisme. C'est à une distanciation de cette notion – fut-elle pensée sous la forme avancée d'un « pluralisme de régulation » – que notre revue de la littérature invite. Comme le concèdent d'Aquino *et al.*, (2017) à la fin de leur analyse de la gouvernance foncière au Sénégal, une telle approche revient à valoriser la notion d'assemblage. Stimulante, cette perspective continue toutefois de se placer dans un pluralisme de juxtaposition qui manque le dialogue inter et transculturel et appelle plutôt une reconnaissance dans leur plénitude de tous les particuliers afin de rendre possible des stratégies transitionnelles de gouvernance viable (Lopez 2017).

Il convient peut-être de passer du pluralisme au pluriversalisme dans l'élaboration des outils de gouvernance (Kothari *et al.*, 2019). Notons cependant que ces stratégies transitionnelles ne peuvent émerger que si elles se confrontent aux rapports de force hérités de politiques de développement inégalitaires (Escobar 2018). Ce rééquilibrage de rapports sociaux asymétriques est essentiel afin d'alimenter un éventuel « travail politique des écarts » (Jullien 2016).

Dans le cadre d'un travail doctoral et d'un postdoctorat, nous avons travaillé avec les anciens habitants d'un ancien village (Gandiol) de l'estuaire du Sénégal. Il s'agit de la communauté villageoise de Doun Baba Dièye, village qui a été détruit à la suite de l'aménagement de la brèche de 2003. Les savoirs incorporés et transmis de manière intergénérationnelle entre les sentinelles de la mer au sein de cette communauté ont un caractère opératoire qui a été progressivement reconnu et mis en acte de manière non conventionnelle. C'est ce qu'a révélé notre immersion sur le terrain à partir des récits de vie.

Ameth Sène Diagne[6] l'une des sentinelle et ancêtre issu de la communauté estuarienne est considérée comme étant l'un des premiers

[6] Ameth Sène Diagne était le chef de village de Doun Baba Dièye au moment de cette enquête de terrain. Nous avons réalisé une série d'enquêtes de terrains à ses côtés entre

occupants de l'île de Saint-Louis au temps de l'occupation française. Les récits de vie auprès des populations locales enquêtées considèrent qu'il avait l'obligation de continuer la mission collaboratrice entamée par ses parents avec le gouvernement colonial dans l'observation, la prédication et la mise en œuvre de stratégies adaptatives pour mieux affronter les aléas naturels (inondations et submersion). Les discours narratifs collectés disent que la collaboration consistait à fournir des informations sur les dynamiques côtières à partir des lectures et observations des paysages littoraux pour prédire la nature et l'intensité probable des risques hydrologiques. Doté de connaissances en géomorphologie et hydrologie, il répondait aux besoins spécifiques de cette mission stratégique et importante pour le pouvoir colonial. Ses connaissances sur l'estuaire du Sénégal ont ainsi servi l'autorité coloniale pour mieux orienter les bateaux, quand il s'agissait de contourner les bancs de sable, d'occuper les zones submersibles, grâce à des stratégies d'occupation des lieux habités pendant les périodes de submersion et d'inondation. Les aînés de l'estuaire du fleuve Sénégal savaient vivre avec les aléas naturels, grâce à une maîtrise des rythmes et fréquences des eaux du fleuve et de l'océan. Certaines connaissances ont été transmises aux descendants sur la base d'une relation de confiance qui s'est construite sur la base des expériences et des initiations.

Ibrahima Diagne a été l'un des héritiers successeurs remarqués pour ses connaissances détenues. Il avait fait savoir aux autorités que les populations de Gandiol encouraient de graves risques si une brèche était ouverte sur le cordon littoral. Grâce à son expérience héritée de son aîné Baba Dièye Diagne, il savait en effet que le cordon littoral servait de rempart entre la houle et la rive de son village Doun Baba Dièye. Il a été menacé par les autorités publiques qui ne voulaient rien entendre et, à son décès, a été remplacé par son fils Ameth Sène Diagne, chef de village au moment du déroulement des séries de récits de vie.

Tous deux ont accumulé des expériences écologiques pouvant constituer le socle de possibles imaginaires qui peuvent donner un nouveau sens à la trajectoire d'aménagement et de gouvernance du fleuve Sénégal. Ameth disait que les communautés de l'estuaire, grâce à leurs savoirs pratiques, pouvaient consolider le cordon littoral de l'estuaire en accompagnant une restauration des bandes de filaos sur la langue de Barbarie. Les dunes seraient fixées et protègeraient le littoral

---

les années 2018, 2019 et 2020 sur les questions d'adaptation côtière et de gouvernance à Saint-Louis du Sénégal.

contre les risques de submersion marine. Les récits de vie ont révélé que c'est une pratique qui se faisait au temps de la colonisation. Pendant la colonisation, les populations locales collaboraient avec le pouvoir colonial dans la mise en place des politiques et stratégies d'aménagement du littoral. Pendant, les missions de restauration, de protection et de préservation de la nature. Elles participaient grâce à leur savoir-faire et expérience. Il disait également qu'il était possible de se fonder sur les observations lunaires pour préciser le niveau de la mer attendu et d'avoir recours au calendrier *wolof* afin de disposer d'un corpus d'observations enrichi.

Pendant la gouvernance coloniale, les savoirs autochtones – certes insérés dans des rapports de domination culturelle – semblent donc avoir été reconnus et entretenus par les autorités françaises afin de consolider la fixation du cordon littoral qui protégeait Saint-Louis. La décolonisation a contribué à, partiellement, les dévaloriser. Leur rendre justice implique donc non seulement de reconnaître leur profondeur historique et de consolider leur cohérence systémique, mais également de les faire cohabiter avec d'autres savoirs afin de consolider la dimension opératoire de leur mise en pratique. In fine, c'est bien de nouvelles stratégies d'animation territoriale, couvrant la diversité des risques hydrologiques accumulés en amont et en aval de la zone estuarienne, qu'il s'agit de repenser (Ba 2019).

Conclusion

La région de l'embouchure du Sénégal est affaiblie par une accumulation de risques climatiques, les conséquences d'une anthropisation et une crise de gouvernance. Les manquements correspondent à un instrument de gouvernance qui n'interagit pas de manière dynamique avec certains acteurs territoriaux qui évoluent en dehors des dispositifs conventionnels prévus par le pouvoir local, déconcentré et supranational. Ces dernières offrent une faible marge de manœuvre aux communautés porteuses parfois d'initiatives locales et de créativités citoyennes.

Face aux manquements identifiés de sa trajectoire de gouvernance. Nous pensons qu'il serait pertinent d'investir de nouvelles catégories de savoirs opérationnels sans pour autant les essentialistes. Les résultats suggèrent une approche beaucoup plus ouverte de la structure gouvernance de l'embouchure du fleuve Sénégal. Dans ce sens il serait d'une importance capitale dans l'amélioration des conditions et des cultures démocratiques locales dans un contexte de crises climatiques. Même si cette contribution dans l'amélioration des connaissances qui semblent être fragilisées par les dispositifs actuels (décentralisation et déconcentration) qui limitent indirectement l'intégration des savoirs endogènes dans les processus décisionnels. Il serait pertinent de réfléchir sur de potentiels chantiers de contribution avant de se pencher sur leur valorisation et intégration dans les cadres prévus par l'ingénierie spatiale.

Cela consiste à co-construire une démarche intégrée, dans une perspective de circulation des savoirs, des connaissances, des imaginaires, des expériences, des vécus et des histoires qui offrira une hospitalité aux savoirs vernaculaires qui sont jusque-là minorés, déclassés et dévalués. Dans cette optique, il ne s'agit en aucun cas de discréditer les savoirs scientifiques, encore moins de fragiliser la communauté des experts. C'est dans ce sillage que notre propos tente d'apporter sa contribution dans le champ de la gouvernance des paysages fluviaux en invitant les acteurs et praticiens à réfléchir sur une possible écologie des savoirs. Il invite également les décideurs, les experts et les politiques à réfléchir sur une alternative d'enrichissement commun des outils et stratégies en matière d'aménagement des espaces. Le but est de renouveler les méthodes, les connaissances, les savoirs et les protocoles, au service d'une intelligence territoriale.

Références bibliographiques

BA Cheikh, 2019, « Le citoyen, l'expert et le politique face aux changements climatiques : quels modèles de gouvernance ? Cas de l'estuaire du fleuve Sénégal », École Doctorale Internationale des Ateliers de la Pensée de Dakar – Sénégal, organisée par le Consortium des Humanités, Dakar.

BALLOUCHE Aziz, GAUCHÉ Évelyne, et GUINEBERTEAU Thierry, 2019, « Introduction–Afrique (s) atlantique (s). Entre espace de transition et cohérence régionale », *Norois*, 3 : 7-18.

BARTHE Yannick, CALLON Michel, et LASCOUMES Pierre, 2014, *Agir dans un monde incertain, Essai sur la démocratie technique*, Seuil.

BELLO-BRAVO, Julia, 2020, "Managing biodiversity & divinities: Case study of one twenty-year humanitarian forest restoration project in Benin", *World Development*, 2020, 126: 104-707.

BILLÉ Raphaël, 2007, "A dual-level framework for evaluating integrated coastal management beyond labels", *Ocean & Coastal Management,* 50 : 796–807.

BIRKMANN Joern, WELLE Torsten et SOLECKI William, *2016*, "Boost resilience of small and mid-sized cities", *Nature*, 537, 7622: 605-608.

COLLIGNON Béatrice, 2005, "Que sait-on des savoirs géographiques vernaculaires ? (What do we know about vernacular geographic knowledges)", *Bulletin de l'Association de géographes français*, 82, 3: 321-331.

DI BALDASSARRE Giuliano, MONTANARI Alberto et LINS, Harry, 2010, "Flood fatalities in Africa: from diagnosis to mitigation", *Geophysical Research Letters*, 37: 1-22.

DUMAS Dominique et MIETTON Michel, 2006, « Fonctionnement des hydrosystèmes et gestion de l'eau dans le bas delta du fleuve Sénégal : ruptures et adaptations », *Interactions Nature-Société, analyse et modèles* : 5.

DURAND Paul, ANSELME Brice, et THOMAS Yves-François, 2010, « L'impact de l'ouverture de la brèche dans la langue de Barbarie à Saint-Louis du Sénégal en 2003 : un changement de nature de l'aléa inondation ? », *Cybergeo : European Journal of Geography* : 1-28.

ESCOBAR Arturo, 2018, *Designs for the Pluriverse*, Duke University Press.

GUPTA Joyeeta et BAVINCK Maarten, 2016, "Inclusive development and coastal adaptiveness", *Ocean & Coastal Management*, 136: 29-37.

JULLIEN François, 2012, *L'écart et l'entre*, Galilée, p. 96.

KANE Alioune, 2002, « Crues et inondations dans la basse vallée du fleuve Sénégal », éds. *Gestion intégrée des ressources naturelles en zones inondables tropicales*. Paris : 197-208.

KOTHARI Ashish, SALLEH Ariel et ESCOBAR, Arturo, 2019, *Pluriverse : A post-development dictionary*. Tulika Books and Authorsupfront.

LAGEAT Yannick. Salomon (J.-N.), 2009, « Géomorphologie sous-marine et littorale ». Pessac, Presses Universitaires de Bordeaux, coll. « Scieteren », *Norois. Environnement, aménagement, société*, 211 : 81-83.

LE ROY Étienne, 1999, *Le jeu des lois. Une anthropologie "dynamique"* du Droi*t. Paris : LGDJ.*

LÉVI-STRAUSS Claude, 1962, *La pensée sauvage*, Plon Paris.

LÉVY Jacques et LUSSAULT Michel, 2013, *Dictionnaire de géographie et de l'espace des sociétés*. La Documentation Française.

LÓPEZ Fátima Hurtado, 2017, « Universalisme ou pluriversalisme ? », *Tumultes*, 2017, 1 : 39-50.

MAGNAN Alexandre, 2013, « Éviter la maladaptation au changement climatique », *IDDRI Policy Briefs*, 8 : 13.

NDOUR Abdoulaye, LAÏBI Raoul, A, SADIO et Mamadou, 2018, "Management strategies for coastal erosion problems in West Africa: analysis, issues, and constraints drawn from the examples of Senegal and Benin", *Ocean & Coastal Management*, 156: 92-106.

O'BRIEN Karen L et LEICHENKO Robin M, 2000, "Double exposure : assessing the impacts of climate change within the context of economic globalization", *Global environmental change*, 2000, 10, 3: 221-232.

PELLING Mark et DILL Kathleen, 2010, "Disaster politics: tipping points for change in the adaptation of sociopolitical regimes", *Progress in human geography*, 2010, 34, 1: 21-37.

PELLING Mark et WISNER Ben, 2012, "Reducing urban disaster risk in Africa", In : *Disaster Risk Reduction*, Routledge, 2012: 59-78.

PRUVOST Geneviève, 2011, « Récit de vie », *Sociologie*.

RAHMSTORF Stefan, 2007, "A semi-empirical approach to projecting future sea-level rise", *Science, 315*: 368-370.

SANTOS Boaventura de Sousa, 2011, "épistémologies du sud", *Études rurales*, 187 : 21-50.

SINOU Alain, 1993, *Comptoirs et villes coloniales du Sénégal : Saint-Louis, Gorée, Dakar,* Paris : Karthala.

STEFFEN Will., 2015, "The trajectory of the Anthropocene: the great acceleration", *The Anthropocene Review,* 2: 81-98.

SY Boubou Aldiouma, 2015, *Brèche ouverte sur la Langue de Barbarie à Saint-Louis : esquisse de bilan d'un aménagement précipité*, L'Harmattan.

TAÏBI Aude Nuscia, DIARRA Ibrahima et KANE Alioune, 2019, « Des Parcs Nationaux du Diawling et du Djoudj à la Réserve de Biosphère Transfrontalière : transformation des logiques de gestion du Bas Delta du fleuve Sénégal », *Norois*, 3 : 73-88.

TAVENEAU Adélaïde, ALMAR Rafaël et BERGSMA Erwin WJ, 2021. « Observing and predicting coastal erosion at the Langue de Barbarie sand spit around Saint Louis (Senegal, West Africa) through satellite-derived digital elevation model and shoreline", *Remote Sensing*, 13: 24-54.

VEDELD Trond, COLY Adrien et NDOUR Ndeye Mareme, 2017, "Climate adaptation at what scale? Multi-level governance, resilience, and coproduction in Saint Louis, Senegal", *Natural Hazards*, 2016, 82, 2: 173-199.

VISVANATHAN Shiv, 2016, "La quête de justice cognitive. Justice cognitive, libre accès et savoirs locaux", *Pour une science ouverte juste, au service du développement local durable* : 44-55.

ZASK Joëlle, 2008, « Le public chez Dewey : une union sociale plurielle », *Tracés. Revue de sciences humaines*, 2008, 15 : 169-189.

Adaptation au changement global ou transformation des agro-socio-écosystèmes du Sud : une lecture systémique de la dynamique des exploitations agricoles du Sine au Sénégal

Cheikh Tine
Université Cheikh Anta Diop, Sénégal
tinecheikh88@gmail.com

Résumé

Depuis plus de quatre décennies, les systèmes de production agricole du Sénégal notamment du Bassin arachidier sont soumis au contexte d'incertitudes et d'opportunités, dues aux effets du changement climatique, ce qui a entraîné une transformation des agro-socio-écosystèmes du Sine. En effet, avec les risques climatiques et le regain de la pluviométrie, on assiste à la mise en œuvre des stratégies d'adaptation agricoles dans les territoires du Sine. L'objectif général de l'étude est d'identifier les différentes trajectoires d'adoptions agricoles mises en place dans les terroirs du Sine pour faire face au changement global. La méthodologie adoptée est l'analyse exploratoire des données spatiales et temporelles par l'utilisation de méthodes multivariées. Les données proviennent des enquêtes effectuées au niveau de l'Institut de Recherche pour le Développement de Dakar en 2015-2016, mais aussi de l'Agence Nationale de l'Aviation Civile et de la Météorologie du Sénégal (ANACIM). Les résultats révèlent trois trajectoires d'adaptation agricoles : trajectoires de diversification des cultures (pour conserver l'équilibre du système traditionnel) ; trajectoires de conservation du sol (pour une redynamisation des terres agricoles) ; et trajectoires d'intensification (investissement pour une agriculture intensive).

Mots-clés : Trajectoires d'adaptation agricole, changement global, agro-socio-écosystème, Sine.

Abstract

For more than four decades, Senegal agricultural systems of production, mainly in the groundnut basin, have been subjected to the context of uncertainty and expediency, due to the effects of climate change, which has brought about a transformation of agro-socio-ecosystems of Sine. Indeed, with climate change impact and increased rainfall, we are witnessing the implementation of agricultural adaptation strategies in the Sine territories. The main focus of the study is to identify the different trajectories of agricultural adaptations located in the area of Sine aimed at coping with global change. The methodology adopted is the exploratory analysis of spatial and temporal data using multivariate methods. The data come from investigations carried out at the Dakar Development Research Institutes in 2015-2016, but from the National Agency for Civil Aviation and Meteorology of Senegal (ANACIM) as well. The results expose three agricultural adaptation trajectories: i) crop diversification trajectory (to keep the balance of the traditional system right); ii) soil conservation trajectory (for a restoration of agricultural land) ; iii) and intensification trajectories (investment for intensive agriculture).

Keywords: agricultural adaptation trajectory, global change, agro-socio-ecosystem of Sine.

Introduction

Depuis la seconde moitié du XXe siècle, à l'instar des régions du Sud, l'Afrique Subsaharienne fait face au changement global et à ses effets socio-économiques et environnementaux (Brown et Crawford 2008 ; Enete et Onyekuru 2011 ; Agossou *et al.* 2012 ; Daudé 2002, Richard *et al.* 1990 ; Léricollais 1999 ; Tine 2021). Néanmoins, ses paysans ont toujours su s'adapter et gérer les ressources afin de répondre aux changements qu'ils perçoivent. Ainsi, ils ont constamment développé des stratégies d'adaptation aux changements climatiques pour maintenir leur mode de vie et satisfaire leurs besoins alimentaires.

La reconstitution des évolutions du système agraire, à partir de plus de cinq décennies, permet d'interroger l'adaptation des agriculteurs ou trajectoires de ruptures des systèmes agricoles et d'en caractériser les déterminants environnementaux et sociaux. Plus récemment, de nombreuses études ont analysé la dynamique des agrosystèmes et des pratiques agricoles dans le cadre de recherche sur les adaptations face aux changements climatiques (SULTAN *et al.* 2015). On peut citer entre autres les travaux de Muller *et al.* (2015) qui ont porté sur le retour du *sanio* dans le bassin arachidier du Sénégal en insistant sur les facteurs climatiques, économiques et socioculturels. Ba *et al.* (2018) ont mené une étude sur la dynamique des paysages agricoles à travers des modes de gestion des parcs arborés. Pour Fabre (2010), les agriculteurs vivriers adoptent des mesures aussi bien techniques que socio-économiques pour modifier leurs pratiques agricoles en vue de satisfaire leurs besoins alimentaires dans un contexte de changement et de variabilité climatiques. Jouve (2010) relate que face aux aléas climatiques, les paysans du Sahel ont su élaborer, de façon empirique, des pratiques culturales et adopter des stratégies pour s'adapter à ces aléas. Selon Ngom (2006) depuis un certain temps, on assiste à une timide reprise des cultures tardives telles que le *Sanio* du fait du regain de la pluviosité. Bien avant ces auteurs, Pélissier (1966) témoigne le profit que les paysans du Sénégal ont partout tiré de la végétation spontanée ou la promptitude avec laquelle ces derniers ont intégré à la collection de leurs spéculations. Cependant les recherches sur les trajectoires d'adaptation comme vision dynamique de l'adaptation Magnan (2009) et de rupture dans les agro-socio-écosystème du Sénégal notamment du Sine dans le Sud-ouest du Bassin arachidier reste très peu abordées. Cela justifie la pertinence de cette étude. On entend par *trajectoire d'adaptation* le cheminement suivant lequel un territoire (quelle que soit l'échelle spatiale considérée) tente de s'adapter au changement climatique. La notion de trajectoire renvoie à l'impératif de penser les stratégies d'adaptation de manière dynamique et surtout pas fixiste.

Les petites agricultures familiales du Sénégal sont porteuses aujourd'hui d'attentes fortes : assurer la sécurité alimentaire d'une population en croissance rapide, exploiter au mieux les ressources naturelles du présent (eau, sol, biodiversité…) sans compromettre les capacités des générations futures à innover, à répondre à leurs propres besoins, et à s'adapter aux nouvelles contraintes du climat et du marché ; le tout alors qu'elles produisent insuffisamment, essentiellement sous pluie et avec un outillage essentiellement manuel.

Au cours de ces soixante dernières années, les terroirs du Bassin arachidier du Sine ont été soumis à d'importants défis de développement et d'adaptation (surpopulation, sécheresses, baisse de la fertilité des sols et de la biodiversité, manque de terres et de main-d'œuvre…) qu'ils ont toujours relevés en repoussant les limites de leur système agraire et en développant des stratégies pour éviter la saturation foncière et la déprise agricole. L'augmentation du rapport population/ressources a trouvé des réponses partielles dans les mécanismes classiques : l'extension des terres cultivées (réponse simonienne), l'intensification des cultures par l'adoption d'innovations techniques (réponse boserupienne), et un changement – même s'il fut timide – des régimes de nuptialité et de fécondité (réponse malthusienne).

Depuis le début du XXIe siècle, les contraintes se renforcent : la taille de la population a, semble-t-il, dépassé la limite du durable (209 habitants au km²), la ressource en sol s'appauvrit et se raréfie, le parc arboré régresse et perd de sa diversité..., mais de nouvelles opportunités apparaissent aussi, comme le regain de pluviosité à des niveaux proches d'avant les grandes sécheresses et la croissance des marchés urbains (Tine 2021). Dans ce contexte contrasté, les agro-socio-écosystèmes de la zone de Niakhar sont-ils aujourd'hui en capacité de résister aux perturbations et tirer profit des opportunités ou atteignent-ils un point de rupture annoncé depuis des décennies ?

Dans cet article, on propose d'interroger la notion d'adaptation des agricultures familiales du Sine au Sénégal, en reconstituant les évolutions du système agraire des terroirs de la zone de Niakhar depuis le début du XXe siècle jusqu'aujourd'hui. S'appuyant sur les travaux de Pélissier (1966) et de Léricollais (1969) et sur les recherches que nous avons développées depuis ces dernières années, nous montrerons que l'agrosystème, tel qu'il prévalait au début du XXe siècle, et qui fut ensuite fortement simplifié sous l'effet des crises environnementales, démographiques et économiques, retrouve aujourd'hui, à l'occasion d'une augmentation des pluies, une partie de ses fonctions, de sa structure et ses rétroactions initiales, mais à l'intérieur de pratiques agricoles renouvelées. On terminera cette description du système socio-agroécologique *seereer* en essayant d'en caractériser de manière heuristique la capacité de résilience et les vulnérabilités ; ces dernières étant considérées notamment par rapport aux seuils critiques à partir desquels le système quitte son régime de fonctionnement et parvient (ou pas) à se réorganiser. Enfin, nous tenterons de définir les qualités essentielles qui permettent au système socio-agro-écologique du Sine d'être résilient et flexible selon les trajectoires d'adaptation agricole mise en œuvre dans les terroirs. Ces réflexions conclusives seront placées dans le prolongement de la théorie de la « résilience écologique » développée par Holling (1973) et ses collègues (Aschan 2000 et Quenault 2013). Les travaux de Folke *et al.* (2002) ont permis de mettre en évidence les trois dimensions de la résilience des systèmes socio-écologiques qui expriment sa double nature « réactive » pour les deux premières ou « proactive » pour la dernière : la capacité d'absorption (ou de résistance) d'un système face à une perturbation tout en restant dans le même état ou domaine d'attraction ; la capacité d'auto-organisation du système face à un choc ; et l'aptitude du système à construire et à accroître sa capacité d'apprentissage et sa capacité d'adaptation (adaptabilité).

1. Matériels et méthodes

1.1. Situation de la zone d'étude

Située dans la partie nord du département de Fatick (région de Fatick), la zone de Niakhar est comprise entre 14°28'59"N de latitude et 16°23'59"W de longitude. Délimitée au Nord par le Département de Bambey (Région de Diourbel), à l'Ouest par le département de Mbour (Région de Thiès), au Sud par celui de Fatick et à l'Est par la commune de Patar Sine, la zone de Niakhar a un climat de type Sahélo-Soudanien, caractérisé par l'alternance de deux saisons (saison des pluies et saison sèche).

Notre zone d'étude est constituée de sept villages dont cinq se trouvent dans la zone d'observatoire de Niakhar (Sob, Ngayokhème, Diohine, Kothiokh et Bary Sine) et font l'objet de nombreuses études depuis plus de trente ans. Un dénombrement exhaustif des ménages et de leurs membres est effectué plusieurs fois par année dans ces villages qui se trouvent dans la zone d'observatoire. Les deux autres villages (Yénguélé et Sanghaie), se situent dans la Commune de Niakhar qui est hors de la zone d'observatoire de ce fait un dénombrement des ménages a été réalisé avec l'appui des chefs de village.

Figure 6 : Les 7 villages d'étude de la zone de Niakhar

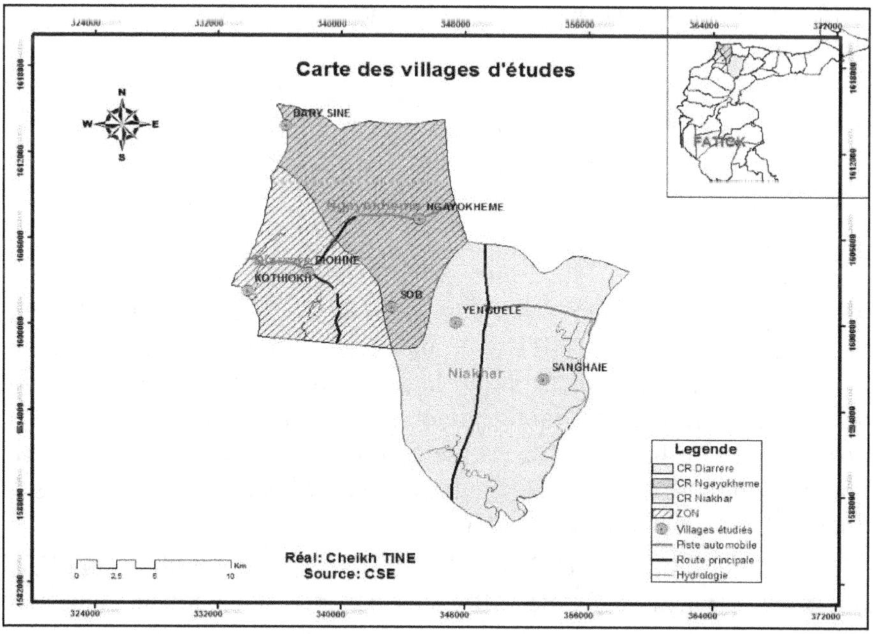

1.2. Données

En règle générale, dans notre enquête, les ménages ont été sélectionnés par un tirage aléatoire simple, proportionnellement à la taille des villages ; cela signifie que les grands villages sont plus représentés dans l'échantillon que les petits villages. Cette enquête s'intéresse seulement à une partie de la population dénombrée soit 47 %. Au total, 626 ménages ont été sélectionnés, dont 507 ménages dans les 5 villages de la zone d'étude de Niakhar et 118 ménages dans les deux villages hors zone.

Le traitement statistique des données quantitatives à l'aide des logiciels de STATA et Excel. Ainsi nous avons généré des tableaux à partir de tris à plat et tris-croisés pour faire des combinaisons entre les variables. Le recours à la Classification Ascendante Hiérarchique (CAH) a permis de faire la typologie des villages selon de nouvelles techniques de conservation des sols. Le critère d'agrégation que nous avons utilisée ici est la distance moyenne. Ce critère mesure la distance moyenne entre tous les éléments de C1 et tous les éléments de C2, comme indiqué dans l'équation suivante :

$$d(C_1, C_2) = \sum \frac{\{d(i,j) i \varepsilon C_1, j \varepsilon C_2\}}{n_1 * n_2}$$

2. Résultats

2.1. Les risques climatiques et les opportunités de l'agroécosystème du Sine

Le système de production agricole de la zone de Niakhar est tributaire du régime pluviométrique qui est sujet à de fortes variabilités interannuelles et une irrégularité notoire de sa répartition dans le temps et dans l'espace.

Selon les données de CEERAS, 2015, on observe que la moyenne des cumuls annuels de la pluviométrie de Niakhar de 1995 à 2015 est de 494 mm. Les cumuls annuels de cette période sont compris entre 196 mm en 2002 et 742 mm en 2013 avec un écart de 546 mm entre les deux années extrêmes, ce qui explique la forte variabilité interannuelle. La figure 2 montre cette variabilité interannuelle de la pluviométrie, avec des périodes de hausse et de baisse continue de la pluie. La courbe de tendance linéaire est croissante dans la zone de Niakhar. Les périodes de hausse sont plus continues et soutenues que les périodes de baisse.

Après une baisse tendancielle entre 1995 et 2006, les pluies remontent à partir de l'année 2007 et marquent une tendance haussière jusqu'à 2015 avec des cumuls annuels largement au-dessus de la moyenne générale des 20 dernières années.

Figure 7 : La courbe d'évolution de la pluviométrie de Niakhar de 1995 à 2015

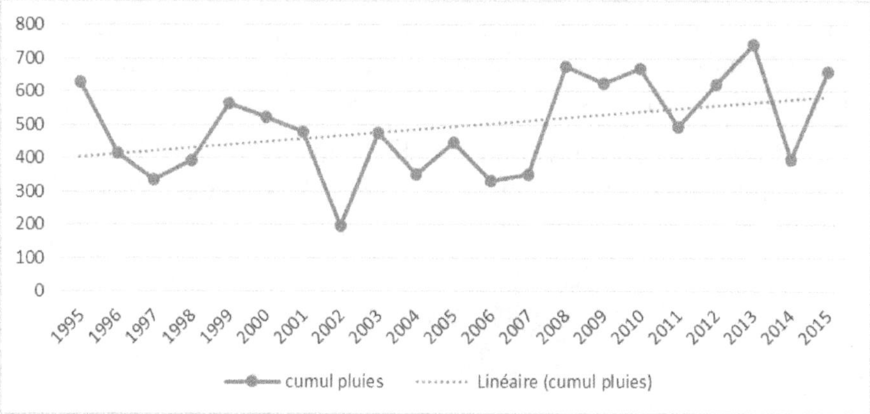

Source : CERAAS, 2015

Concernant les températures de la zone, le graphique 3 montre une évolution tendancieuse des températures maximales en faveur des dix dernières années (2005-2014), même si on constate une faible variation interannuelle des températures maximales et minimales durant ces vingt dernières années (1995-2014). Cette situation montre qu'il y a une légère augmentation de la température durant cette période, ce qui est considéré comme l'un des facteurs du changement climatique.

Figure 8 : Les températures moyennes annuelles des maxi et des mini de 1995-2014 dans la région de Fatick

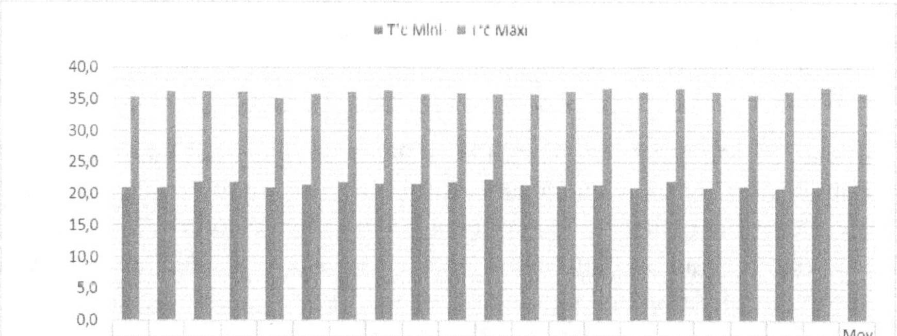

	1995	1996	1997	1998	1999	2000	2001	2002	2003	2004	2005	2006	2007	2008	2009	2010	2011	2012	2013	2014	Moyenne
T°c Mini	20,9	20,9	21,8	21,9	21,0	21,4	21,8	21,5	21,5	21,9	22,4	21,4	21,2	21,4	21,0	22,0	20,9	21,1	20,8	21,1	21,4
T°c Maxi	35,3	36,2	36,3	36,2	35,0	35,8	36,1	36,3	35,9	36,0	35,8	35,8	36,2	36,6	36,0	36,7	36,1	35,6	36,2	36,8	36,0

Source : ANACIM, 2015

La variabilité pluviométrique est fortement perçue par les agriculteurs de la zone et ils ont observé une tendance vers le rétrécissement de la saison des pluies dans la période 2005-2014. Selon la figure 3, on constate que 65 % des agriculteurs ont déclaré que la saison des pluies est plus courte dans les dix dernières années (2005-2014) par rapport aux années précédentes.

Figure 9 : La perception des changements liés à la durée de la saison des pluies de 2005-2014 dans la zone de Niakhar

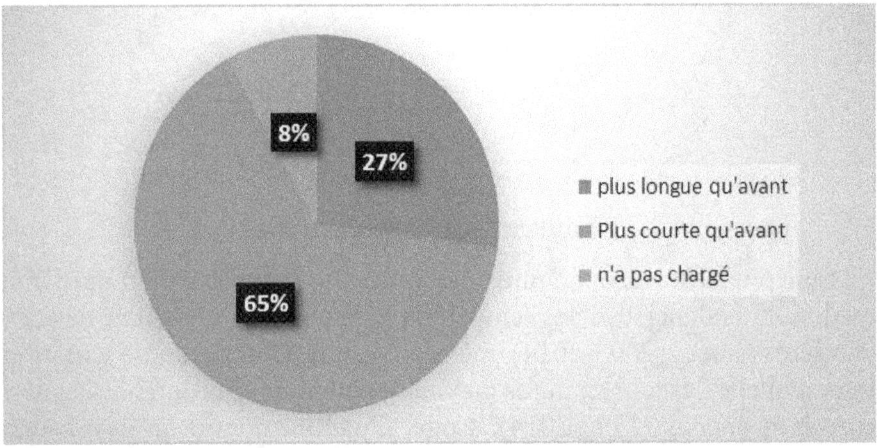

Source : Auteur, données enquête, 2015

Toutefois, du fait du changement climatique de nouvelles opportunités apparaissent dans la zone. Ces opportunités sont essentiellement déterminées par l'évolution de la pluviométrie notée ces dernières années. Les agriculteurs de la zone de Niakhar perçoivent cette évolution de la pluviométrie et considèrent qu'il y a un retour progressif d'une pluviométrie abondante durant les dix dernières années (2005-2014). Ainsi 62 % des agriculteurs de la zone déclarent que la pluie a augmenté durant ces dix dernières années. Selon la figure 4, on note que 40 % des agriculteurs ont affirmé que la pluie a peu augmenté contre 22 % qui ont dit qu'elle a beaucoup augmenté. Par contre 21 % ont déclaré qu'il y a une forte diminution de la pluie et 3 % ont dit que la pluie est stable (pas de changement) durant ces dix dernières années. Cette évolution de la pluviométrie est donc globalement bien perçue par les agriculteurs de la zone de Niakhar.

Figure 10 : Perception des agriculteurs de Niakhar sur l'évolution de la pluviométrie de 2005 à 2014

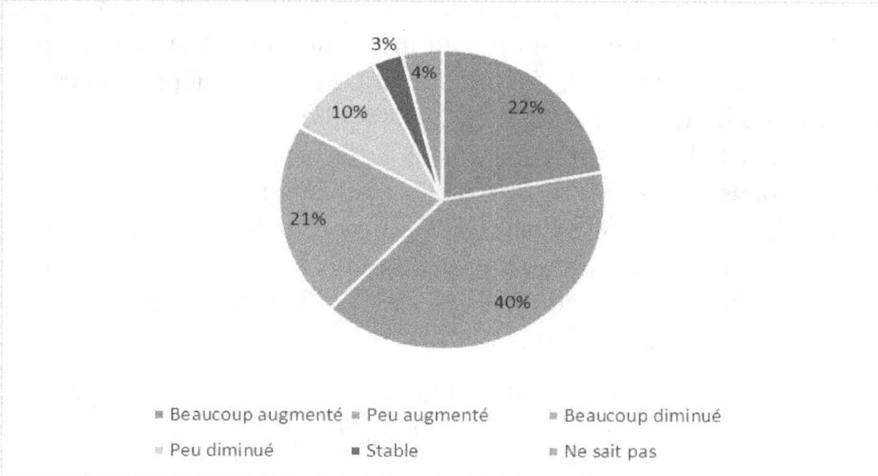

Source : Auteur, données enquête, 2015

2.2. Les nouvelles trajectoires d'adaptation agricoles des terroirs

Pour faire face aux contraintes persistantes et tirer profit des opportunités offertes par le changement global, les paysans et l'ensemble des acteurs agricoles de la zone de Niakhar ont su développer leur faculté d'adaptation en se basant sur différentes formes de stratégies mises en œuvre à l'échelle familiale (exploitation familiale) et villageoise. Ils mettent en place des mécanismes, au niveau individuel ou collectif, pour proposer des solutions adaptatives au changement global, dans le court, moyen et long terme.

2.2.1. Trajectoires de diversification des cultures

Le système de production agricole de la zone de Niakhar subit depuis plusieurs décennies les contraintes du changement climatique notamment l'irrégularité de la pluviométrie. Pour faire aux aléas climatiques notamment l'irrégularité de la pluviométrie, une stratégie de diversification des cultures s'impose dans les exploitations agricoles. Cette stratégie de diversification se fait à travers l'adoption de variétés de cultures nouvelles ou ancestrales qui peuvent s'adapter à cette fluctuation de la pluviométrie.

En effet, on constate que les exploitations des terroirs de la zone de Niakhar ont adopté des variétés de culture durant ces 5 dernières années

(2010-2014). Il s'agit des variétés de cultures qu'ils ne cultivaient pas ou qu'ils avaient abandonnées il y a plus de 20 ans.

La figure 5 montre que les variétés de petit mil hâtif (souna 3), de l'arachide, de la pastèque et du petit mil tardif (*sanio*) ont été les plus adoptées dans la zone de Niakhar durant les cinq dernières années. Le niveau d'adoption des variétés de culture céréalières durant la période 2010-2014 est marqué par la forte pratique de la culture de souna 3 dans le village de Yénguélé, mais aussi par la reprise de la culture du *sanio* dans les villages de Diohine et de Ngayokhème. Tandis que la pratique de la culture du Pastèque dans le village de Sob, justifie l'ampleur du niveau d'adoption des variétés de cultures de rente dans les exploitations de ce village.

Figure 11 : Proportion des exploitations adoptant des variétés de cultures pour chaque village entre 2010 et 2014

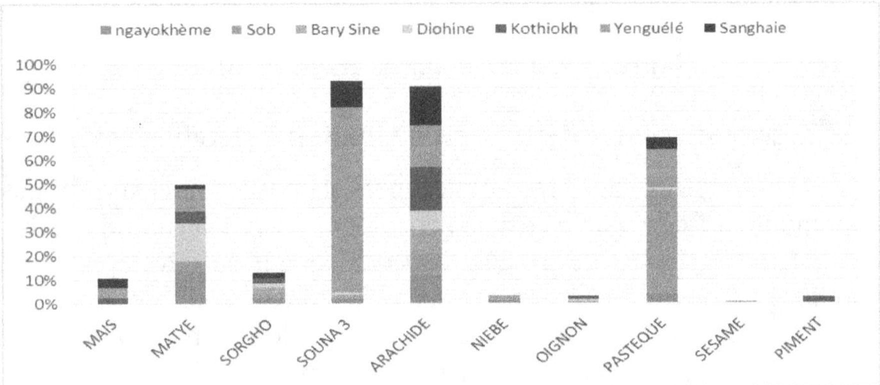

Source : Auteur, données enquête, 2015

Les variétés qui dominent dans les stratégies d'adoption des cultures sont discriminatoires sur les villages et vont déterminer les trajectoires d'adaptation et de diversification agricoles des terroirs villageois de la zone du Sine. Il s'agit des variétés de cultures céréalières (souna 3 et *sanio*) et San de souna 3, et des variétés de culture de rente (pastèque et les cultures maraîchères).

Ainsi, les deux variétés de culture céréalières (le *sanio* et le souna 3) déterminent des trajectoires différentes, suivant les propriétés socio-spatiales des terroirs villageois. Le *sanio* suit une trajectoire auto-adaptation paysanne, traditionnelle, tandis que, le Souna 3 se présente comme une stratégie d'adaptation appuyée empruntant une trajectoire d'organisation villageoise, vectrice d'innovation exogène.

Le *sanio* est une culture ancienne du système agricole traditionnel sérère qui avait disparu à cause des périodes de grandes sécheresses qui ont touché l'ensemble du Sénégal dans les années 1970-1980, mais aussi de l'attaque des insectes appelé en langue *seereer* « bousse ». Elle est réapparue timidement dans la zone de Niakhar dans les années 1990 et au début des années 2000 avec la disparition des insectes *bousses*. À cette époque, le *sanio* été réintroduit puis diffusé suite aux essais concluants des premiers cultivateurs composés de personnes âgées dont les parents étaient des adoptants avant sa disparition. Néanmoins, le retour de la culture du *sanio* ne fut effectif que vers la fin des années 2000 coïncidant à la période du retour progressif des pluies. Elle exploite ainsi, les opportunités de l'évolution de la pluviométrie du fait de son cycle long de 120 jours.

La variété souna 3 est une nouvelle variété du petit mil hâtif, introduite dans la zone durant ces dernières années par l'appui extérieur. Homologuée par l'Institut sénégalais de Recherches Agricoles (ISRA) en août 2011, la nouvelle variété de mil souna 3 s'inscrit en droite ligne de la politique de promotion de la sécurité alimentaire instaurée par le Sénégal. La souna 3, seule variété de mil homologuée à ce jour et acceptée par les producteurs, avec un rendement moyen de 1,5 t/ha est recommandée uniquement pour le centre-nord du Sénégal. Depuis son introduction en 2011 dans le Bassin arachidier par le PAFA qui couvre quatre régions (Fatick, Diourbel, Kaffrine et Kaolack), de belles récoltes inédites sont souvent constatées dans les champs des paysans. Cette culture de souna 3 a été introduite dans la zone pour faire face à la variabilité de la pluviométrie, car elle ne nécessite pas beaucoup de pluies et résiste mieux aux fortes pluies.

Par ailleurs, la variété de pastèques et celles des cultures maraîchères (piment et oignon) compte tenu de la spécificité de leurs modes d'adoption différents selon les villages déterminent une auto-adaptation villageoise vectrice d'innovation.

Avec son cycle court de 60 jours, la pastèque était apparue dans la zone de Niakhar bien avant les années 2000 pour faire face aux déficits pluviométriques enregistrés dans la zone. La culture de la pastèque est principalement introduite ces dernières années dans le terroir de Sob, où s'est développé un mode de production assez intensif en capital et en travail, nécessitant un capital foncier, une main-d'œuvre et des moyens financiers relativement importants.

Concernant, les cultures maraîchères, on note que les variétés les plus pratiquées sont le Piment et l'oignon. En effet on constate que le maraîchage était déjà présent dans le village de Kothiokh dans les années 90, où 35 % des ménages avaient déjà pratiqué des cultures maraîchères entre la période 1990-1998 (enquête CERAO1 2015). Cette pratique de cultures maraichères s'est propagée dans les années 2000 et s'est fortement accentuée dans le village de Kothiokh.

On peut donc considérer la diversification des cultures comme une stratégie d'adaptation réactive et proactive très efficace, mise en œuvre à travers l'introduction ou la réintroduction de variétés de cultures (nouvelles et traditionnelles, rentes et céréalières) dans le système de cultures de la zone de Niakhar. Ces variétés ont été adoptées dans la zone selon les conditions sociales, climatiques et environnementales, des territoires agricoles. Elles ont donc été adoptées suivant les trajectoires d'organisation villageoise et ont grandement contribué à la résilience des systèmes de production dans lesquelles, elles se sont insérées.

2.2.2. Trajectoires de nouvelles techniques de conservation du sol

La zone du Sine est soumise durant les dernières décennies à une forte baisse de la fertilité des sols, due essentiellement à la forte pression démographique. Cette infertilité des terres a fortement affecté le système de production agricole de la zone, en diminuant considérablement les rendements agricoles. Ainsi, pour faire face à cela, plusieurs techniques de conservation du sol ont été mises en œuvre dans la zone de Niakhar durant les dernières années. Il s'agit de nouvelles techniques culturales initiées dans la zone de Niakhar au cours de la décennie (2005-2014), pour renforcer la qualité du sol et augmenter les rendements.

Ces nouvelles techniques concernent essentiellement : l'association des cultures, la rotation des cultures, le parcage de bœufs en saison sèche, la pratique de la jachère, la protection ou la plantation de petites espèces d'acacias albida, la désalinisation, l'utilisation de fumure organique, la lutte contre la plante de striga et les aménagements pour la conservation de l'eau. Toutefois, les niveaux d'utilisation de chacune de ces techniques dans les exploitations ne sont pas les mêmes partout dans la zone de Niakhar.

Les résultats ont permis de mettre en évidence trois catégories de nouvelles techniques de conservation des sols dans la zone de Niakhar. Cela a été possible grâce à l'utilisation de la méthode de Classification Ascendante Hiérarchique (CAH).

Cette classification met en évidence trois types de villages caractérisés par trois catégories de pratiques de conservation des sols. Selon la figure 6, les villages de Sob et de Bary forment la première classe C01 et déterminent la première trajectoire qui est caractérisée par la forte pratique de l'embouche bovine, l'importance de l'utilisation des techniques de fumure organique durant ces dix dernières années. Les villages de Diohine, de Kothiokh et de Sanghaie qui forment la classe C02 (ayant plus d'observation) caractérisent la trajectoire de pratique de jachère et de l'utilisation des techniques de désalinisation des terres. Cela s'explique par la forte pratique de la jachère collective et de la présence de la salinisation des terres dans ces villages. Tandis que, les villages de Yénguélé et de Ngayokhème qui forment la dernière classe C03, définissent une trajectoire de réutilisation des techniques traditionnelles de conservation des sols à travers les techniques : de plantation et de protection des petites acacias, de lutte contre le *striga*, de rotation de culture et de l'association des cultures. Ces dernières techniques sont nécessaires à la culture du mil qui est souvent menacé surtout par l'apparition de la plante de *striga*. Cela s'explique par le fait que les deux villages qui forment cette classe C03 sont les plus grands producteurs de mil dans la zone.

Figure 12 : la classification en CAH des villages selon les techniques de conservation de sols adoptées entre 2005 et 2014

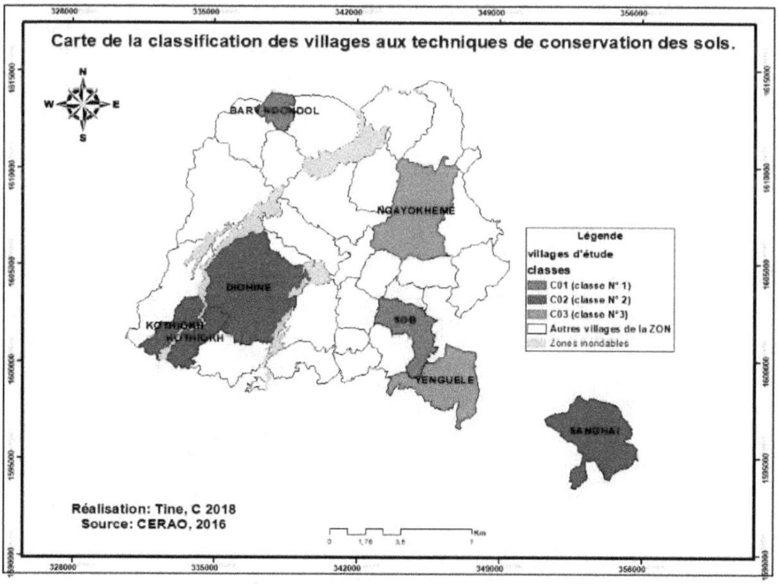

2.2.3. Trajectoires d'adaptation agricole intensive

L'intensification agricole est caractérisée par l'usage important d'intrants, cherchant à maximiser la production par rapport aux facteurs de production, qu'il s'agisse de la main-d'œuvre, du sol ou des autres moyens de production. Dans le cadre de notre étude, l'intensification des trajectoires villageoises agricoles est déterminée par les investissements, faits dans les intrants, l'eau et la main-d'œuvre pour maximiser la production agricole. Cette évaluation de l'investissement agricole nous a permis d'identifier les trajectoires d'adaptation les plus intensives.

Dans ces dernières années, des investissements importants ont été faits dans l'agriculture de la zone de Niakhar à travers les dépenses sur les intrants (semences, engrais), sur la main-d'œuvre et sur l'eau. Selon la Figure 7, en 2014, ces investissements sont en moyenne de 72 705 FCFA par exploitation dans la zone. Par ailleurs, on constate toujours cette même année que les investissements agricoles sont plus importants dans les villages de Sob et de Yénguélé, qui enregistrent respectivement 82 971 FCFA et 79 197 FCFA par exploitation. L'importance de ces investissements agricoles dans ces deux villages est due à la forte pratique de la pastèque à Sob et la culture du Souna 3 à Yénguélé. La pratique de ces deux cultures nécessite des investissements importants à mobiliser surtout pour l'achat des intrants (semence, engrais et produit phyto). Par contre, les investissements ne sont pas très importants dans la pratique des cultures maraîchères, si on considère le montant investi en moyenne par exploitation dans le village de Kothiokh (où les cultures maraîchères sont plus pratiquées) qui est de 18 400 FCFA par exploitation.

Figure 13 : investissement agricole moyenne par ménage dans les terroirs de Niakhar en 2014

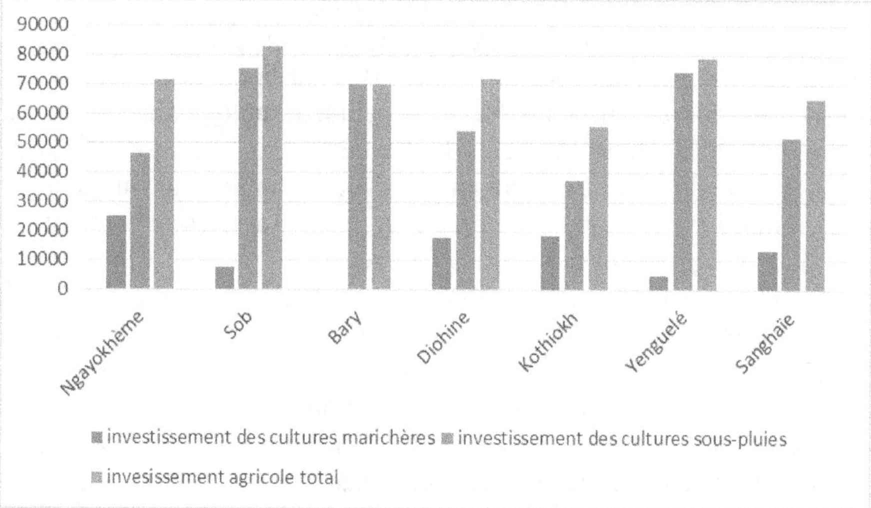

Source : Auteur, données enquête, 2015

Si on considère l'investissement agricole par ha en 2014, on constate que ces trois villages enregistrent les montants d'investissement par hectare les plus élevés dans la zone par rapport aux autres villages d'étude.

3. Discussion

Notre étude révèle que le contexte contrasté du changement global (risques/opportunités) sur les agro-socio-écosystèmes de la zone de Niakhar, a fait émerger de nouvelles trajectoires d'adaptations agricoles dans les terroirs. Les résultats ont permis de mettre en évidence trois trajectoires d'adaptation agricole villageoise : les trajectoires de diversification des variétés de cultures dont la vocation est de diversifier les cultures pour la flexibilité du système de production agricole des terroirs ; les trajectoires de conservation des sols avec l'utilisation des techniques de fumure organique qui sont notées dans certains villages surtout par la forte pratique de l'embouche bovine qui en plus de jouer un rôle économique, fournissent également de la fumure organique et à travers la protection des espèces *acacia albida,* mais aussi par des techniques de désalinisation ; les trajectoires d'intensification concernent la pratique de la pastèque à Sob, du souna 3 à Yénguélé. Ces pratiques sont intensives du fait des investissements importants qu'elles exigent dans les systèmes agropastoraux de ces derniers.

À l'instar d'autres travaux menés dans la même zone écogéographique du Bassin arachidier comme ceux de Sall (2015) sur les exploitations agricoles familiales face aux risques climatiques, deLéricollais (1999), sur les crises de l'agriculture du Sine et des stratégies paysannes élargies, de Ndonky *et al.* (2019) sur la diffusion spatiale du *Sanio* dans le sud-ouest du Bassin arachidier, notre étude a mis en évidence les différentes stratégies d'adaptation agricoles mises en œuvre dans la zone du Sine. Pour autant les sociétés rurales du Sine, malgré leurs limites au niveau économique et technologique ne cessent de s'adapter aux contraintes du milieu à travers des stratégies d'innovation, avec leurs moyens disponibles, pour assurer leurs besoins alimentaires et maintenir leur mode de vie. Comme l'affirme les travaux de (Kosmowski 2016, menés dans d'autres contextes qui portent sur « la relation entre pauvreté et capacité d'adaptation des exploitants agricoles aux effets des changements climatiques au Nord Bénin », les relations constatées entre les formes de pauvreté et la capacité d'adaptation sont de nature non-linéaire. Cette situation est bien constatée dans la zone du Sine, où malgré leur faible niveau de vie économique, les exploitations familiales ont toujours pu faire face à un environnement qui est en perpétuel changement. Toutefois, en dépit des contraintes liées aux facteurs climatiques, le regain de pluviosité dans la zone du Sine détermine également la pertinence de la mise en œuvre de certaines stratégies d'adaptation telles que la reprise de la culture du *sanio* dans les terroirs villageois, comme l'ont aussi révélé les travaux de Muller *et al.* (2015).

Ces stratégies se font à l'échelle villageoise individuelle ou collective. Elles sont également autoadaptées (endogènes) ou appuyées (exogènes) selon les villages. On peut noter entre autres la pratique de la culture de la pastèque, vectrice d'innovation villageoise dans le terroir de Sob et la pratique de la culture du Souna 3, une stratégie innovante d'une organisation villageoise bénéficiant de l'intervention externe (projet PAFA).

La mise en œuvre des stratégies d'adaptation exogène dans les agro-éco-systèmes du Sine a nécessité l'intervention d'une multitude d'acteurs (jeux des acteurs), du sommet (les services techniques centraux de l'État ou les ONG) aux producteurs en passant par les élus locaux et les services techniques décentralisés de l'État. Elles sont par conséquent collectives, car pratiquées par une masse de paysans avec un cahier des charges bien définis. Leur mise en œuvre est basée sur une approche cognitive et elles sont intensives avec une forte utilisation des engrais chimiques. Par contre les stratégies d'adaptation endogènes sont individuelles et concernent les initiatives paysannes qui connectent les systèmes de production et l'organisation socio-spatiale originale des terroirs. Pour la réintroduction du *Sanio*, Ndonky *et al.* (2019) nous révèle que les acteurs de la diffusion spatiale du *sanio* sont les paysans qui ont montré leur capacité de réaction face aux changements climatiques. Les résultats de son étude ont révélé que même en l'absence d'un appui extérieur ou d'un encadrement, les paysans sont capables d'innover pour s'adapter aux variations des conditions climatiques. La mise en œuvre de ces dernières est en effet, basée sur une approche expérimentale et traditionnelle.

Les stratégies de redynamisation des terres ont aussi joué un rôle très déterminant dans la fertilisation des sols dans la zone du Sine notamment avec le concept de la Régénération naturelle Assistée (RNA). Dans la gestion des arbres, les agriculteurs effectuent des pratiques de conservation comme la RNA, la plantation, le marquage d'arbres et le parcage des animaux (Ba *et al.* 2018). Le renforcement de l'agroforesterie de la zone du Sine constitue une pratique très importante dans les trajectoires de conservation des sols avec notamment l'espèce *acacia albida* qui est très indispensable dans l'agrosystème traditionnel séreer.

L'originalité de notre étude est d'avoir utilisé une approche combinant plusieurs méthodes d'analyse spatiale et spatio-temporelle ayant produit des résultats divers et complémentaires. Les résultats confirment la pertinence de nos choix méthodologiques. Notre étude a permis de contribuer à la connaissance des différentes trajectoires d'adaptation agricoles qui résultent de la mise en œuvre des différentes stratégies d'adaptation au changement climatique dans le bassin arachidier, puisqu'à notre connaissance aucune étude de ce genre n'a encore été menée dans cette zone.

Conclusion

L'objectif de ce travail consistait à mettre en évidence les différentes trajectoires d'adaptation agricoles mises en œuvre dans les agroécosystèmes du Sine pour faire face au changement global.

L'agriculture de la zone du Sine est soumise aujourd'hui au contexte d'incertitudes et d'opportunités, engendrées par le phénomène du changement global. Les incertitudes ou risques constituent des contraintes perçues par les paysans et qui affectent la production agricole de leurs terroirs. On a identifié, entre autres facteurs de risques : i) l'irrégularité de la pluviométrie qui a accentué durant les trois dernières décennies ; ii) le rétrécissement de la durée de l'hivernage avec l'augmentation des cumuls pluviométriques annuels provoque des inondations et de l'érosion hydrique ; iii) l'infertilité des terres qui hante la vie des paysans dans leurs pratiques agricoles. Toutefois, les nouvelles opportunités du changement global pour l'agriculture du Sine concernent principalement le regain de la pluviosité qui est très perçu par les paysans durant les dix dernières années.

Pour répondre à ces changements climatiques, des stratégies d'adaptation ont été mises en œuvre dans la zone de Niakhar. L'analyse de ces stratégies a permis de mettre en évidence des trajectoires d'adoption agricoles. Ainsi, on a noté les trajectoires de diversification des cultures pour répondre à la flexibilité du système de production agricole ; les trajectoires d'intensification avec un fort investissement dans les exploitations agricoles ; et les trajectoires de conservation des sols pour redynamiser les terres agricoles.

En perspective, ces trajectoires d'adaptation se différencient du point de vue de leur performance productive et écologique. Ces performances (écologiques et productives) détermineraient la capacité de résilience des terroirs villageois.

Ce travail constitue une avancée méthodologique, car il s'appuie sur une approche combinant des méthodes d'analyse permettant de produire des résultats riches et complémentaires. Cette approche méthodologique peut donc être reproductible dans d'autres territoires en Afrique afin de produire des comparaisons très fertiles.

Références bibliographiques

AGOSSOU Désiré. S. M., TOSSOU Copernic. R., VISSOH Pière V., AGBOSSOU K. Euloge K., 2012 « Perception des perturbations climatiques, savoirs locaux et Stratégies d'adaptation des producteurs agricoles béninois », *African Crop Science Journal*, vol. 20 : 565-588.

ASCHAN-LEYGON Christina, 2000, « Vers une analyse de la résilience des systèmes spatiaux », *Espace géographique*, Tome 29, 1 : 64-77.

AUDOUIN Élise, 2014, « Comparaison de deux terroirs en termes de flux de biomasse et de bilans azotes en vue de proposer des voies d'intensification écologique. Cas de Diohine et Barry Sine dans le Bassin Arachidier du Sénégal », Toulouse, INP, École d'ingénieurs [Mémoire].

AUDOUIN Élise, VAYSSIERES Jonathan. ODRU Mariana, 2015, « Réintroduire l'élevage Pour Accroître La Durabilité Des Terroirs Villageois d'Afrique de l'Ouest. Le Cas Du Bassin Arachidier Au

Sénégal », *Les sociétés rurales face aux changements climatiques et environnementaux en Afrique de l'Ouest*, Paris, IRD : 403-428.

BA Marame, BOURGOIN Jérémy, THIAW Ibrahima et SOTI Valérie, « Impact des modes de gestion des parcs arborés sur la dynamique des paysages agricoles, un cas d'étude au Sénégal », *VertigO - la revue électronique en sciences de l'environnement* [En ligne], Volume 18 numéro 2 | septembre 2018, mis en ligne le 05 septembre 2018, consulté le 06 août 2020. URL:http://journals.openedition.org/vertigo/20397 ; DOI:https://doi.org/10.4000/vertigo.20397

BROWN Oli et CRAWFORD Alec, 2008, *Évaluation des conséquences des changements climatiques sur la sécurité en Afrique de l'Ouest : Étude de cas nationale du Ghana et du Burkina Faso*, Winnipeg (Manitoba), Institut International du Développement Durable.

DAUDE Éric, 2002, « Modélisation de la diffusion d'innovations par la simulation multi-agents. L'exemple d'une innovation en milieu rural », Université d'Avignon et des pays du Vaucluse. [Thèse de Doctorat].

DELAUNAY Valérie, ENGELI Emmanuelle, FRANZETTI Régine, GOLAY Guillaume, MOULLET Aurore, SAUVAIN-DUGERDIL Claudine, 2016, « La migration temporaire des jeunes au Sénégal. Un facteur de résilience des sociétés rurales sahéliennes ? », *Afrique Contemporaine, Être jeune en Afrique rurale*, 259 : 75-94. ff10.3917/afco.259.0075ff. ffird-01726848f.

ENETE Anselm. A., ONYEKURU Anthony Nwajesus, 2011, « Challenges of Agricultural Adaptation to Climate Change: Empirical Evidence from Southeast Nigeria », *Tropicultura*, 29 : 243-249.

FABRE Coline, 2010, « L'adaptation des agriculteurs vivriers du Sénégal aux changements climatiques, cas de la communauté rurale de Séssene, région de Thiès », Montréal, Université de Montréal [Mémoire de maitrise].

FOLKE Carl, CARPENTER Steve, ELMQVIST Thomas, GUNDERSON Lance, HOLLING Crawford Stanley et WALKER Brian, 2002, « Résilience et développement durable : renforcer les capacités d'adaptation dans un monde en mutation », *AMBIO : Un journal de l'environnement humain* vol 31, 5 : 437-440.

GARENNE Michel et LOMBARD Jérôme, 1988, « La migration dirigée des Sereer vers les Terres Neuves (Sénégal) ». A. Quesnel, P. Vimard (éds.), *Migration, changements sociaux et développement* : 317-332.

GUIGOU Brigitte, 1992, « Les changements du système familial et matrimonial : Les Sérères Sine (Sénégal) », Paris, École des Hautes Études en Sciences Sociales [Thèse de Doctorat].

HOLLING, Crawford Stanley, 1973, « Resilience and Stability of Ecological Systems ». *In Annual Review of Ecology and Systematics*, 4 : 1-23. DOI : 10.1146/annurev.es. 04.110173.000245.

JOUVE Philippe, 2010, « Pratiques et stratégies d'adaptation des agriculteurs aux aléas climatiques en Afrique subsaharienne », in *S'adapter aux aléas, oui, mais comment ? Le Dossier*, 49 : 15-16.

KOSMOWSKI Fréderic, 2017, « Pauvreté et capacité d'adaptation des exploitants agricoles aux changements climatiques : le cas du Nord Bénin », Marseille, Université Aix-Marseille. [Thèse de Doctorat].

LALOU Richad. DELAUNAY Valérie, 2015, « Migrations saisonnières et changement climatique en milieu rural sénégalais : forme ou échec de l'adaptation ? », B. Sultan, M. Lalou, M.A. Sanni, A. Oumarou, and A. Soumaré. *Les sociétés rurales face aux changements climatiques et environnementaux en Afrique de l'Ouest*, IRD : 287-314.

LERICOLLAIS André, 1969, *Sob, En Pays Sérèr : L'évolution Du Terroir,* Dakar, ORSTOM.

LERICOLLAIS André, 1999, « Paysans sereer : dynamiques agraires et mobilités au Sénégal », Paris, Éditions de l'IRD : 579-591.

LERICOLLAIS André, MILLEVILLE Pierre. PONTIE Guy, 1999, « Terrains anciens, approche renouvelée : analyse du changement dans les systèmes agraires sereer », Lericollais André (ed.). Paysans sereer : dynamiques agraires et mobilités au Sénégal, Paris : IRD : 15-33.

MAGNAN Alexandre, 2009, « Proposition d'une trame de recherche pour appréhender la capacité d'adaptation au changement climatique », *VertigO – la revue électronique en sciences de l'environnement* [En ligne], Volume 9 Numéro 3 | Décembre 2009, mis en ligne le 14 décembre 2009, consulté le 14 février 2017.
URL : http://journals.openedition.org/vertigo/9189 ;
DOI : 10.4000/vertigo.9189.

MORTIMORE Michael J., ADAMS William M., 2001, "Farmer adaptation, change and 'crisis' in the Sahel", *Global Environmental Change-Human and Policy Dimensions,* vol.11, 1: 49-57.

MULLER Bertrand, LALOU Richard., KOUAKOU Patrice, SOUMARE Mame Arame, BOURGOIN Jérémy, DOREGO Séraphin et SINE Bassirou, 2015, « Le retour du mil sanio dans le Sine : une adaptation raisonnée à l'évolution climatique », in *Les sociétés rurales face aux changements environnementaux en Afrique de l'Ouest*, Marseille : Éditions de l'IRD : 377–401.

NDONKY Alphousseyni., LALOU Richard et NDIAYE Ibrahima, 2019, « Analyse de la diffusion spatiale du *sanio* dans le sud-ouest du bassin arachidier du *Sine* (Sénégal) », *Cybergeo : European Journal of Geography* [En ligne], Cartographie, Imagerie, SIG, document 922, mis en ligne le 25 novembre 2019.

ODRU Mariana, 2013, *Flux de biomasse et renouvellement de la fertilité des sols à l'échelle du terroir. Étude de cas d'un terroir villageois sereer au Sénégal*, Paris, École Supérieure d'Agro-Développement International (ISTOM) – CIRAD.

PELISSIER Paul, 1966, *Les paysans du Sénégal. Les civilisations agraires du Cayor à la Casamance, Saint Yriex*, Ministère de l'Éducation Nationale-CNRS Éditions.

PIERI Christian, 1989, *Fertilité des terres de savanes. Bilan de trente ans de recherche et de développement agricoles au sud du Sahara*, Agridoc-International, Paris, France, Cirad, Montpellier.

QUENAULT Béatrice, 2013, « Retour critique sur la mobilisation du concept de résilience en lien avec l'adaptation des systèmes urbains au changement climatique », EchoGéo [En ligne], 24 | 2013, mis en ligne le 10 juillet 2013, URL : http://echogeo.revues.org/13403 ; DOI : 10.4000/echogeo.13403.

REIFF Carole, GROS Caroline, 2004, *Analyse – Diagnostic du système agraire des paysans sérères au cœur du Bassin arachidier – Sénégal*, Paris, Institut national Agronomie Paris-Grignon.

SALL Moussa, 2015, « Les exploitations agricoles familiales face aux risques agricoles et climatiques : stratégies développées et assurances agricoles », Toulouse, Université de Toulouse II [Thèse de Doctorat II].

SERPANTIE Géorge. MILLEVILLE Pierre, 1993, « Les systèmes de culture paysans à base de mil (Pennisetum glaucum) et leur adaptation aux conditions sahéliennes », S. Hamon (éd.) *Le mil en Afrique*, Paris, Éditions ORSTOM : 255-266.

SULTAN Benjamin, LALOU Richard, SANNI Mouftaou Amadou, OUMAROU Amadou, et SOUMARÉ Mame Arame, 2015, *Les sociétés rurales face aux changements environnementaux en Afrique de l'Ouest*, Marseille, Éditions de l'IRD.

TINE Cheikh, 2022, « Dynamique de transformation des agro-socioécosystèmes des territoires du Sine (Sénégal) », *Géovision, Revue du Laboratoire Africain de Démographie et des Dynamiques Spatiales*, volume 1, 8 : 264-277

TINE Cheikh, 2021, « Stratégies d'adaptation au changement global et transformations des sociétés rurales. Vers une durabilité des territoires agricoles du Sine. L'exemple de la zone de Niakhar (Fatick, Sénégal) », Dakar, UCAD. [Thèse de Doctorat unique en Géographie].

La présence économique chinoise en Afrique : opportunité ou menace ?

Amadou Camara
Université Cheikh Anta Diop, Sénégal
amadouca07@gmail.com

Résumé

Depuis le début du XXIe siècle, la présence chinoise en Afrique demeure au centre des analyses aussi bien des spécialistes des relations internationales que des médias. De par son ampleur, elle s'est imposée et devenue sujette à controverse d'autant plus que si pour certains la présence chinoise en Afrique constitue une opportunité, d'autres la qualifient de menace pour le continent.

Bien que liée au continent depuis le XVe siècle, la présence de la nouvelle Chine en Afrique remonte aux années 50. Durant cette période, la République populaire de Chine a développé des relations hétérogènes et complexes avec les États africains. Toutefois, la présence de la Chine en Afrique se manifeste par le dynamisme de sa diplomatie économique. Dans une approche descriptive analytique, il est question dans cette réflexion de décrire et d'analyser l'historicité du lien sino-africain et la portée de la présence économique de la Chine en Afrique, afin de proposer des pistes de réflexion pour une relation économique davantage fructueuse. L'analyse a conclu que la Chine et l'Afrique entretiennent des liens séculaires. Toutefois, en dépit de la présence économique fructueuse de la Chine sur le continent, elle regorge des défaillances qui peuvent être traitées de menaces pour l'Afrique.

Mots-clés : République Populaire de Chine – Afrique – Diplomatie Économique – États.

Abstract

Since the beginning of the 21st century, China's presence in Africa has been at the center of analyses by international relations specialists and the media alike. The sheer scale of the Chinese presence in Africa has made it a controversial issue, and while some see it as an opportunity, others see it as a threat to the continent.

Although linked to the continent since the 15th century, New China's presence in Africa dates back to the 1950s. During this period, the People's Republic of China developed heterogeneous and complex relations with African states. However, China's presence in Africa is reflected in the dynamism of its economic diplomacy. Using a descriptive-analytical approach, this paper describes and analyses the historical nature of the Sino-African link and the scope of China's economic presence in Africa, in order to suggest avenues for a more fruitful economic relationship. The analysis concluded that China and Africa have centuries-old ties. However, despite China's successful economic presence on the continent, it is rife with shortcomings that can be seen as threats to Africa.

Key word: People's Republic of China – Africa – Economic diplomacy – States.

Introduction

Du milieu du XIXe siècle à nos jours, la révolution chinoise moderne se résume à l'histoire d'une double aspiration : la recherche d'un statut international autonome et celle d'une modernisation nationale auto-engendrée. (Lafargue 1997 : 88). La Chine est ainsi devenue au XXIe siècle une redoutable et incontournable puissance économique. Elle représente aujourd'hui une puissance controversée d'autant plus qu'elle suscite admiration et critique de bien de spécialistes et d'observateurs.

En Afrique, la Chine apparaît comme une nouvelle source de financement du continent. Dans sa stratégie de coopérer avec elle, la Chine se montre plus pragmatique avec des réalisations à impact visible sur tout le continent africain. Elle mobilise des crédits en dollars sans condition pour avoir accès aux matières premières africaines et offre bien plus que le Fonds Monétaire International. L'un des aspects les plus remarquables du changement de l'économie chinoise est son ouverture vers les marchés extérieurs. Auparavant, pays à économie planifiée à l'image des pays du Bloc soviétique et du Tiers-monde, la Chine fonctionnait pratiquement en autarcie jusqu'en 1978.

L'arrivée au pouvoir de Deng Xiaoping en 1978 constitue un tournant majeur qui allait conduire au démantèlement du système maoïste

(Larivière *et al.* 1999 : 43). Les réformes Deng Xiaoping avec son mot d'ordre « enrichissez-vous » ont permis de mettre la Chine sur la voie de la "modernisation". L'ère de la politique néolibérale et la tendance à une politique de consommation ont donné un coup de fouet à l'économie. Avec son essor économique qui est l'un des plus rapides du monde, la croissance, obtenue par les investissements et les exportations, se situe aux environs de 10 % par an depuis deux décennies. Le géant asiatique occupe aujourd'hui une place importante dans l'économie africaine avec des partenaires aux cinq régions du continent. Ainsi, se pose la question de savoir : comment la présence économique chinoise peut-elle être une opportunité ou menace pour l'Afrique ?

Cette réflexion démontre qu'en dépit de la place qu'occupe la Chine dans l'économie africaine, sa présence sur le continent ne fait pas l'unanimité. L'approche méthodologique adoptée pour cette réflexion est la méthode descriptive. Elle sera jumelée à l'approche analytique pour mettre en exergue les origines des rapports sino-africains, les spécificités de la diplomatie économique chinoise en Afrique et des pistes à expérimenter pour un rapport économique plus rentable. Ainsi, l'on procèdera à l'exploitation de la documentation livresque, des thèses, et à la webographie. La présente analyse repose sur le constat qu'il est de nos jours impossible de parler de la construction de l'Afrique sans mentionner la Chine et que l'histoire du continent est indissociable à celle de la Chine.

1. Aperçu historique des rapports sino-africains

Les relations entre la Chine et l'Afrique sont ancrées dans une histoire multiséculaire de contacts maritimes, au gré des alizés, à travers l'océan Indien. C'est, en effet, tout naturellement, d'un côté, la côte sud de la Chine et de l'autre, la façade est du continent africain qui furent les premières concernées. C'est ce que peuvent attester quelques vestiges archéologiques, par exemple sur la côte tanzanienne à Kunduchi, près de Dar-Es-Salaam. (Bart 2011 : 195).

Dans cette région une pièce chinoise du XVe siècle, portant l'inscription *Yongle Tongbao*[1], correspondant à la période 1403-1424, a été exhumée par des archéologues chinois et kenyans. Ainsi, c'est au XVe siècle, notamment entre 1405 et 1433, quatre-vingts ans avant les

[1] Yongle Tongbao fait référence à la pièce de monnaie chinoise de l'époque de la dynastie Ming produite sous le règne de l'Empereur Yongle. Tongbao était principalement utilisée pour le commerce extérieur.

voyages de Christophe Colomb, que le navigateur chinois Zheng He, de la dynastie des Ming, conduisait des flottes pour explorer l'océan Indien, en avait profité pour accoster sur le littoral oriental du continent africain.

À la tête de 300 jonques[2] Zheng He commença l'exploration de l'océan Indien : il traversa le détroit de Malacca, accosta en Inde, en Arabie puis en Afrique sur les côtes du Mozambique et de Somalie lors de la 4e expédition (1413-1415) (Touré 2012 : 79). En effet, en 1421, au large de l'actuel Kenya, pour la première fois, les habitants de l'île de Lamu ont vu au premier lever du soleil le navire de l'amiral Zheng He se diriger vers les côtes. Ils étaient étonnés et silencieux, car ils n'avaient jamais vu un navire aussi grand comme celui de l'amiral Zheng He. Serge Michel et Michel Beuret décrivaient cette rencontre de façon saisissante :

> Ce matin de l'an 1421, comme tous les matins, les pêcheurs de l'île de Lamu, au large de l'actuel Kenya, sont sortis peu avant l'aube pour lever leurs filets. Aux premières lueurs du jour, ils se sont frotté les yeux : l'horizon était hérissé de mâts de navires qui se dirigeaient vers les côtes. Des vaisseaux comme ils n'en verront pas jusqu'à l'ère industrielle (Michel *et al.* 2008 : 101).

À cinquante ans, le commandant chinois veut encore faire découvrir à l'empereur Yougle quelques merveilles de ce nouveau continent[3]. En effet, le 2 février 1421, pour le Nouvel An chinois, l'empereur aurait reçu lors du sommet à Pékin vingt-huit chefs et dignitaires venus de plusieurs endroits d'Asie, d'Afrique, d'Arabie et de l'océan Indien. (Michel *et al.* 2008 : 103). Il semble même que sous la dynastie des Ming, des représentants officiels furent échangés entre la Chine et l'Afrique. Dans cette dynamique, Chao Iou-Koua cité par Mirlande Hippolyte rappelait que : « lors de ces fameuses expéditions au début du XVe siècle, Tcheng Ho, représentant la Cour Impériale, rendit visite à certains pays d'Afrique orientale qui avaient également envoyé des représentants en Chine. » (Hyppolyte 1965 : 3). De ces diverses premières interactions de Chinois avec l'Afrique, nous pouvons en effet retenir qu'elles confirment la vieille relation sino-africaine. René Benezra ne disait-il pas que : « la

[2] Une Jonque est un bateau traditionnel d'Asie, à coque compartimentée et à voiles aux "trois quarts", entièrement lattées « flottantes » et à amure glissante ou réversible.
[3] Rappelons qu'au cours de ses cinq voyages précédents en Asie et en Afrique datés avec précision grâce à des stèles retrouvés en Chine : 1405-1407 ; 1407-1409 ; 1409-1411 ; 1413-1415 ; 1417-1919, Zheng He n'a jamais déçu son empereur.

large et sûre pénétration de la Chine populaire en Afrique est le fruit d'une longue patience. » (Benezra 1974 : 8).

La naissance de la RPC, le 1er octobre 1949 a profondément modifié la donne. Les liens entre les deux parties se manifestent sous l'angle politique (Colly 2011 : 20). À la charnière de l'époque coloniale et du début des indépendances africaines, l'intérêt de la Chine pour le continent africain se développe dans le cadre d'une solidarité tiers-mondiste, face aux puissances occidentales, dans le sillage de la conférence de Bandung, du 18 au 24 avril 1955[4]. Dès le début des années 1950, la République populaire de Chine et le Parti Communiste Chinois (PCC) s'intéressent aux mouvements de libération anti-colonialistes qui apparaissent en Afrique et aspirent même à former un « front uni » avec les peuples, Asiatiques et Sud-Américains pour lutter contre l'impérialisme.

La conférence de Bandung a en effet permis à l'Afrique de jeter les fondements d'une coopération avec l'Asie, sous la direction de la Chine, de l'Indonésie, de l'Inde, etc. Cinq ans après le sommet afro-asiatique, le ministère des Affaires étrangères chinois se dote d'une section Afrique.

Les premiers contacts officiels bilatéraux sont noués aussitôt après. D'abord avec l'Égypte qui rompt avec la Chine nationaliste (Taïwan) et noue des relations diplomatiques avec la Chine populaire en 1956 ; puis avec quatre autres pays nouvellement indépendants : Algérie, Maroc, Soudan et Guinée. Toutefois, le rapprochement avec l'Afrique fut consolidé après Bandung à travers le prétexte que fut l'autre grande conférence internationale qui réunit, en septembre 1961, un Tiers-monde[5] faisant ses premiers pas. Ce fut la conférence de Belgrade.

---

[4] Organisée en avril 1955 sur l'île de Java (Indonésie), la conférence de Bandoeng consacre la naissance du mouvement des « non alignés ». L'Afrique subsaharienne, encore sous le joug colonial, y est peu présente. Réunis pour la première fois les principaux représentants du tiers-monde. Parmi eux : Nehru (Inde), Chou En-Lai (Chine), Nasser (Égypte), Tito (Yougoslavie), Soekarno (Indonésie), Sihanouk (Cambodge). Deux objectifs principaux :

– jouer la bascule entre le bloc capitaliste et le bloc communiste qui se sont partagé la direction des affaires du monde à Yalta en 1945.

– Poser en termes clairs la question de la décolonisation de l'Afrique.

[5] L'expression « Tiers Monde » a été proposée par le démographe français Alfred Sauvy en 1950 pour désigner l'ensemble des pays dits depuis "en développement" des trois continents, devenus des acteurs actifs de la vie internationale, après la conquête de leur indépendance.

2. Diplomatie du chéquier : arme de séduction chinoise en Afrique

Devenue au XXIe siècle un acteur majeur des relations internationales, la République populaire de Chine a développé des relations hétérogènes et complexes avec les États africains. De tous les domaines, le volet économique, fait, de par son ampleur, figure de référence dans les rapports sino-africains. Autrement dit, avec l'ouverture de la Chine au reste du monde, sous l'autorité de Deng Xiaoping, en 1978, la relation sino-africaine a cessé d'être dominée par des considérations idéologiques, et a été davantage dictée par des objectifs de viabilité économique et commerciale.

À la veille de ces réformes, la relation économique entre la Chine et l'Afrique était en effet négligeable et était conforme au schéma des échanges de l'époque qui faisait peu de place aux rapports Sud-Sud. L'aide chinoise allouée à l'Afrique avait par ailleurs considérablement diminué jusqu'en 1999 en dépit des déclarations officielles chinoises.

Depuis le début des années 2000, la relation sino-africaine n'a cependant cessé de s'accroître dans le cadre du Forum sur la Coopération Sino-Africaine (FCSA)[6]. Alors qu'il était d'environ 900 millions de dollars en 1990[7], le volume des échanges atteint 10,5 milliards en 2000. (Alden *et al.* 2008 : 11). Il a crû de 45,1 % en 2008 par rapport à l'année précédente, atteignant le chiffre de 106,8 milliards de dollars (50,8 milliards d'exportations vers l'Afrique et 56 milliards d'importations en provenance de l'Afrique), soit près de deux fois le volume entre la France et l'Afrique. La Chine est ainsi devenue le second partenaire de l'Afrique, talonnant les États-Unis 120 milliards. (Beuret *et al.* 2008 : 49).

En effet, cette performance de la diplomatie économique chinoise en Afrique se caractérise par sa volonté de compenser la faiblesse de son influence politique sur le continent par une série de mesures susceptibles de rehausser son pavillon. Conscient de la nécessité de disposer de

---

[6] Le Forum sur la coopération sino-africaine est une plate-forme de consultation et de dialogue entre la Chine et les pays africains amis. Il est présenté, du moins officiellement, comme une structure de « collaboration égalitaire » entre des pays ayant subi les affres du colonialisme et veut s'inscrire dans la continuité de l'esprit de Bandung. Cet espace de dialogue représente un symbole important de la coopération Sud-Sud.

[7] Ce montant de 900 millions de dollars représentait à l'époque un cinquième du commerce extérieur total de la Chine. Ainsi, la part de la Chine dans le commerce extérieur des pays africains était par contre assez faible : 10 % pour le Mali et pas plus de 5 % pour la Tanzanie, le Soudan et la Mauritanie.

tribunes sous le modèle des sommets Afrique-France, États-Unis-Afrique, etc., Pékin a lancé un cycle diplomatique articulé autour d'une visibilité plus grande de ses dirigeants sur le continent. Le premier forum Chine-Afrique tenu en novembre 2000 réunit ainsi quarante-cinq (45) pays africains sur cinquante-trois (53) que comptait l'Afrique[8].

De nos jours, la présence effective de la Chine en Afrique est grandissante, voire même inquiétante pour quelques observateurs africains et occidentaux. Son engagement croissant dans le développement économique à travers la diplomatie *win-win,* crée un bouleversement de l'ordre économique mondial (Gabas *et al.* 2012 : 1). Ce déploiement de la Chine en Afrique crée des enjeux d'ordre géopolitique et géostratégique.

La Chine par le dynamisme de sa diplomatie *win-win* est devenue l'un des grands partenaires commerciaux de l'Afrique. Bon nombre de pays africains réalisent une grande part de leurs échanges avec Pékin. En effet, même si les pays européens continuent à commercer avec l'Afrique, leurs exportations vers ce continent ne cessent de reculer de 46 % à 34 %. La Chine de son côté, gagne du terrain en tant qu'importateur et exportateur des produits africains, tandis que la part des États-Unis d'Amérique continue de progresser et celle de l'Europe diminue considérablement depuis 2012.

La Chine se place dorénavant en toute puissante revendicatrice de la position de premier partenaire commercial des pays africains, autrefois détenue par des puissances occidentales comme la France ou la Belgique. Dans cette dynamique, Ashley Featherstone affirmait que : « la montée de la puissance de la République populaire de Chine (RPC) à l'époque contemporaine a été comparée à l'éveil d'un géant endormi. Si cet euphémisme est vrai, la Chine est tout à fait réveillée sur le continent africain » (Featherstone 2015 : 7).

3. Les pistes pour une présence économique davantage fructueuse

La relation sino-africaine vise à garantir aux deux parties, un développement à long terme. Des stratégies multiples et complexes sont implantées par divers acteurs notamment les chercheurs, universitaires

[8] Ce sommet avait enregistré la présence des diplomates, des agents du secteur privé, des représentants d'organisations régionales et internationales, et enfin le président chinois Jiang Zemin et son Premier ministre Zhu Rongji. Côté africain, la présence de quatre chefs d'État africains a été marquée, ainsi que celle du secrétaire Général de l'Organisation de l'Unité africaine (OUA) de l'époque, Slim Hamed Salim.

et les acteurs étatiques pour parvenir à cette fin. En dépit d'un nombre considérable de réflexions existantes, d'autres voies peuvent aussi être envisagées et qui permettraient éventuellement de compléter les efforts qui sont déjà déployés. Toutefois, certaines des stratégies qui sont proposées dans cette réflexion sont d'ores et déjà expérimentées ou envisagées. Néanmoins, il serait peut-être temps qu'elles soient prises davantage en compte dans les accords bi et multilatéraux entre la République populaire de Chine et l'Afrique afin de rehausser le niveau de leur coopération économique.

3.1. Favoriser le transfert de technologie

Le transfert de technologie, au sens général du terme, est aussi ancien que l'humanité elle-même : chaque fois qu'un homme a inventé un instrument nouveau et que cet instrument a été imité et utilisé par d'autres hommes, il y a eu transfert de technologie (Rouach *et al.* 1993 : 6). Ainsi, cette notion du transfert de technologie est définie par Sandra Pellet comme : « le processus par lequel une technologie, une connaissance ou un savoir-faire (matériel, logiciel, organisationnel, etc.) mis au point par l'une des parties prenantes à un projet ou à un accord parvient à l'autre » (Pellet 2009 : 229).

C'est au début des années soixante que la revendication des pays pauvres pour l'accès aux technologies détenues par les pays industrialisés commença à se manifester. En décembre 1961, à la suite d'un débat engagé à l'initiative de la délégation brésilienne, l'Assemblée générale des Nations unies adoptait une résolution pour étudier les effets des brevets sur l'économie des pays sous-développés. En février 1963, les Nations unies organisaient à Genève une première conférence sur « l'application de la science et de la technique dans l'intérêt des régions peu développées. » (Perrin 1984 : 8). En effet, c'est sous la pression des pays sous-développés qui avaient entamé leurs premières expériences d'industrialisation que deux organes spécialisés des Nations unies furent créés : la CNUCED en 1964 et l'ONUDI en 1965. En dépit de ces créations, c'est principalement vers les années 70 que la problématique de transfert de technologie était devenue une question centrale dans les débats et conférences internationaux sur le développement du Tiers-Monde[9].

---

[9] L'exemple de réclamation des pays en développement se manifeste éloquemment à la Conférence de Lima (Pérou) en 1975 où l'objectif était de faire produire dans 25

En 1972, la part de l'Afrique dans la production manufacturière du monde n'était que de 0,6 % et sa part dans la production de l'ensemble des pays en développement était inférieure à 10 %[10]. Dans son rapport sur le développement dans le monde, d'août 1979, la Banque mondiale citée par Jean Chevassu n'a retenu aucun pays d'Afrique parmi les 16 principaux pays semi-industrialisés. Les pays appelés communément « Nouveaux Pays Industrialisés »[11] présentent tous la caractéristique d'avoir une production manufacturière au moins égale à 20 % dans le PNB. Ce taux est voisin de 15 % en Algérie et au Maroc, de 11 % en Tunisie et en Côte d'Ivoire, et de 8 % au Nigeria (Chevassu 1984 : 11).

Face à cette situation, les années 1980 ont été déclarées Décennie du développement industriel de l'Afrique par l'ONUDI et la CEA. Toutefois, pour certains pays, les résultats de la première partie des années 80 sont restés importants notamment pour le Cameroun (8,5 % de croissance par an entre 1980 et 1987), le Congo (9,7 %), la Côte d'Ivoire (8,2 %) et l'île Maurice (10,9 %).

Par la suite d'une forte dépendance aux intrants importés, en raison du surdimensionnement des unités, de leur inadaptation aux évolutions technologiques et de marché et d'une politique d'endettement inconsidéré, le secteur industriel a presque partout régressé sur le continent. En Afrique au sud du Sahara, la part de l'industrie dans le PIB est passée de 18 % en 1965 à 33 % en 1980, pour retomber à 28 % en 1987[12].

Considérées en effet comme l'un des moteurs du développement économique, la faiblesse ou l'absence de l'industrialisation constituent les caractéristiques de l'économie des pays africains. Le transfert de technologie sino-africain peut ainsi être un moyen important pour démarrer ou redémarrer l'industrialisation de l'Afrique. Il est d'ailleurs admis que l'élévation du niveau de vie des populations ne peut être espérée que par un accroissement de sa productivité, elle-même atteinte par le transfert de technologie provenant des pays industrialisés.

---

ans, 25 % des biens industriels dans les pays qui n'ont pas encore constitué leur tissu industriel.

[10] « La science et la technique au service du développement en Afrique », *in Marchés tropicaux et méditerranéens,* n° 1801, 16 mai 1980, p. 1138.

[11] Malaisie, Brésil, Argentine, Indonésie, Thaïlande, Chine, Colombie, Mexique, etc.

[12] Parmi les pays les plus touchés figurent le Bénin, le Ghana, le Liberia, le Madagascar, le Mozambique, la Tanzanie, le Togo et le Zaïre.

3.2. Lutter contre le phénomène de la corruption

La corruption est une notion complexe et multidimensionnelle. La recherche d'une définition propre à ce concept a longtemps fait objet de débat. Cependant, les phénomènes liés à la corruption ont fait l'objet d'analyse depuis un temps très reculé. D'ailleurs, on trouve les premières tentatives chez les philosophes depuis l'antiquité. Dans cette perspective, Stefaan De Clerck soulignait que : « le phénomène de la corruption est présent depuis toujours dans l'histoire du monde. Ainsi, du temps des Romains déjà, le Sénat avait décidé de créer des tribunaux spéciaux pour juger les gouverneurs qui abusaient de leurs pouvoirs » (De Clerck 1998 : 13).

Proche de l'étymologie du mot corruption, le vocable corruption vient du latin « corruptione », mot qui évoque l'idée de régénérescence, de putréfaction, de décomposition, de débauche, de subornation ou de dessous-de-table. (De Clerck 1996 : 13). Dans les conceptions classiques, de Platon à Machiavel, cette pratique était perçue comme une référence à la santé morale de la société.

En effet, nonobstant la complexité qui règne autour de cette notion, le mot désigne au sens large l'utilisation abusive d'une fonction à caractère public à des fins d'enrichissement personnel (Klitgaard *et al.* 2002 : 2). Autrement dit, il y a corruption lorsque le fonctionnaire public, abusant de ses fonctions, fait ou promet de faire un acte qui relève de celles-ci, ou promet de s'abstenir de pareil acte, en échange d'un avantage offert ou promis par un particulier et accepté et reçu par lui. Or, la Chine dans son obsession de maintenir sa place de partenaire majeur du continent africain use parfois des moyens peu acceptables, dont la corruption. En d'autres termes, la corruption, est l'art dans lequel les entreprises chinoises savent se montrer aussi expertes que généreuses. D'après différentes sources, elle pourrait représenter jusqu'à 30 % de la valeur d'un contrat (Wagner 2014 : 25).

Toutefois, s'il est évident que la corruption ne constitue pas un phénomène nouveau dans le mode de négociation de contrats des entreprises chinoises, il apparaît, aujourd'hui une prise de conscience accrue de son existence comme une des armes de ses sociétés et la nécessité de combattre ce phénomène insidieux qui menace, à terme, la légitime politique des gouvernements africains. Ainsi, vu l'importance de préjudice causé par ce phénomène sur l'économie des pays africains, les pouvoirs publics ont jugé nécessaire que sa lutte soit placée dans les stratégies actuelles de bonne gouvernance. C'est pourquoi au plan international et continental, les pays se sont inscrits dans l'esprit de la Convention de Lomé IV signée le 4 novembre 1995 et qui contient un principe fondamental, celui de "good governance", qui permet d'envisager l'exclusion du recours à la corruption de la part des pays bénéficiaires ou des opérateurs économiques (Knudsen 1998 : 65). Poursuivant leur ambition d'éradiquer ce fléau, les États africains ont aussi signé la Convention des Nations unies contre la corruption le 13 juillet 2005, et ont déposé son instrument de ratification auprès du Secrétaire général de l'ONU le 29 mai 2013. Ils ont également adopté en juillet 2003, la Convention de l'Union africaine sur la prévention de la corruption.

Cependant, nonobstant ces volontés manifestes et d'importants moyens et réformes consacrés à la lutte contre la corruption, la quasi-totalité des pays reste de façon constante dans la zone rouge du classement des États marqués par la forte corruption avec des scores qui déshonorent le continent, sur le plan de la morale internationale. Dans cette optique, Cheikh Tidiane Dièye disait que :

> Les stratégies anticorruptions appliquées dans la plupart des pays Africains n'ont pas porté leur fruit. Elles ont été associées pour l'essentiel à des périodes de changement économique, politique et social. Les raisons de cet échec sont bien entendu variables d'un pays à un autre, en fonction de la nature des régimes, du niveau et des effets de la corruption et des disparités de développement économique, social et politique (Dièye 2018 : 103).

Si par ailleurs rien ne peut justifier la pratique de ce phénomène de société qui prend les contours d'un fléau mondial, par son étendue, ses imbrications et ses formes, le combattre sous l'angle d'une répression accrue ne paraît pas judicieux. Autrement dit, la corruption est un monstre à multiples têtes qu'il ne suffit pas de combattre, tant s'en faut, par le biais de l'application d'une série de dispositions du Code pénal. D'ailleurs, dans la plupart des pays africains, l'État prévoit des dispositions réprimant les faits de corruption qui impliquent ses fonctionnaires, mais très rares sont ceux sur lesquels ces lois sont appliquées. Cela revient à dire qu'à ce jour, le mal semble encore plus profond. Ainsi, quel que soit le reproche fait à la démarche empruntée jusqu'ici, la rendre plus dure, plus coercitive ne garantit pas une amélioration du comportement des acteurs. En d'autres termes, il ne s'agit pas seulement de créer des textes pour répondre à des exigences. Il faut un engagement politique véritable. Cela dit, il faut revoir la désignation de certains acteurs dans la lutte contre la corruption. Il s'agit de personnes nommées donc on ne peut parler d'indépendance. Les institutions de lutte contre la corruption dépendent le plus souvent de l'État. Il est en effet capital de les rendre autonomes. De plus, il y a des risques de représailles de la part des autorités envers les personnes qui les saisissent d'où l'impérieuse nécessité de procéder à l'élection des membres de ces institutions.

Conclusion

La configuration actuelle de la compétition économique et financière mondiale avec l'avènement des puissances émergentes, dont la Chine ouvre de grandes perspectives pour l'Afrique, grande réserve des matières premières. Bien que partenaire traditionnel du continent, la Chine a, pour consolider sa position en Afrique, adopté une nouvelle approche dans ses relations avec ses partenaires, essentiellement fondée sur le principe « gagnant-gagnant »[13].

De nos jours, elle contribue au développement socio-économique du continent à travers la réalisation des infrastructures. Son aide qui n'obéit pas par ailleurs aux mêmes règles et critères que les bailleurs classiques a permis de desserrer l'étau de conditionnalités imposées aux États africains. En dépit des accomplissements, il est toutefois nécessaire de souligner la menace qui plane sur l'environnement écologique africain. Autrement, en Afrique, le non-respect de normes environnementales par les sociétés chinoises contribue à la dégradation anarchique de l'environnement. D'ailleurs, Michel Beuret et Serge Michel ne disaient-ils pas que :

> La séduction exercée par le modèle chinois disparaît lorsque l'on sort de l'économie et que l'on s'intéresse à l'environnement. Car si les grandes entreprises chinoises affichent des objectifs de responsabilité sociale et environnementale, en Afrique comme en Chine, elles ont des pratiques parfois très éloignées des principes (Beuret et Michel 2008 : 45).

[13] Accord gagnant-gagnant est un accord par lequel chaque partenaire se préoccupe aussi de l'intérêt de l'autre, d'une façon également favorable à son propre intérêt.

Références bibliographiques

BART François, 2011, « Chine et Afrique, une longue histoire, une nouvelle donne géographique », *Cahiers d'Outre-Mer,* 253-254 : 193-208.

BIKOUE Siméon Maxime, « Les stratégies d'industrialisation et le développement : industrialisation par substitution des importations en Afrique et compétitivité internationale », *in* https://www.codesria.org/IMG/pdf/6-Bikoue.pdf, consulté le 05/11/2022.

DIÈYE Cheikh Tidiane, 2018, *La corruption bureaucratique au Sénégal : trajectoire, ressorts et représentations populaires,* Dakar, L'Harmattan,

FEATHERSTONE Ashley, 2015, « Les perspectives de la relation sino-africaine : le cas du Ghana et du Nigeria », Ottawa, Université d'Ottawa [Mémoire de Master].

HIPPOLYTE Mirlande, 1965, *La Chine communiste et l'Afrique au sud du Sahara,* Paris, Armand Colin.

KASSÉ Moustapha, 2013, *L'industrialisation africaine est possible : quel modèle pour le Sénégal ?,* Paris, L'Harmattan.

LAFARGUE, François, 2009, « La Chine en Afrique : une présence limitée et une puissance contrariée », *Perspectives chinoises,* 106 : 88. http://www.persee.fr/doc/perch-1021-9013-2009-num-106-1-3818, consulté le 08/11/2022.

MICHEL Serge et BEURET Michel, 2008, *La Chinafrique : Pékin à la conquête du continent noir,* Paris, Éditions Grasset.

PERRIN Jacques, 1984, *Les transferts de technologie*, Paris, La Découverte, 1984.

TOURRE Brian, 2012, *De la Françafrique à la Chinafrique : quelle place pour le développement africain ?,* Paris, L'Harmattan.

WAGNER Julien, 2014, *Chine-Afrique : le grand pillage, rêve chinois, cauchemar africain ?* Paris, Eyrolles.

Institutions financières et problématique de la sécurité des systèmes d'information dans le monde anglo-saxon : une étude du Royaume-Uni et des États-Unis d'Amérique

Yankhoba Seydi
Université Cheikh Anta Diop, Sénégal
yankhouba.seydi@ucad.edu.sn

Résumé

Le monde anglo-saxon est à la pointe du progrès technologique avec la révolution électronique qui y a pris racine. L'informatique s'est presque imposée dans la vie moderne à tel point que les entreprises se sont adaptées à cet outil devenu indispensable dans la gestion au quotidien. Les institutions financières figurent parmi ses plus grandes consommatrices pour des raisons d'efficience et de rentabilité. Toutefois, l'introduction massive des technologies de pointe dans le monde de la finance pose la question essentielle, voire existentielle, de la sécurité des systèmes d'information dont ces institutions sont devenues si dépendantes et toute faille sécuritaire peut causer des dégâts qui vont du vol de données sensibles au piratage de toute sorte en passant par la paralysie systémique, sans oublier les extorsions de fonds devenues monnaies courantes avec les rançongiciels lancés par des cybercriminels à cet effet.

Cet essai explore les institutions financières du monde anglo-saxon pour y étudier le rôle majeur joué par les systèmes d'information et, par conséquent, la question existentielle de leur sécurité.

Mots-clés : institutions financières, Anglo-Saxon, Royaume-Uni, États-Unis d'Amérique, systèmes d'information, rançongiciels, sécurité

Abstract

The Anglo-Saxon world is at the forefront of technological progress with the electronic revolution which has taken root there. IT has almost become a part of modern life to such an extent that companies have adapted to this tool which has become essential in daily management. Financial institutions are among its largest consumers for reasons of efficiency and profitability. However, the massive introduction of cutting-edge technologies in the world of finance raises the essential, even existential, question of the security of the information systems on which these institutions have become so dependent and any security breach can cause damage ranging from theft of sensitive data to hacking of all kinds through systemic paralysis, without forgetting of course the extortion of funds which is now commonplace with ransomware launched by cybercriminals for this purpose.

This essay explores the financial institutions in general, and those of the Anglo-Saxon world, in particular to study the major role played by the information systems and, consequently, the existential question of their security.

Keywords: financial institutions, Anglo-Saxon, United Kingdom, United States of America, information systems, ransomwares, security.

Introduction

Les questions de sécurité en général, et de sécurité informatique en particulier dans le monde de la finance, principalement dans le monde anglo-saxon, constituent un enjeu majeur, surtout à l'ère de la financiarisation de l'économie dont les Anglo-Saxons sont les pionniers. Les progrès enregistrés dans le domaine des technologies de l'information et le caractère presque indispensable de ces dernières dans la vie des entreprises en général, et dans la vie des institutions financières en particulier, rendent l'outil informatique indispensable pour un fonctionnement qui assure efficacité, efficience et performance. Ceci a d'ailleurs été à l'origine des innovations majeures enregistrées dans ce domaine hautement stratégique de la finance. Ces innovations se sont rapidement développées à partir des années 1980. Malkiel confirme ces changements majeurs du monde de la finance en ces termes : « Financial innovation over the same period has been equally rapid » (Malkiel 1996 : 13).

Il est inimaginable de concevoir aujourd'hui la gestion d'une entreprise, de surcroît une institution financière sans un système d'information pour s'assurer de l'efficacité et surtout de la rentabilité. Ceci est d'autant plus vrai qu'on se demande souvent comment les anciens faisaient quand les systèmes d'information, tels qu'on les connaît aujourd'hui, n'avaient pas encore pignon sur rue. Mieux, les réseaux de systèmes d'information supplantent certains cadres dans les grandes entreprises: « Whole strata of blue-collar and white-collar workers are being 'downsized' into oblivion, their work now performed more efficiently by networked information systems… » (Burstein & Kline 1995: 20).

Toutefois, si l'importance et surtout l'intérêt des systèmes d'information n'est plus à démontrer dans la vie des institutions financières, la question de leur sécurité se révèle capitale dans la mesure où la bonne santé, voire la pérennité de la structure en dépend. Les nombreuses cyberattaques dont font l'objet les institutions financières montrent que toute faille sécuritaire est signe de vulnérabilité pouvant créer des chocs dramatiques au sein de ces institutions si stratégiques que leurs problèmes affectent forcément l'économie, et donc la société tout entière.

Qu'est-ce qui rend de nos jours indispensables les systèmes d'information dans la vie des institutions financières ? En quoi la sécurité constitue-t-elle un enjeu pour les institutions financières à un moment où ces dernières, grâce à la monétique, utilisent massivement des services dématérialisés avec par exemple des cartes de crédit, de débit, etc., pour des millions de transactions qui se font quotidiennement à travers le globe ?

Dans ce travail, nous cherchons à mettre en exergue le grand enjeu que constitue la sécurité des systèmes d'information pour les institutions financières dans un monde qui repose essentiellement sur les nouvelles technologies et surtout à l'heure de l'intelligence artificielle et avec comme sphère le monde anglo-saxon dont les deux têtes de pont, à savoir les États-Unis d'Amérique et le Royaume-Uni.

L'intérêt de ce sujet, et par ricochet, de ce travail réside dans le fait qu'il pose une problématique d'importance de tout premier ordre dans la gestion des institutions financières à une époque où le fulgurant progrès technique et scientifique donne un pouvoir sans égal aux technologies qui, d'une certaine façon, rythment nos vies de tous les jours.

Sur le plan de l'approche méthodologique, à défaut d'adopter une démarche empirique, nous privilégierons une analyse documentaire fondée sur le croisement d'éléments relatifs à la sécurité des systèmes d'information avec ceux en rapport avec les institutions financières afin de mieux faire ressortir l'enjeu des systèmes d'information.

Ainsi, avec un plan à trois phases, nous nous intéresserons dans un premier temps aux caractéristiques, à la typologie et aux missions des institutions financières avec comme objectif, éclairer autant que possible la lanterne des uns et des autres sur les différentes institutions financières avant d'étudier le rôle pivot des systèmes d'information dans la gestion des institutions financières. L'objectif dans cet acte deux, consistera à montrer le caractère indispensable des systèmes d'information dans un monde très high-tech. Le troisième et dernier temps touche le cœur de ce travail, en ce sens qu'il s'intéresse à la question de la sécurité des systèmes d'information dans les institutions financières.

1. Les institutions financières : caractéristiques, typologie et missions

Ici, il est utile de commencer avant d'aller plus loin, par un rappel opportun de ce qui caractérise une institution financière ainsi que les différents types d'institutions financières avant d'en venir à leurs missions, c'est-à-dire la raison de leur existence. Une institution financière souvent appelée institution bancaire est une entité, voire une unité économique qui propose des services comme intermédiaires aux différents types de transactions financières. Elle se définit comme étant une structure, une organisation engagée dans la prestation de divers services financiers.

Il existe plusieurs types d'institutions financières, mais les plus connues sont : les banques commerciales, les banques d'investissement, les sociétés fiduciaires, les sociétés de courtage, encore connues comme des courtiers en valeurs mobilières, les compagnies d'assurances, les fonds de gestion d'actifs, etc.

Les banques commerciales ont pour activités principales l'acceptation et la réception de dépôts ainsi que l'octroi de prêts sur la base de preuve de solvabilité se déclinant sous forme de garantie le plus souvent prouvée au préalable. Contrairement aux banques commerciales, les banques d'investissement, quant à elles, ne donnent pas de prêts. Elles proposent plutôt des services aux entreprises. Ces services peuvent revêtir la forme de souscription d'emprunts et d'émissions d'actions. Mais la palette d'offres des banques d'investissement ne s'arrête pas seulement à cela. Elles proposent également aux entreprises la négociation de titres, d'investissement, de services de conseil, sans oublier les transactions sur les produits dérivés.

La crise de 2007-2008 nous rappelle de véritables souvenirs sur les produits dérivés des institutions financières, notamment les dégâts qui leur sont prêtés eu égard à la crise financière engendrée. Cela a provoqué des réformes importantes dans le secteur financier en Occident avec une lutte acharnée contre les fonds de couverture (hedged funds) sans oublier la question des paradis fiscaux ainsi que des évasions fiscales à un moment où on pensait avoir appris de la dernière crise financière, celle de 2007 ayant précipité la crise économique de 2008. Cette crise financière a tapé si fort que les capacités d'analyse semblaient avoir été émoussées au point pour bon nombre d'analystes, d'incriminer le libéralisme à tort : "When the financial crisis started in the summer of 2008, the immediate reactions merely put into question the liberal system accused of being the cause of the mess the financial markets were in" (Seydi 2011 : 233).

Les sociétés fiduciaires, quant à elles, sont des entreprises qui sont généralement spécialisées dans la garde et la gestion à moyen terme, parfois même à long terme, du patrimoine, soit d'une personne, soit d'une autre entreprise. On parle alors de fiducie. Il est à noter qu'il n'est pas rare d'assimiler certaines fiducies à des banques vu le caractère identique des pratiques. Les sociétés fiduciaires sont très populaires au Royaume-Uni où elles sont connues sous le nom de Trust Corporations ou Trust Companies qui renvoient à la définition suivante : "a corporation which undertakes the administration of trusts and estates. It may also act as a Court of Protection deputy and attorney. Trust corporations were traditionally owned by high street banks or by firms with substantial private client departments." (The Law Society)

À côté de celles-ci, nous avons aussi d'autres types d'institutions financières comme les sociétés de financement et les coopératives de crédit. On parle de société de financement lorsqu'une entreprise exerce une activité relative à des opérations de crédit (Finfrog.fr). L'article L. 313-1 du code monétaire et financier français éclaire sur une opération de crédit qu'il définit [sic] comme tout acte par lequel une personne agissant à titre onéreux met ou promet de mettre des fonds à la disposition d'une autre personne ou prend [sic], dans l'intérêt de celle-ci, un engagement par signature tel qu'un aval, un cautionnement, ou une garantie. (Légifrance. gouv.fr).

Nous avons aussi les coopératives de crédit qui sont très en vogue à l'heure où l'économie sociale et solidaire commence à se donner de la visibilité dans l'espace de la finance. Ces coopératives, encore appelées banques mutualistes, sont des coopératives financières qui offrent des services de dépôt, de compte-chèques et de prêt à leurs membres propriétaires (l'Encyclopédie Canadienne). La notion de copropriété prend toute son importance dans les institutions financières comme les coopératives de crédit.

L'antépénultième institution financière de la présente étude est la société de courtage, aussi connue sous le nom de courtiers en valeurs mobilières. Son but est de faciliter les relations entre professionnels et consommateurs, que ce soit pour l'obtention d'un prêt par exemple ou d'une assurance (Leroy). Les sociétés de courtage se sont imposées dans le paysage des institutions financières du fait de leur rôle très utile de mise en relation entre acteurs divers.

Il en est de même des compagnies d'assurances qui sont des sociétés comportant des assureurs en tout genre dont l'objectif est de proposer des couvertures diverses visant à prendre en charge les remboursements et autres dédommagements qui peuvent éventuellement se produire dans la vie d'un individu (Comparateur Assurance). Les sociétés d'assurances sont devenues indispensables dans la vie moderne en ce sens qu'elles permettent de donner des garanties aux souscripteurs. On pourrait, au vu du caractère stratégique de cette institution financière, affirmer que les compagnies d'assurance mettent de la certitude dans un monde d'incertitude.

Les fonds de gestion d'actifs, dernière institution financière de notre liste, concernent des investisseurs privés ainsi que des institutionnels qui parient sur les actions et les fonds pour y mettre leurs actifs. Selon Assetmtrix, les fonds de gestion d'actifs s'adressent aux investisseurs privés fortunés et aux institutionnels qui investissent leurs actifs dans des classes d'actifs liquides et illiquides (AssetMetrix.com).

On le voit, les différentes institutions financières, qu'il s'agisse de celles étudiées, comme de celles non étudiées ici, couvrent l'ensemble des activités des individus et surtout des entreprises dont la vie n'aurait jamais été la même sans elles. Leur mission est donc de fournir de l'argent, la masse monétaire aux individus et aux entreprises afin de faire tourner leurs affaires et ainsi espérer créer davantage de richesses pour la société. Ces institutions sont de nos jours si importantes que quand elles toussent, la société tout entière en ressent les contrecoups. C'était le cas le jeudi 24 octobre 1929, avec la crise boursière ayant débouché sur le krach de Wall Street, crise dont l'onde de choc avait atteint le monde entier.

C'est pourquoi lorsqu'une crise similaire a éclaté en 2007-2008 avec les énormes dépressions notées dans le secteur de la finance, notamment les banques, les États libéraux à la tête desquels on trouve les États-Unis et le Royaume-Uni avaient mis de côté leur doctrine économique de non-intervention pour agir immédiatement et énergiquement dans le secteur pourtant privé pour remettre de l'ordre dans le secteur (Cobast 2018 : 159), histoire de ne pas retomber dans les mêmes travers que 1929, puisque l'histoire doit servir à quelque chose.

Status.net est encore beaucoup plus précis dans la description de la raison d'être des institutions financières, c'est-à-dire leur mission. Il présente cette mission de la manière suivante : " Companies in the finance industry are responsible for providing financial services to individuals and businesses. These services can range from consumer loans and credit cards to mortgages, auto loans, business loans, and other services such as insurance and investment advice" (Status.net). Cette mission stratégique attachée aux institutions financières dans un monde de plus en plus digitalisé place aujourd'hui les systèmes d'information au cœur des institutions financières. C'est justement la digitalisation très poussée dans les institutions de finance qui a même favorisé la création de monnaies électroniques avec l'avènement de la block Chain et du bitcoin par exemple. Cela prouve, si besoin en est, la centralité de l'outil informatique à travers les systèmes d'information dans les institutions financières, comme on le verra dans le point qui suit.

2. Le rôle pivot des systèmes d'information dans la gestion des institutions financières

Le XXIe siècle est le siècle de la vitesse, de la rapidité. Un tempo imposé par le fulgurant progrès noté dans la science et la technologie. La dématérialisation des procédures est un indicateur de ce changement d'époque que nous vivons aujourd'hui. Les technologies de l'information et de la communication, résultat de la révolution électronique, ont contribué à la création d'une civilisation que nous appelons la civilisation du « click » rendue possible par la magie du digital.

Le monde des finances a immédiatement adopté les technologies sans en avoir le choix du fait d'une mondialisation de plus en plus poussée par ces mêmes outils devenus indispensables. Le système financier américain est parmi les premiers à comprendre les secousses telluriques que les technologies allaient provoquer dans les institutions financières. Une réorganisation structurelle s'était imposée au monde de la finance dans un nouvel environnement très changeant.

Ces changements sont induits par les effets combinés de trois facteurs que sont le développement de l'économie, de la régulation et de la technologie comme nous le notons dans le passage suivant : "Thrown into turmoil by unusually high inflation and interest rates in the late 1970s and by the deregulation in the 1980s, the U.S. financial system faces in the 1990s the frustrating task of structural reorganization in an unstable environment. Shaping the new environment are formidable forces: economic, regulatory, and technological developments" (Kidwell,

Peterson & Blackwell 1993: 5). Qu'on le veuille ou non, une nouvelle culture allait s'installer graduellement et durablement dans le monde des affaires, en général, et de la finance, en particulier. D'ailleurs nos trois auteurs précédemment cités, parlent de reconfiguration fluide du système financier, et cette reconfiguration, ils l'appliquent aux institutions financières, aux marchés et leurs produits. Avec le développement de la monétique, le système informatique a pris le pouvoir dans le monde de la finance où il joue désormais un rôle central.

Aujourd'hui, il est quasi impossible d'imaginer un fonctionnement normal dans le monde de la finance en cas de problème des systèmes d'information qui ont non seulement réduit les coûts, mais ont aussi facilité les opérations en insufflant de l'efficacité et de l'efficience dans le système financier. Signe de l'adaptation voire de l'adoption des systèmes d'information par les institutions financières, les banques ont désormais des départements de monétique qui s'occupent de produits divers tels que les cartes.

Les systèmes d'information ont ainsi pris le pouvoir dans les institutions financières qui recrutent à tour de bras des informaticiens tous profils confondus. Même les PME qui ont la cote partout et surtout aux USA les intègrent pour leur survie, car ils permettent de réduire drastiquement les coûts. Pour les PME, un consensus existe aux États-Unis pour dire que si elles vont bien, l'économie va bien (Hoffman *et al.* 1999 : 4). C'est pourquoi ils sont au cœur de la préoccupation des institutions financières et leur pérennité injecte de la santé dans toute l'économie.

La mondialisation est un accélérateur de l'adoption des systèmes d'information dans le monde de la haute finance ou de la finance tout court. C'est surtout la mondialisation à la fois commerciale et financière qui vient avec son lot de difficultés par rapport aux pratiques antérieures. Cette mondialisation n'est pas de nature à faciliter le contrôle monétaire comme on le voit ici : "An additional problem that complicates monetary control is the increasing globalization of commerce and finance. For instance, dollar-denominated deposits that are liabilities of European banks (Eurodollars) are not subject to either U.S. or foreign reserve requirements" (Kidwell, Peterson, Blackwell 1993: 706). La mondialisation commerciale et financière, devenue une mer que nul ne peut arrêter avec ses bras, s'inscrit dans la vélocité des transactions qu'on retrouve dans son ADN. Elle ne peut qu'intégrer les systèmes d'information dans cette nouvelle culture qui s'installe dans le monde de la finance. La technologie, même lorsqu'elle était balbutiante, était rapidement intégrée dans la finance pour en accélérer les opérations aux quatre coins du globe dans un contexte où l'information était devenue un élément majeur.

D'ailleurs, comme nous l'apprennent Kidwell, Peterson et Blackwell, le commerce international a usé et abusé du téléphone ou du Télex en interconnectant des réseaux d'acteurs du commerce international. Le groupe de média Reuters a eu un rôle majeur dans ce tournant technologique des institutions de finance. Il est l'un des premiers à introduire l'ordinateur dans l'exécution des échanges monétaires à l'échelle de la planète. C'est ce que nous notons à travers les lignes qui suivent : “Nonetheless, Reuters has not been content with just to provide information. It also offers computer terminals through which dealers can execute currency trades with other system subscribers. That system accounted for 40% of the world's trade in spot currencies in 1990, according to The Economist magazine.” (Kidwell, Peterson, Blackwell 1993 : 726).

Le monde de la haute finance s'est très tôt lancé dans l'univers des technologies de l'information pour doper le secteur. Une des caractéristiques de l'économie du monde anglo-saxon à partir des années 1990, est sa financiarisation, c'est-à-dire une économie adossée aux institutions financières dont elle devient presque dépendante, un monde souvent caractérisé par une certaine volatilité, d'où d'ailleurs la critique que le secteur financier était devenu si puissant qu'il a fait main basse sur les politiques économiques, domaine des États (Phillips 1994 : 79).

On sait, comme le déclare Bill Gross cité par El-Erian, que la finance moderne, à elle seule, est une véritable équation pour bien des gens, qu'il s'agisse de grands connaisseurs du marché ou même d'universitaires réputés (El-Erian 2008 : 236). Cette nouveauté, on le sait, s'est accompagnée d'une autre nouveauté, celle des systèmes d'information qui étaient l'inconnue du bataillon.

Ainsi, pendant que les autres parties du monde étaient circonspectes quant au rôle de plus en plus croissant que devait jouer la finance dans l'économie, c'est-à-dire ce qu'on appelle aujourd'hui la financiarisation de l'économie, cette inconnue dont il fallait se méfier, le monde anglo-saxon à la tête duquel on trouve les États-Unis et le Royaume-Uni, semblait déjà embarquée dedans. Il est aidé en cela par l'arrivée au pouvoir des néoconservateurs Ronald Reagan aux USA et Margaret Thatcher au Royaume-Uni, les économies étaient “connectées” à la finance. Les marchés boursiers ont basculé dans une nouvelle dimension avec l'information. L'informatique était donc promise à un bel avenir dans la finance qui se trouve même de nouvelles vocations comme la fintech grâce à ce mariage entre la finance et la technologie.

La circulation de l'information était donc devenue un marqueur des marchés financiers, comme le soutiennent Kidwell, Peterson et Blackwell : "Some of the most important issues in financial markets relate to the flow of information. Efficient markets require quick, cheap, and easily accessible information." (Kidwell, Peterson, Blackwell 1993: 728). C'est justement l'introduction des technologies, surtout de l'information dans le monde de la finance qui a accéléré les innovations dont Burton Gordon Malkiel parlait plus haut pour faciliter les opérations à quelque endroit que ce soit du globe en un temps record avec l'outil informatique. Cependant, dans un contexte de nouveauté technologique où les prises de risque font désormais partie du décor et où il devient en même temps vital d'être « sérieux à propos de son avenir financier » (Goodman 2006 : 323), ce qui est une véritable force des institutions financières peut aussi se révéler comme faiblesse en cas de fragilité des systèmes d'information, d'où la question essentielle de leur sécurité à l'ère de la cybercriminalité. C'est l'objet du point qui suit.

3. Institutions financières et systèmes d'information : la question existentielle de la sécurité

Il est de notoriété publique que l'économie réelle a une connexion des plus importantes avec le monde de la finance du XXIe siècle, même si cette tendance, il faut le dire, a commencé depuis la deuxième moitié du siècle dernier, du moins dans le monde anglo-saxon principalement. Cette grande connexion va crescendo avec la financiarisation de l'économie opérée et de plus en plus imposée par le monde anglo-saxon, du fait de l'importance sans cesse grandissante des places d'affaires comme la City de Londres, au Royaume-Uni, et Manhattan de New York, aux États-Unis d'Amérique. Ces deux quartiers d'affaires, qui apparaissent comme de véritables jumeaux, font partie des têtes de pont de la finance mondiale (Bajpai 2021). Les milliards qui y transitent au quotidien font d'eux, les centres de la finance mondiale. À travers Londres et New York, le monde anglo-saxon étale toute sa domination en ce qui concerne la finance à l'échelle de la planète et leur influence sur le reste du monde, surtout le monde occidental, prend continuellement de l'épaisseur.

D'ailleurs, les deux villes sont régulièrement en alternance entre la première et la deuxième place souvent en fonction des grilles de classement utilisées. La place de choix, voire le rôle leader de la City de Londres est davantage confortée par les enquêtes d'Investopedia qui concluent à la puissance de Londres comme capitale de la finance mondiale en ces termes : The UK is the world's highest net exporter of financial services and London, with its convenient time zone and feather-light regulations, vies with New York as the world's financial capital (Souza 2023).

Cependant, aujourd'hui, les institutions financières, quel que soit le type ou le lieu où elles se situent, sont la cible privilégiée des cyberattaques lancées par des cybercriminels que nous appelons encore criminels 2.0 éparpillés aux quatre coins du monde. Elles apparaissent comme des proies constamment prises en chasse par des prédateurs à l'affût, toujours prêtes à aller à l'assaut. La moindre faille de ces institutions constitue une fenêtre de tir immédiatement exploitée. Cela est corroboré par les attaques régulièrement déclarées par ces mêmes institutions ainsi que les médias.

On n'est pas surpris que les institutions fassent l'objet d'un tel ciblage par les cybercriminels dans la mesure où la finalité pour la plupart de ces criminels 2.0 est l'argent, quelle que soit la victime. Quoi de plus naturel que de telles attaques visent les institutions de finance, celles-là mêmes qui gardent l'argent qui est recherché par ces criminels de l'ère informatique, grands hackers qui profitent de la face noire du Web pour commettre leurs crimes financiers.

Dans le monde anglo-saxon, les institutions des deux pays qui constituent en même temps les têtes de pont à savoir le Royaume-Uni et les États-Unis d'Amérique font l'objet de très nombreuses cyberattaques au point que ces menaces font peser des risques énormes. La Banque d'Angleterre s'est inquiétée des risques que les attaques informatiques font peser sur la tête des institutions financières du royaume. En fait, la Banque d'Angleterre parle même de « plus grand risque » que les cyberattaques laissent planer sur la tête des institutions financières du pays.

En effet, dans un de ses rapports cités par Terranova Security, la banque des banques, après avoir prédit que l'année 2023 verra une augmentation forte de ces risques d'attaques informatiques pour les institutions financières britanniques (Bank of England 2022), a identifié trois sources de vulnérabilité qui sont : les systèmes et les données, les personnes et les processus. Toujours selon la Banque d'Angleterre dans un rapport qui explique la vulnérabilité des institutions financières liée à ces trois sources, nous apprenons ce qui suit : Systems and data are vulnerable to attack or theft, while people can be tricked into revealing information or carrying out unwanted actions. Processes can be disrupted by cyber-attacks, leading to financial losses (Terranova Security 2023).

La bonne nouvelle est que la banque des banques reconnaît que les institutions financières britanniques sont préparées à faire face à ces risques. Il n'y a toutefois pas de raison pour elles de dormir sur leurs lauriers dans la mesure où l'inventivité des hackers informatiques et leur mode opératoire reposant souvent sur la surprise font qu'ils peuvent sévir à tout moment. Les rançons réclamées aux banques en cas d'attaques de systèmes, ou même de particuliers sont énormes. Ces fameux "ransomware" ou "rançongiciels" en françai font des ravages dans le monde de la finance, d'où l'appel à la vigilance de la Banque d'Angleterre.

Il faut dire que le Royaume-Uni n'est pas le seul à être exposé. Presque les institutions financières de tous les pays sont concernées. Toutefois, les États-Unis d'Amérique qui abritent l'autre capitale de la finance mondiale, à savoir New York, sont une cible très privilégiée des criminels 2.0. Les plus grandes banques comme Bank of America, JP Morgan Chase, etc., mais aussi des agences fédérales et d'États ainsi que d'autres entreprises opérant dans divers secteurs font l'objet d'attaques informatiques au pays de Donald Trump.

Les attaques sont multiples, diverses et très étendues. Sur l'ampleur de ces attaques, Carter Pape écrit : On May 27, ransomware gang Cl0p started exploiting a zero-day vulnerability in Progress Software's product MoveIt to steal data from at least 91 organizations, including state and federal agencies and at least 10 U.S. banks and credit unions. Data compromised in the leaks included names, addresses, birthdates, Social Security numbers and more (Pape 2023). La nature des informations collectées par ces cyberattaques aux États-Unis fait la part belle aux institutions financières, mais vont bien au-delà pour s'inviter là où on les attendrait moins, c'est-à-dire les dates de naissance, les adresses, les numéros de sécurité sociale, etc. Heureusement que sur ces dernières attaques d'envergure, Jen Easterly rassure en déclarant que ces attaques sur les banques et les agences gouvernementales ne représentent pas de risques systémiques (Pape 2023).

Ainsi, comme dit le proverbe, il vaut mieux prévenir que guérir. Les sociétés commerciales en général et les institutions financières en particulier ayant compris le type de guerre qui est menée contre elles se sont dotées de systèmes d'information dont la sécurité devient un enjeu de survie de ces sociétés. Partout elles s'organisent, mais le monde anglo-saxon se sachant particulièrement visé, surtout par des attaques venues souvent du monde de l'Est comme une sorte de prolongement de la guerre froide ayant opposé le bloc de l'Est dirigé par l'ex-Union soviétique et le bloc de l'Ouest dirigé par les Anglo-Saxons, principalement les États-Unis d'Amérique, les institutions du monde anglo-saxon ont compris l'importance de se prémunir de ces attaques qui sont aussi nocives que les armes dans un théâtre de guerre.

La survie de ces institutions financières pose le problème lié à leur pérennité et surtout un fonctionnement avec peu d'anicroches. Pour ce faire, l'investissement dans la résilience est essentiel. À cela, doit s'ajouter la proactivité pour assurer une sorte de veille permanente, la continuité des activités et service des institutions financières, un plan de reprise immédiate en cas d'arrêt desdites activités, etc. On comprend que des mesures s'imposent pour la sécurité aussi bien à l'intérieur qu'à l'extérieur pour étouffer les menaces potentielles dans l'œuf.

Conclusion

Au terme de cette étude, il nous est apparu que la sécurité est un enjeu majeur pour les institutions financières. Cet enjeu est tel que la survie de certaines de ces institutions en dépend. Ainsi, la clé de cette survie est principalement l'investissement qui devra permettre de financer la résilience et la proactivité afin d'éviter les mauvaises surprises.

L'investissement doit en outre permettre de prendre en charge la mise en œuvre de programmes permettant la continuité des activités des institutions financières. Cela doit aboutir à un plan de reprise des activités, plan assorti d'un programme qui rend possible la continuité du service en cas d'un potentiel arrêt, quelle que soit son origine ou sa nature. Tout cela va de pair avec la prise de dispositions permettant d'assurer la sécurité intérieure et de juguler les menaces diverses, surtout celles venant de la part d'agents véreux.

Les institutions financières sont des cibles privilégiées d'attaques diverses surtout d'origines informatiques partout dans le monde. Le monde anglo-saxon qui est avant-gardiste dans ce domaine avec les plus grandes institutions financières au monde bien installées à la City de Londres et à Manhattan, New York, essuie les cyberattaques constantes auxquelles ses structures financières font face et devront continuer à faire face pour maintenir leur survie. Un investissement soutenu et constant dans la sécurité globale en général, et la cyber sécurité en particulier permettra d'y faire face avec une bonne dose de réussite, étant entendu que les vulnérabilités, si faibles soient-elles, existeront toujours. Toutefois, la résilience et la proactivité constitueront un véritable antidote aux problèmes auxquels ces institutions sont amenées à faire face à l'ère de la cyber guerre rendue possible par l'outil informatique et les différentes applications de l'internet.

Références bibliographiques

ASSET Metrix, « Qu'est-ce que la gestion d'actifs ? - Définition et solutions », in https://www.asset-metrix.com › asset-management-définit (Consulté le 10 mai 2023).

BAJPAI Prableen, 2021, « The World's Leading Financial Cities », in www.investopedia.com (consulté le 12 septembre 2023)

Bank of England, 2022, Financial Stability Report – July 2022, in https://www.bankofengland.co.uk/financial-stability-report/2022/july-2022 (Consulté le 7 septembre 2023)

BURSTEIN Daniel, DAVID Kline, 1995, *Road Warriors. Dreams and Nightmares Along the Information Highway*, New York, Dutton, Penguin Group.

COBAST Éric, 2018, *Toute la culture générale*, Paris, Que sais-je ? Humensis.

Comparateur Assurance, « Caractéristiques d'une compagnie d'assurance », in https://www.lecomparateurassurance.com › 10651-caract. (consulté le 29 avril 2023).

D'SOUZA Deborah, 2023, « How London Became the World's Financial Hub », in www.investopedia.com (consulté le 15 août 2023).

EL-ERIAN Mohamed A, 2008, *When Markets Collide. Investment Strategies for the Age of Global Economic Change*, New York, McGraw-Hill.

Finfrog, « Qu'est-ce qu'une sociéte de financement ? » in https://finfrog.fr/lexique/societe-de-financement. (consulté le 1er juin 2023).

GOODMAN Jordan E, 2006, *Master your Money Type. Using your Financial Personality to Create a Life of Wealth and Freedom*, New York – Boston, A Cooper/Sonberg Book, Warner Business Books.

HOFFMAN, Jr., William H, William A. Raab, James E. Smith, David M. Maloney, 1999, *Corporations, Partnerships, Estates and Trusts. Cincinnati*, West/South-Western College Publishing.

KIDWELL David. S., Richard L. Peterson, David W. Blackwell, 1993, *Financial Institutions, Markets, and Money, Fort Worth*, The Dryden Press, Harcourt Brace Jovanovich.

Légifrance, le service public de la diffusion du droit, 2015, « Code monétaire et financier » in https://www.legifrance.gouv.fr/codes/texte_lc/LEGITEXT000006072026/2015-10-27/ (consulté le 2 juillet 2023).

L'Encyclopédie Canadienne, « Coopératives de crédit », in https://www.thecanadianencyclopedia.ca (consulté le 11 juin 2023).

LEROY William, LegalVision.fr, « Créer sa société de courtage : tous les conseils de nos experts », in https://www.legalvision.fr (consulté le 25 avril 2023).

MALKIEL Burton G. 1996, *A Random Walk Down Wall Street*, New York: Norton and Company, Inc.

PAPE Carter, 2023, "cyber-attacks:10 banks alleged victims of ransomware attacks on file transfer software", American Banker in: https://www.americanbanker.com/news/10-banks-alleged-victims-of-ransomware-attacks-on-file-transfer-software (consulté 12 août 2023).

PHILLIPS Kevin, 1994, *Arrogant Capital.* Washington, Wall Street, and the Frustration of American Politics, Boston, Little, Brown and Company.

SEYDI Yankhoba, 2011, ''The 2007-2009 Financial Crisis and the Liberal Dogmas'' in Mamadou Kandji (ed.), Across Disciplinary Boundaries. Publications of the ITECOM Academy, Number 2 : 233-245, Dakar, ITECOM Academy Press.

Status.net "170+ Mission Statements Examples [for Finance & Investments]" in

https://status.net › articles › vision-mission-statements-ex (consulté le 14 juin 2023).

Terranova Security 2023. Cyber-attacks Pose the Biggest Risk to UK Banks – Bank of England in https://terranovasecurity.com/cyber-attacks-bank-of-england/ (consulté le 13 septembre 2023).

Trust corporations | The Law Society, ''What is a trust company in the UK?'' In https://www.lawsociety.org.uk/topics/private-client/trust- (consulté le 27 mai 2023).

Liste non exhaustive des activités scientifiques du Pr Ousseynou FAYE

1. Production scientifique

– Ouvrages

Dakar et ses cultures. Un siècle de changements d'une ville coloniale, Paris, L'Harmattan, 2017.

Les tirailleurs sénégalais entre le Rhin et la Méditerranée (1908-1939) : Parcours d'une aristocratie, Paris, L'Harmattan, 2018.

Les bandits de la Sénégambie XIXe-XXIe Siècle, Dakar, L'Harmattan, 2021.

Les enfants en difficulté, XIXe-XXe siècles (À paraître).

– Articles scientifiques et recensions dans des revues occidentales et africaines

– Chapitres d'ouvrages collectifs publiés par CODESRIA, Gallimard, IFRA-Ibadan, Karthala, L'Harmattan, Presses universitaires de Lomé.

2. Directions de travaux universitaires

- **Niveau doctoral**

– En Histoire

Encadrement de thèses de doctorat d'État, de 3e cycle et Nouveau régime dans diverses universités : Cheikh Anta Diop, Général Lansana Conté de Conakry, Félix Houphouët-Boigny d'Abidjan, Alassane Ouattara de Bouaké, Poitiers en France.

– En géographie

Encadrement d'une thèse de doctorat unique de géographie.

- **Niveau Mémoire**

– Encadrement de mémoires de Maîtrise, de DEA et de Master aux universités Cheikh Anta Diop de Dakar et Bordeaux 3 (France) ;

Encadrement d'un mémoire de fin d'études à l'École nationale des Beaux-Arts.

3. Présidences de jurys de thèses

– Disciplines : géographie, histoire, littérature et civilisations de langue anglaise, philosophie et sociologie.

– Universités : Alassane Ouattara de Bouake, Cheikh Anta Diop de Dakar, Félix Houphouët-Boigny d'Abidjan

Liste des contributeurs

Akabla Florentine Agoh, épouse Kouassi est docteure en Histoire Contemporaine et enseignante-chercheure au Département d'Histoire de l'Université Alassane Ouattara de Bouaké/Côte d'Ivoire depuis 2009. Spécialiste en histoire religieuse, elle a à son actif plus d'une vingtaine de publications dont : « Le travail missionnaire féminin protestant en Côte d'Ivoire de la fin du 19e siècle à 1960 : particularités et impact », *Le travail à travers l'histoire*, Actes du colloque international en hommage au professeur Kobi Abo Joseph, Bouaké, Éditions de l'UAO, 2023 ; « Les relations entre chrétiens et musulmans en Côte d'Ivoire du concile du Vatican II à 1989 : enjeux et défis », Hamadou Adama et Drissa Koné (Sous la direction de), *L'Islam et le vivre ensemble en Afrique subsaharienne*, Paris, L'Harmattan, 2019.

Cheikh Ba est enseignant-chercheur à l'Institut de Gouvernance territoriale et du Développement local de l'Université Cheikh Anta Diop de Dakar, au Sénégal. Ses intérêts de recherche se situent à l'intersection de la géographie environnementale, de l'écologie politique, des études sur la gouvernementalité et des études sur la science et la technologie. Il a mené des recherches approfondies sur la gouvernance des crises environnementales et des risques climatiques en relation avec les inondations du bassin du fleuve Sénégal, analysant le rôle de différentes formes de connaissances environnementales locales et situées dans l'émergence de pratiques de résilience endogènes. Cheikh Ba continue également à travailler comme chercheur à l'Institut de recherche sociale et économique (WiSER) de l'Université de Witwatersrand (Johannesburg, Afrique du Sud). Il est membre du projet Sahel/Sahara/Mediterrean Cluster of Regions 2050, dirigé par Achille Mbembe, où il s'intéresse à l'écologie des savoirs sur les plans d'eau sahéliens. Il s'intéresse aux notions locales de justice environnementale, à la décolonisation des connaissances environnementales et à l'histoire écologique de la gouvernance territoriale en Afrique de l'Ouest. Il est l'auteur, entre autres, de "Participatory processes in water governance in Senegal", *JUNCO, Journal of Universities, and international development Cooperation*, 2022 et « Décoloniser les politiques du désastre climatique dans l'estuaire du Sénégal : des pratiques adaptatives entre « passé finissant » et « futur proche », *Journal : Global Africa*, 2022.

Daha Cherif Ba est professeur titulaire au Département d'histoire à l'Université Cheik Anta Diop (Sénégal). Spécialiste d'histoire politique et sociale de la Sénégambie, il est auteur de *Crimes et délits dans la vallée du Fleuve Sénégal de 1810 à 1970* (L'Harmattan, 2010) et *Cultures populaires en Sénégambie. L'exemple des Fulbé (1512-1980)* (L'Harmattan, 2013), *Le Rocher de Gibraltar* (L'Harmattan, 2021), *L'Albanie* (L'Harmattan, 2017). Il est également auteur de trois romans : *Sanglots de sang* et *grelots de sueur* (Éditions Maguilène, 2010), *Le patriarche des dunes* (L'Harmattan/Sénégal, 2015) et *Chemins d'eaux* (L'Harmattan/Sénégal, 2020).

Malick Badji est Docteur en philosophie de la Faculté des Lettres et Sciences humaines de l'université Cheikh Anta Diop de Dakar au Sénégal. Enseignant-chercheur, il est spécialiste de la logique et de la philosophie des mathématiques. Ses recherches concernent la philosophie du langage, la philosophie analytique, la phénoménologie transcendantale, le Platonisme et les fondements mathématiques. Depuis quelques temps, il s'est particulièrement intéressé au pluralisme épistémique, notamment à la valeur épistémique des pratiques discursives en Afrique noire. Il est l'auteur de plusieurs articles en logique et en philosophie du langage dont « Gottlob Frege : La logique contre la psychologisation des pensées » (2023), « Idéographie et Oralité » (2022).

Mamadou Yéro Baldé est enseignant-chercheur à la Faculté des Sciences et Technologies de l'Éducation et de la Formation (FASTEF) de l'université Cheikh Anta Diop de Dakar et chercheur associé au Centre Population et Développement (Ceped, UMR 196), unité de recherche de l'université Paris Cité et de l'Institut de Recherche pour le Développement (IRD). Historien de formation et auteur de nombreux articles et chapitres d'ouvrages sur des sujets tels que l'éducation, les mobilités, la problématique de l'intégration sous-régionale et les politiques coloniales et postcoloniales de gestion des ressources naturelles en Afrique, il a coédité, en mars 2022, aux éditions AB Alkebulan (Ontario-Canada), un ouvrage sur Héritages culturels et formes de pensée en Afrique de l'Ouest (XVe-XXIe siècles) : identités et mutations au Bénin, en Côte d'Ivoire et au Sénégal. Son dernier ouvrage, *L'université de Dakar au cœur de la coopération franco-sénégalaise, 1960-années 1980*, est paru, en 2023, aux Éditions L'Harmattan.

Mamadou Bamba est professeur titulaire au Département d'histoire de l'Université Alassane Ouattara (Côte d'Ivoire). Spécialiste d'histoire contemporaine, il est l'auteur de *Islam, Traditions orales et Civilisations Africaines* (presses universitaires de Lomé, 2019) et *L'Afrique des confréries : le cas de la Côte d'Ivoire* (L'Harmattan-Sénégal, 2020). Bamba est Directeur scientifique du Département d'Histoire de l'Université Alassane Ouattara et Chercheur-Associé à l'Institut des Mondes Africains (IMAF).

N'goran Gédéon Bangali est Enseignant-chercheur au département d'histoire de l'université Jeans Lorougnon Guédé. Il est spécialiste de l'histoire des relations internationales. Il est l'auteur de « L'interférence des consignes communautaires de vote dans le processus électoral en Afrique post coloniale », *Kasa Bya Kasa* : *Revue ivoirienne d'anthropologie et de sociologie*, n°47, 2021, pp. 20-34.

Yacouba Banhoro est enseignant-chercheur à l'université Joseph Ki-Zerbo (Ouagadougou, Burkina Faso). Il est l'auteur de *Histoire contemporaine de la pharmacie au Burkina Faso*, Paris, L'Harmattan, 2020 et « Social Representations and Economic Impacts of Measures to Combat Covid-19 in Artisanal Gold Mining in Burkina Faso », Arndt, S., Banhoro, Y., Lawanson, T., Msindo, E., Simatei, P. (eds) *Covid-19 in Africa: Societal and Economic Implications*, Palgrave Macmillan, Cham, 2023.

Amadou Camara est enseignant-vacataire au département Histoire de l'université Cheikh Anta Diop de Dakar, spécialiste de la coopération sino-africaine, des relations diplomatiques et consulaires, de la géopolitique, etc. Il est auteur de plusieurs publications dont « La Lutte contre le terrorisme au Sahel : Quand la diplomatie sécuritaire montre ses limites » (2022) et *La problématique de la faim en Guinée : le pays face au défi de la souveraineté alimentaire* (2022).

Fatoumata Camara est titulaire d'un doctorat en histoire de la santé et chargée de recherche à l'Unité de Recherche en Ingénierie Culturelle et en Anthropologie de l'IFAN-CAD de Dakar. Ses travaux explorent essentiellement les relations entre colonialisme et gestion de la santé au Sénégal. Elle s'intéresse également à la valorisation du patrimoine thérapeutique sénégalais. Parmi les travaux qu'elle a publiés figurent : *Mouvements sociaux des femmes au Sénégal*, Dakar, Codesria, 2015 et « La Première Guerre mondiale, une opportunité pour la lutte contre la tuberculose au Sénégal? », *Empires, Nations and Private Lives: essays on the social and cultural history of the Great War*, Nari Shelekpayev,

François-Olivier Dorais, Daria Dyakonova, Solène Maillet éds. Newcastle upon Tyne: Cambridge scholars publishing, 2016.

Lamine Ousmane Cassé est Géographe, Enseignant-Chercheur à l'Université Gaston Berger de Saint-Louis (Sénégal). Membre du laboratoire LEÏDI « Dynamiques des territoires et Développement », ses recherches sont centrées sur les questions foncières, l'attractivité des villes littorales et leur vulnérabilité. Il est l'auteur de plusieurs publications dont les plus récentes : « *Contribution des Fablab dans l'émergence de smart cities dans la métropole Dakar (Sénégal)* » et « *Trajectoires résidentielles des sinistrés des inondations et stratégies d'adaptation dans les parcelles assainies de keur Massar (Sénégal)* ».

Labonia Mónica Cécilia est chercheure associée au LASPAD (Université Gaston Berger de Saint-Louis). Docteure en anthropologie, elle est spécialiste des questions religieuses et politiques en Basse-Casamance (Sénégal). Elle est coauteure de « Fansou Ousmane Bodian : un líder religioso musulmán emergente en Baja-Casamance (Senegal) », Humania del Sur, 2022 et de « Ritualités féminines et résistance anticoloniale chez les Joola de Basse-Casamance au XXe siècle : un mouvement contestataire ? », NZASSA, 2023.

Chikouna Cissé est enseignant-chercheur à l'université Félix Houphouët-Boigny (Côte d'Ivoire). Il travaille sur les migrations africaines. Il est l'auteur de *Migrations et mise en valeur de la Basse Côte d'Ivoire (1920-1960)*. *Les forçats ouest-africains dans les bagnes éburnéens*, Paris, L'Harmattan, 2013 et *Le CAMES (1968-2018). Un demi-siècle au service de l'enseignement supérieur et de la recherche en Afrique*, Québec, Éditions science et bien commun, 2018.

Saliou Dit Baba Diallo est Chercheur à l'Institut Fondamental d'Afrique Noire-Cheikh Anta DIOP de l'Université Cheikh Anta Diop de Dakar. Spécialiste des migrations internationales impliquant les populations de la vallée du fleuve Sénégal, membre du Laboratoire Migrinter de l'Université de Poitiers, il est l'auteur de plusieurs articles scientifiques et de trois ouvrages. Sa réflexion englobe les périodes précoloniale, coloniale et postcoloniale. Son approche méthodologique repose sur les sources orales, les sources iconographiques, les Archives et les Récits de voyage. Parmi ses publications, citons : *Wolofs et Français en pays soninké (XVIe-XXe s.),* Paris, L'Harmattan, 2021 ; *Migrants et Sédentaires en pays soninké (1960-2000),* Paris, L'Harmattan, 2021.

Mamadou Diédhiou est professeur de l'enseignement secondaire. Il est actuellement le proviseur du lycée Chérif Samsidine Aïdara de Vélingara. Depuis 2020, il subit une formation à l'École doctorale : Espaces, Sociétés et Humanités de l'université Assane Seck de Ziguinchor dans laquelle il prépare une thèse de Doctorat portant sur les contraintes et les insuccès de l'agriculture casamançaise.

Saliou Dione, maître de conférences exerçant les fonctions d'enseignant-chercheur à l'université Cheikh Anta Diop de Dakar, est un spécialiste des études africaines et postcoloniales. S*enior* Fulbright Fellow, Rutgers, de State University of New Jersey, ancien lauréat du Codesria Gender Institute Fellow et chef du Département d'Anglais de la faculté des Lettres et Sciences humaines, il dirige le laboratoire « Études africaines et postcoloniales », tout en poursuivant ses recherches portant sur la géopolitique, l'économie, les conflits, les dynamiques migratoires, les questions de culture centrées sur l'Afrique et ses diasporas, etc. Parmi ses publications, figurent "The COVID-19 Pandemic in Africa, Local Responses and Global Strategies" (Palgrave macmillan, 2023) et "Colonial/postcolonial francophonies in sub-Saharan Africa: from topicality to universality" (Routledge, 2024).

Babacar Diouf, est chercheur, enseignant vacataire et Docteur de l'Ecole Doctorale Etudes sur l'Homme et la Société (ETHOS) à l'Université Cheikh Anta Diop de Dakar. Ses recherches portent sur les questions urbaines et environnementales. Il a publié des articles tels que « Thiès, une ville dévoreuse d'espaces : cartographie de la consommation d'espace entre 1974 et 2014 » et « Trajectoires résidentielles des sinistrés des inondations et stratégies d'adaptation dans les Parcelles assainies de Keur Massar (Sénégal) ».

Diamane Diouf est professeur de l'enseignement secondaire et doctorant en histoire à l'université Cheikh Anta Diop (Sénégal). Il travaille en thèse sur les questions maintien de la paix et de la sécurité internationale.

Daouda Diop est Enseignant-chercheur au département d'histoire de l'université Cheikh Anta Diip et Chercheur associé UR3400 Strasbourg. Il est l'auteur, entre autres, de « L'industrie cotonnière africaine (ICOTAF) ou l'histoire de l'aventure des Alsaciens au Sénégal (1950-1980) », dans Régis Boulat et Laurent Heyberger (dir.), *Industries coloniales en contexte impérial*, UTBM, 2023 et « Le Sénégal dans la praxis de la globalisation : croissance et défi à l'ère postindustrielle (1968-2012) », *Revue d'histoire, d'arts et d'archéologie, godo godo* n°32, 2019, pp. 73-88.

Samba Doucouré est docteur en philosophie, enseignant-chercheur au département philosophie de la Faculté des Lettres et Sciences Humaines à l'Université Cheikh Anta Diop de Dakar. Spécialiste d'Henri Bergson, l'esthétique, la philosophie de l'art et de culture, il est auteur de « Pour une humanité qui se cherche dans les formes d'expression artistique des langues minoritaires : rythme, image et parole », *Paradigmes*, janvier 2022, « L'Emotion musicale chez Henri Bergson : l'intensité des effets », *RID*, juin 2024.

Jean-Jacques Essoh est chercheur à l'Institut d'Histoire de l'Art et d'Archéologie Africains de l'Université Félix Houphouët-Boigny en Côte d'Ivoire. Ses recherches portent principalement sur l'histoire de l'art, en mettant l'accent sur les domaines de l'art culinaire, vestimentaire et visuel. Il a publié un ouvrage ainsi que plusieurs articles scientifiques. Parmi ses publications notables figure « l'art culinaire chez les Ébrié en Côte d'Ivoire : mets et boissons traditionnels au XVIIIe siècle », *Revue Gabonaise d'Histoire et Archéologie*, Numéro 12, 2023, pp. 103-122, *L'alimentation chez les Adjoukrou de Côte d'Ivoire de l'époque précoloniale à nos jours,* Paris, L'Harmattan, 2020, 175 p.

Valy Faye est enseignant-chercheur au département d'histoire et de géographie de la Faculté des Sciences et Technologies de l'Éducation et de la Formation de l'université Cheikh Anta Diop. Titulaire d'un doctorat et d'un PhD en Histoire économique et sociale, il a été Inspecteur de l'Enseignement moyen et secondaire (2004-2008). Il est l'auteur de nombreux articles sur l'histoire sociale et démographique ainsi que de travaux à caractère pédagogique.

Ousmane Gaye, docteur en histoire moderne et contemporaine de l'université Cheikh Anta Diop de Dakar. Ses travaux de recherche portent principalement sur les XVIIe-XVIIIe-XIXe siècles. Après une thèse sur « La défense de Saint-Louis du Sénégal : guerre franco-anglaise et conflits euro-africains 1758-1817 », ses recherches post-doctorales s'intéressent aux questions militaires coloniale et postcoloniale, à l'histoire maritime et à la géohistoire. Ces problématiques l'amènent à s'intéresser aussi aux rivalités diplomatiques impériale (notamment entre la France et l'Angleterre) ainsi qu'à l'histoire des mentalités. Il est l'auteur de *« Geohistory of the Senegal River Bar in Atlantic Time » ;*

« Municipal Orders of Saint-Louis of Senegal in the 18th Century : Administrative and Scientific Uses – The Example of the Blanchot Register ».

Mamadou Adama Gaye est docteur en Histoire moderne et contemporaine de l'université Cheikh Anta Diop de Dakar (Sénégal). Ses recherches portent sur la géopolitique du fleuve Sénégal, notamment les relations transfrontalières entre le Sénégal et la Mauritanie de 1905 à 2023. Il est l'auteur de « Le fleuve Sénégal au cœur des enjeux géopolitiques : continuité naturelle ou limite géographique », *HARIS*, n°9, mars 2023, pp.35-46.

Ibrahima Gnabaly est Inspecteur de l'Enseignement moyen secondaire et historien de formation. Affilié à l'université Cheikh Anta Diop (Sénégal), ses recherches portent sur l'histoire de la Basse-Casamance.

Magueye Gning est docteur en philosophie et formateur au Centre Régional de Formation des Personnels de l'Education de Tambacounda et chargé de travaux dirigés au Département de Philosophie de l'Université Cheikh Anta Diop de Dakar. Spécialiste d'Ethique et de philosophie morale et politique, il est l'auteur de « Jeunesse et engagement politique en Afrique : de l'idéologie à l'ère du numérique », (*Ethiopiques*, 2023) et « Désenchantement du monde : de la révolution de la transcendance à l'avènement de l'Etat moderne » (Revue Internationale Dônni, 2023).

Ousseynou Guèye est doctorant à l'école doctorale ETHOS. Il est affilié au Laboratoire de Recherche sur l'Histoire et les Sociétés Africaines (LARHISA) de l'université Cheikh Anta Diop de Dakar et au Laboratoire d'Analyse des Sociétés et Pouvoirs/Afrique-Diasporas (LASPAD) de l'université Gaston Berger de Saint-Louis, Sénégal.

Sébastien Guipo est professeur certifié des lycées et collèges, affilié au Laboratoire des systèmes politiques, économiques, religieux et culturels (SYPERC) de l'université Joseph Ki-Zerbo. Ses recherches portent sur l'histoire économique en Afrique contemporaine. Il est auteur de plusieurs articles dont « Conventions internationales et gouvernance locale de l'eau au Burkina Faso : cas de la commune de Diébougou (1960-2015) », *Les cahiers de l'ACAREF*, vol 6, n° spécial/Février 2024 ; « Administration coloniale et fondements des villes modernes au Burkina Faso : situation de Diébougou (1897-1960) », *Collections Pluxases/Monde*, vol 2 n°5, mai 2024.

Brahima Kaba est enseignant-chercheur à l'université Julius NYERERE de Kankan en Guinée où il est également le Doyen de la Faculté des Langues et Lettres. Titulaire d'une thèse de doctorat obtenu à l'université Félix-Houphouët-Boigny d'Abidjan et Cheikh Anta Diop de Dakar sur « L'immigration des Guinéens en Côte d'Ivoire et au Sénégal de 1961 à 2003 », il est aujourd'hui, Maître-Assistant en Histoire des Relations internationales et s'est fixé, en conséquence, comme objectif son implication dans la production de savoirs renouvelés sur l'histoire contemporaine et du temps présent de la Guinée. Ainsi, ses premiers articles, produits en 2018, rendent compte de son ancrage dans le champ de l'histoire des relations internationales à travers la conflictualité des rapports entre les présidents Senghor du Sénégal et Sékou Touré de la Guinée, et l'émigration des jeunes guinéens vers l'Europe. Par la suite, Brahima KABA réinvestit le politique en s'intéressant aussi bien à l'instrumentalisation de l'ethnicité conflictuelle en Guinée qui fragilise à la fois le *state building* et la construction nationale, qu'à la planification du développement économique du pays durant les deux premiers régimes.

Adama Kamara, Historien, Enseignant-chercheur à l'Université Alassane Ouattara de Bouaké (Côte d'Ivoire). Mes travaux de recherches portent sur les questions de civilisations des populations mandingues, koulango et Lobi du Nord de la Côte d'Ivoire, mais aussi sur les questions de migrations. Il est auteur, entre autres, de « Histoire d'un sous-groupe malinké de Côte-d'Ivoire : les Koro », *Les Cahiers congolais d'anthropologie et d'histoire, Revue annuelle d'histoire et d'anthropologie*, et « Contribution à l'histoire du peuplement malinké de Boundiali (nord de la cote d'ivoire) », *Journal de la Recherche Scientifique de l'Université de Lomé.*

Fodé Bangaly Keita est enseignant-chercheur à l'université de Kindia en Guinée. Ses recherches portent sur les relations internationales. Il est l'auteur, entre autres, de « Le régionalisme ouest-africain : entre prolifération de modèles et querelles de leadership de 1957 à 1975 », *Revue d'Histoire et Analyses des Relations Internationales et Stratégiques (HARIS),* n° 011, Décembre 2023 et « Migrations, peuplement et subsistance identitaire en Guinée du XIe au XXe siècles », *Revue LES TISONS, Revue internationale des Sciences de l'Homme et de la Société (RISHS)*, numéro spécial 1, janvier, 2024.

Kpassigué Gilbert Koné est enseignant-chercheur en Histoire Contemporaine à l'Université Alassane Ouattara (Côte d'Ivoire). Il travaille sur l'histoire du scoutisme Africain, les Religions et mentalités Africaines, l'histoire des jeunesses africaines, celle de leur vie associative, du rapport au politique. Il est l'auteur, entre autres, de « L'église catholique dans le walebo : implantation, évolution et impact », *Revue Della,* Tome 3, mars 2023 pp.232-244 et **«** Scoutisme et éducation traditionnelle en Côte d'Ivoire **»,** *Actes du colloque international en hommage à monsieur Moustapha Gomgnimbou*, Tome 2, Presses Universitaires Institut des Sciences des Sociétés, 2023, pp. 779-804.

Idrissa Manga est enseignant- vacataire au Département d'Histoire de la Faculté des Lettres et Sciences Humaines de l'Université Cheikh Anta Diop, Dakar, Sénégal. Il est membre du Laboratoire Germes de l'école Doctorale Études sur l'Homme et la Société (ED. ETHOS). Spécialiste des questions alimentaires, la production agricole et les tensions foncières au Sénégal. Il s'intéresse aussi au passé colonial de l'Afrique, aux crises politiques dans la zone CEDEAO et aux villes nouvelles. Il a publié des articles tels que « La question de l'alimentation humaine : un fait de civilisation de la préhistoire à l'époque moderne », *NZASSA, Revue Scientifique des Lettres, Langues et Arts, Littératures et Civilisations, Sciences Humaines et Sociales, Communication*, n°08, 2022, pp. 421-434(Comité de lecture) et « La crise alimentaire en Afrique de l'Ouest : état des lieux des politiques de sécurité alimentaire au Sénégal (1980-2000) », *LES Cahiers de l'ENSUP, Revue scientifique pluridisciplinaire*, n° 009, 2024, pp. 62- 79.

Ambroise Djéré Mendy est Docteur en Histoire moderne et contemporaine et enseignant vacataire au département d'histoire de l'Université Cheikh Anta Diop de Dakar. Il est spécialiste de l'histoire de l'Église catholique au Sénégal (XIXe-XXe s). Ses travaux examinent principalement les rapports entre l'Église catholique et les couches vulnérables, la parole missionnaire, l'action pastorale, les œuvres sociales, la mobilité dévotionnelle, la gestion de l'autorité et la question du patriotisme en contexte ecclésial. Il est en outre auteur d'une étude sur la violence dans les interactions coloniales.

El Hadji Amadou Ba Ndiaye est enseignant-chercheur à la Faculté des Sciences et Technologies de l'Éducation et de la Formation (FASTEF) de l'Université Cheikh Anta Diop de Dakar. Historien de formation, il est l'auteur d'un ouvrage sur *l'État et les jeunes au Sénégal*

(1940-1980) et de plusieurs articles sur l'éducation, la stigmatisation, la séduction et la répression de la jeunesse militante, les assises nationales, le code du travail, les réformes de l'administration territoriale. Ses recherches en cours portent, entre autres, sur les dynamiques de changement et les changements observés dans les contestations des jeunesses urbaines, les transformations des jeunesses rurales, les nouvelles politiques d'emploi des jeunes et la dimension « genrée » de l'encadrement des jeunes…

Mohamed Ndiaye, docteur ès lettres en Linguistique et Sciences du Langage, professeur de l'enseignement secondaire en Français depuis 2016, est titulaire d'un Master 2 en sémantique du français à l'université Cheikh Anta Diop de Dakar, 2014 et d'une thèse de Doctorat unique en analyse du discours à l'université Gaston Berger de Saint-Louis, 2022. Il est auteur de nombreux articles dont « Stratégie argumentative de dénonciation dans *le vieux nègre et la médaille* de Ferdinand Oyono », *Liens*, nouvelle série : Revue internationale francophone, « La sémantique du morphème « quand » dans *Les muets* d'Albert Camus », Revue *Djiboul*.

Aminata Ndoye, est Conseillère technique au Ministère de l'urbanisme, des collectivités territoriales et de l'Aménagement des territoires. Elle est également chercheure et Enseignante-vacataire au département d'histoire de l'université Cheikh Anta Diop. Ses travaux portent sur le patrimoine culturel et le développement territorial.

Issa Ndour est professeur de l'enseignement secondaire et Doctorant à l'Ecole doctorale Espaces, Sociétés et Humanités (ED-ESH) Université Assane Seck de Ziguinchor (Sénégal). Il mène des recherches sur l'évolution politique du Bawol et les transformations de la société sereer du Jegem entre le XVIe et la première moitié du XXe siècle. Il est l'auteur de « Les Luso-africains de la Sénégambie : rôle économique et rapports avec la couronne portugaise (XVIe-XVIIe siècle) », *Annales du Sud*, n°1, 2023, pp. 99-110 et « Les Luso-africains et les Teeñ du Bawol, de partenaires économiques à hôtes indésirables (XVIe-XVIIe siècle) », Tavares, E. (al), *Africains et Européens en Sénégambie du Sud : interactions et transversalités* (Hommage à Jean Boulègue), Lisbonne, Caleidoscopia, 2023, pp. 73-89.

Emmanuel NDZENG Nyangone est enseignant-chercheur à l'université Omar Bongo. Il est spécialiste des relations internationales. Il est l'auteur de **«** L'Africanisation de la Diplomatie de la Paix : Etude de cas des bons offices gabonais en Afrique (1977-2008) **»,** *Histoire et*

Analyses des Relations Internationales et Stratégiques (HARIS), n°9, 2023, pp. 147-163 et *La diplomatie économique : cheval de bataille de mise en œuvre du PSGE depuis 2012*, Saint-maur-des-fossés, Les éditions Jets d'Encre, 2024.

Adama Aly Pam, archiviste paléographe, Historien, est directeur des Archives et bibliothèques de l'UNESCO à Paris. Il est affilié au Centre Jean Mabillon (EA3624). Il travaille sur l'histoire de la santé et de la médecine en situation coloniale, l'archivistique et la gestion du patrimoine. Il est l'auteur, entre autres, de *Colonisation et santé au Sénégal : Crises épidémiques, contrôle social et évolution des idées médicales*, Dakar, L'Harmattan, 2018 et « Colonial medicine in French West Africa: Scientists for empire from the origin to independance 1960 », Portsmouth, Routledge, 2023.

Moustapha Sall est Professeur Assimilé en Archéologie, ethno-archéologie et Patrimoine au Département d'Histoire de la Faculté des Lettres et Sciences Humaines de l'Université Cheikh Anta de Diop de Dakar (Sénégal) et membre des écoles doctorales Études de l'Homme et la Société (ETHOS) et Arts et Civilisations (ARCIV). Ses domaines de recherches sont l'archéologie, l'ethnoarchéologie, le patrimoine culturel et l'histoire des identités en Sénégambie. Il est l'auteur, entre autres, de « The shell middens in Senegambia », *Oxford Encyclopedias, Anthropology* et *Traditions céramiques, Identités et Peuplement en Sénégambie. Ethnographie comparée et essai de reconstitution historique*, Oxford, Bar Series. Cambridge Monographs in African Archaeology 63, 2005.

Mamadou Lamine Sané est professeur d'Histoire-Géographie, docteur en histoire moderne et contemporaine et membre du LARHISA (université Cheikh Anta Diop de Dakar). Il est spécialiste d'histoire sociale et culturelle de la Sénégambie et coauteur de « Du Wagadu au Kaabu : le puits, symbole de la fondation, légitimation et destitution du pouvoir au Sahel du VIIIe au XIXe siècle », *Mande Studies*, 2022 et « Prier au son des vagues : El Hadj Omar Tall sur le littoral atlantique en Sénégambie méridionale », *Africa e Mediterraneo*, 2023.

Djibril Seck est enseignant-chercheur à la Faculté des Sciences et Technologies de l'Education et de la Formation de l'Université Cheikh Anta Diop de Dakar, et chef du Département Administration et Gestion de l'Education et de la Formation (Formation des inspecteurs de l'éducation). Il est également directeur du laboratoire GIRES (Groupe Interdisciplinaire de Recherche sur l'Education et les Savoirs).

Spécialiste de la consommation filmique, des pratiques culturelles, de l'histoire de l'éducation et de la didactique de l'histoire, il est l'auteur de plusieurs articles scientifiques. Il est l'auteur, entre autres, de « Ordre colonial, identité et masculinité. La lutte à Dakar, 1914-1960 », *LIENS*, n° 19, juillet 2015 et « La *COLONIPUB*, entre invitation à la consommation et véhicule de l'idéologie colonialiste. L'exemple de la publicité filmique dans le journal *Paris-Dakar*, 1933-1960 », *SIFOE*, Revue électronique d'Histoire de BOUAKE n°4, Décembre 2015.

Kouame Kossonou Frederic Sécré est enseignant-chercheur à l'université Alassane Ouattara (Bouaké-Côte d'Ivoire). Il travaille sur l'histoire du peuplement en Afrique. Il est l'auteur, entre autres, de *La culture de la paix dans l'univers akan : exemple en pays Bron Gyaman*, EUE, Saarbrücken, 2017 et *Une histoire des relations politiques et sociales entre les Akan et les Voltaïques : l'exemple des Bron et Koulango de 1690 à 1897*, Paris, Edilivre, 2021.

Yankhouba Seydi est Professeur assimilé de civilisation britannique, Directeur du Laboratoire d'Études et de Recherches sur les Traditions et la Modernité dans les Pays de Langue Anglaise (LERPLA), Responsable de la Formation doctorale « Études anglophones et comparées », École doctorale ARCIV, de l'université Cheikh Anta Diop de Dakar. Il travaille sur la tradition libérale en Grande-Bretagne et dans le monde Anglo-Saxon, la démocratie, la géopolitique du monde Anglo-Saxon et les institutions politiques. Il est l'auteur, entre autres, de « Fusion, Confusion or Separation of Powers : the Ambivalent Case of Britain », *Particip'Action*, Revue semestrielle, Volume 9, No.1, janvier 2017 et *La tradition libérale en Grande-Bretagne. Les spécificités d'une doctrine de 1688 à nos jours*, Paris, L'Harmattan, 2018.

Mahamadou Imrane Sow est enseignant-chercheur au département d'Histoire de l'université Cheikh Anta Diop de Dakar. Ses travaux portent sur les relations entre la religion égypto-africaine et les grandes religions révélées. Il étudie la mort, les rituels funéraires, la vie outre-tombe, le sacrifice, la culture matérielle...

Abdou Karim Tandjigora est docteur ès sciences économiques de l'université de Bordeaux. Il est enseignant-chercheur au département d'histoire de l'université Cheikh Anta Diop. Ses recherches sont au confluent de l'histoire coloniale, du postcolonialisme et de la problématique du sous-développement/développement. Il est I'auteur de plusieurs articles sur l'histoire économique et sociale du Sénégal.

Aissata Thiam réalise une thèse de doctorat unique à l'école doctorale "Étude sur l'Homme et la Société" (ETHOS)/ UCAD. Son projet de recherche porte sur le peuplement et les pratiques techno-culturelles, agricoles et alimentaires dans les sites médiévaux du Jeejengol, localisé au centre de la moyenne vallée du fleuve Sénégal. Elle est auteure de "New Archaeological Research in the Middle Valley of the Sénégal River : Survey at Mboumba (*Jeejengol*)".

Djibril Thiam, spécialiste en Préhistoire-archéologie, est enseignant-chercheur au département d'Histoire et Civilisations de l'Université Assane Seck de Ziguinchor. Il est l'auteur, entre autres, de « Les sites acheuléens des grottes la Terrasse et de Coupe-Gorge à Montmaurin, Haute Garonne, France », *L'Anthropologie*, vol. 125, n°1, 2021 et « West African Acheulean », Oxford *Research Encyclopedia of Anthropology : Oxford Encyclopedia of African Archaeology*, 2022.

Cheikh Tine est enseignant-chercheur vacataire au département de géographie de l'Université Cheikh Anta Diop de Dakar (Sénégal). Ses recherches portent sur le développement des espaces ruraux et la planification spatiale. Il est l'auteur de *Stratégies d'adaptation au changement global et transformations des territoires ruraux du Sine (Fatick – Sénégal),* L'Harmattan, 2024 et « Dynamique de transformation des agro-socio-écosystèmes des territoires du sine (Sénégal) », *Géovision, Revue du Laboratoire Africain de Démographie et des Dynamiques Spatiales*, n°008 Volume 1, 2022, pp. 264-277.

Assa Dramane Traoré, connue également sous le nom de Mme SIMEN, exerce en qualité d'enseignante-chercheuse à la Faculté d'Histoire et de Géographie de l'université des Sciences Sociales et de Gestion de Bamako. Elle dispense des enseignements relatifs à l'introduction à l'étude de l'histoire ancienne et médiévale, ainsi qu'à l'histoire antique de l'Afrique, plus particulièrement axée sur l'Égypte pharaonique. Auteure d'une thèse intitulée "Les paradis de l'autre monde d'après les corpus funéraires de l'ancienne Égypte", ses travaux de recherche s'articulent autour des thématiques liées à la civilisation égyptienne antique, notamment la religion funéraire.

Élisabeth Yao, enseignante-chercheure en Histoire et membre du Laboratoire d'Analyse et de Recherche sur les Sociétés et Civilisation (LARSOC) du Département d'Histoire de l'Université Alassane Ouattara de Bouaké en Côte d'Ivoire, a publié de nombreux articles scientifiques portant sur l'économie, les usages et les représentations du pagne traditionnel et du tissu imprimé.

Yao Jules Yao est chercheur à l'Institut d'Histoire d'Art et d'Archéologie Africains (IHAAA), Université Félix Houphouët Boigny de Côte d'Ivoire. C'est un Historien et Ecrivain de nationalité ivoirienne. Il est un chercheur en Food Studies. Il est spécialiste des questions alimentaires : institutions alimentaires, sécurité alimentaire, souveraineté alimentaire… Il est aussi expert et consultant dans la gestion des crises alimentaires. Il a 2 ouvrages à son actif et 20 articles publiés.

Table des matières

TOME 1

TOME 2

TOME 3

TOME 4

Structures éditoriales du groupe L'Harmattan

L'Harmattan Italie
Via degli Artisti, 15
10124 Torino
harmattan.italia@gmail.com

L'Harmattan Hongrie
Kossuth l. u. 14-16.
1053 Budapest
harmattan@harmattan.hu

L'Harmattan Sénégal
10 VDN SICAP AMITIE 3
BP 45034 Dakar-Fann
direction@senharmattan.com

L'Harmattan Cameroun
Tsinga/Derrière polyclinique FECAFOOT
BP 11486 Yaoundé
Jacques.koukam@harmattan.fr

L'Harmattan Burkina Faso
Villa 281, secteur 23 623, rue 14.32
Ouagadougou
zagbie@outlook.fr

L'Harmattan Guinée
Almamya, rue KA 028 OKB Agency
BP 3470 Conakry
harmattanguinee@yahoo.fr

L'Harmattan RDC
185, avenue Nyangwe
Commune de Lingwala – Kinshasa
matangilamusadila@yahoo.fr

L'Harmattan Congo
219, avenue Nelson Mandela
BP 2874 Brazzaville
deunovmikhael@gmail.com

L'Harmattan Mali
Immeuble Mgr Jean Marie Cissé
Aci Hamadallaye
BP 145 Bamako
syllaka@yahoo.fr

L'Harmattan Togo
Djidjole – Maison Amela
face EPP BATOME
02 BP 20680 Lomé
didieramela11@gmail.com

L'Harmattan Côte d'Ivoire
Résidence Karl – Cité des Arts
Abidjan-Cocody
03 BP 1588 Abidjan
harmattan.ivoire@gmail.com

L'Harmattan Bénin
Rue 604, (Immeuble à l'entrée
de la rue UCAO- Cite de Saint-Jean)
Cotonou
stepcorpus@gmail.com

Nos librairies en France

Librairie internationale
16, rue des Écoles
75005 Paris
librairie.internationale@harmattan.fr
01 40 46 79 11
www.librairieharmattan.com

Librairie des savoirs
21, rue des Écoles
75005 Paris
librairie.sh@harmattan.fr
01 46 34 13 71
www.librairieharmattansh.com

www.ingramcontent.com/pod-product-compliance
Lightning Source LLC
LaVergne TN
LVHW011446061026
849535LV00004BA/969